일제하 진주지역의
민족운동과 진주사회

**일제하 진주지역의
민족운동과 진주사회**

초판 1쇄 발행   2021년 9월 30일

지은이 ㅣ 김희주
발행인 ㅣ 윤관백
발행처 ㅣ 도서출판 **선인**

등록 ㅣ 제5-77호(1998.11.4)
주소 ㅣ 서울시 마포구 마포대로 4다길 4 곳마루 B/D 1층
전화 ㅣ 02)718-6252 / 6257   팩스 ㅣ 02)718-6253
E-mail ㅣ sunin72@chol.com

정가   30,000원

ISBN   979-11-6068-614-2   93910

일제하 진주지역의
민족운동과 진주사회

김 희 주 지음

　필자가 진주지역 민족운동사에 뜻을 가졌던 시점은 학위를 끝낸 무렵이니 꽤 오래 전이다. 학문의 진로를 고민하던 중 당시 지방대학에 전임으로 온 연구자들이 제출하는 근현대 지역사의 성과들이 눈에 들어왔다. 확실히 그들의 연구는 기존의 '향토사'와 성격을 달리 하는 것이었다. 지역에 대한 애정을 바탕으로 자료를 발굴해 경지를 열어가는 모습은 신선하고 흥미로웠다. 농민운동과 형평운동을 제외하고 진주지역 민족운동사가 상당 부분 공백으로 남아 있다는 사실도 동기를 부여 했다. 이에 고무 받아 고향이자 평생의 터전인 이 지역 민족운동사를 정리해 보자는 의지를 가지게 된 것이다.

　하지만 그 무렵 한 분 어머니께 병마가 다시와 힘든 투병생활이 시작되었고, 장남인 필자는 다른 여유를 가질 수 없었다. 세월과 함께 모친을 보내고 평상이 오자 작정한 일에 전념할 수 있었다. 부족한 재능으로 간신히, 그러나 꾸준히 논문을 발표하며 한 시절을 보낸 것 같다. 이 책은 그 시절의 소산이자 작은 결과물이다.

　조선후기에 집중되었던 지역사의 영역이 근대 이후로 확장된 것은 여러 가지 배경이 있다. 멀리는 1980년대 분출했던 한국민족운동사에 대한 관심과 열기에서 기원을 찾을 수 있다. 연구 집단의 형성, 자료의 공간, 사회주의 운동사의 성과 등 당시의 학술 동향이 지역사로 파급된 것이다. 외적인 환경으로 1990년대 중반 전면 실시된 지방자치제의 영향도 들 수 있다. 지자체의 관심 아래 전공자들이 등장해 공동 연구가 이루어지는 등 열기가 고조되는 시점이었다.

시대의 변화에 따라 2000년대 와서는 연구 주제와 대상이 분화되어 갔다. 운동사가 정리되자 관심은 생활사, 도시사, 여성사 등으로 옮겨졌다. 주민을 지역의 주체로 정확히 바라보고 식민지 지역사회의 역동성과 다양성을 찾아내는 작업이 진행되었다. 논쟁적인 학설과 방법론으로 생산된 이러한 성과로 근현대 지역사 연구의 지평은 계속 확장되는 느낌이다. 이 같은 흐름에서 본다면 서부경남의 중심지로 역사와 전통문화에 대한 자부심이 강한 도시 진주의 근대사도 다시 조망될 필요가 있을 것이다. 그것이 이 책을 세상에 내는 취지라 하겠다.

이 책은 제1부 진주지역 민족운동의 전개와 양상, 제2부 일제하 진주 사회와 주민의 두 부분으로 구성되었다. 제1부에서는 대한제국기부터 일제강점기에 이르기까지 진주지역 근대민족운동사의 양상과 추세를 정리해 보았다. 내용은 계몽운동, 3·1운동, 청년운동, 그리고 천도교의 문화운동과 사회주의 운동으로 이루어졌다. 그동안 조명 되지 못했던 이 지역 민족운동사의 일정 부분을 복원하는 작업이었다. 제2부는 운동사인 제1부와 다른 관점에서 식민지 진주사회와 주민세계의 내면을 탐색해 본 것이다. 자수성가 한 부호로 일제강점기 전 기간 영향력을 행사한 유지의 생애, 식민권력과 교섭하며 실리를 찾아가는 지역사회의 공공성, 끊임없는 비난과 공격 속에서 주민으로의 삶을 갈구했던 기생의 궤적에서 식민지를 관통하는 진주주민사회의 면모를 엿볼 수 있다.

이 글을 쓰면서 필자가 각별히 유념한 점은 균형감이었다. 지역사가 중앙 역사의 일부이거나 종속된 관계가 아님은 분명한 사실이다. 하지만 그에 집착해 중앙을 외면하고 지역만의 역사성에 연연하는 현상도 바람직하지 않다. 적어도 일제하 민족운동 선상에서 지역은 결코 중앙의 정세에서 자유로울 수 없었다. 반면 중앙은 늘 지역을 의식해야 했고 지역에서의 결과가 전체의 성패를 좌우한다는 사실을 잘 알고 있었다. 이러한 상호관계를 이해하고 그 토대에서 분석할 때 지역사의 실체가 보다 분명해질 것이다.

지역에 대한 정서도 마찬가지다. 해당 지역을 향한 관심과 애정이 연구의 전제임은 두 말할 나위 없다. 허나 그것이 지나쳐 '애향심'이라는 도그마에 빠진다면 정직한 성과는 기대하기 어렵다. 애향심의 유혹에서 벗어나 냉철하고 객관적인 해석이 가해질 때 지역사의 가치는 더 드러날 것이다. 상식적인 사실이나 고향이 진주인 필자는 특별히 유념하고 경계해야 했다.

이 책은 그동안 발표했던 논문을 수정, 보완하여 구성한 것이다. 때마다 쓴 글이기에 논지를 전개하는 과정에 부분적으로 중복되는 내용이 보인다. 이 점 너그러운 양해를 구한다.

대단치 않은 결과지만 시간과 환경이 뒷받침 해주었기에 가능했다. 지난 세월과 주위에 감사드린다. 수익성 없는 책의 출간을 결정해준 도서출판 선인의 윤관백 사장님과 편집에 애쓴 주상미님께 마지막으로 고마운 인사를 전한다.

2021년 9월 상문리 연구실에서

책을 내면서 5

제1부
진주지역 민족운동의 전개와 양상

제2부

일제하 진주사회와 주민

제1부

진주지역
민족운동의
전개와 양상

제1장
대한협회 진주지회의 결성과 활동

Ⅰ. 머리말

을사늑약 후 전개된 계몽운동은 '교육'과 '식산'이라는 도정을 거쳐 국권회복과 부강을 이루자는 실력양성운동이었다. '애국계몽운동' 혹은 '자강운동'으로 명명되는 이 운동은 자체의 개량주의적 성격과 불철저한 제국주의 인식으로 인해 패배주의적 발상[1]이라는 비판을 받기도 한다. 그러나 무장투쟁과 함께 한말 국권회복운동의 분명한 노선이었고 세력과 영향력의 면에서도 부인할 수 없는 민족운동의 진영이었다.

대한제국기 계몽운동의 이념과 방향은 각종 단체와 학회를 통해 정립되어 파급되었다. 독립협회로부터 시원을 찾을 수 있는 이들 조직은 문명개화론을 계승하여 실력양성과 자강의 논리를 개발하고 보급하였다.

이 중 대한협회는 계몽운동의 지방 확산에 가장 적극적인 단체였다. 전신인 대한자강회는 물론 동시기 활동한 단체에 비해 월등히 많은 지회를 조직하여 운동의 전국화에 기여했다. 성격에 관한 논란과 별도로 대한협회가 결성한 지회를 고찰하는 작업을 통해 당시 계몽운동의 지

---

1) 김도형, 『大韓帝國期의 政治思想硏究』, 지식산업사, 1994, 131쪽.

역성을 점검할 수 있는 것이다. 더하여 대한협회 지회에 대한 연구는 지역의 사회적 조건을 바탕으로 검토되어야 할 필요가 있다. 단순한 양상 확인에서 벗어나 지회의 조직과 활동이 지역사회의 구성원과 현실 인식에 어떤 영향을 끼치며 전개되었는지 설명되어야 할 것이다. 이를 이해하기 위해서는 특정 지역 지회에 대한 구체적인 분석이 보다 요구된다.[2]

이러한 문제의식하에 지금부터 대한협회 진주지회(이하 진주지회)의 결성과 활동에 관해 살펴보고자 한다. 이 지역 계몽운동의 조직적 출발이라 할 수 있는 진주지회에 대한 연구는 위에서 제기한 문제를 밝히는 데 도움을 줄 수 있는 시도라 생각된다.[3]

이 글은 먼저 대한제국기에 진주가 행정중심지로 재편되는 상황과 이후의 지역 정세에 대해 언급하였다. 그리고 20세기 초 이 지역 최초의 주민참여운동이었던 국채보상운동의 전개과정을 추적해 보았다. 이를 통해 진주에서 대한협회 지회가 성립되는 전조와 배경을 이해할 수 있을 것이다. 두 번째는 진주지회가 결성되는 구체적인 과정과 핵심 역할을 한 인물의 면모를 소개하였다. 다음으로 임회원을 대상으로 한 구성원의 출신과 성향을 알아보았다. 진주지역 계몽운동의 1세대라 할 수 있는 이들에 대한 분석은 향후 이곳 유지들의 행로와 판도를 파

---

2) 대한협회의 특정 지회에 관한 연구는 김기승, 「대한협회 안동지회」, 『安東史學』 4, 1999 ; 김일수, 「대한제국말기 대구지역 계몽운동과 대한협회 대구지회」, 『민족문화논총』 제25집, 2002가 있다.

3) 대한협회 진주지회는 계몽운동의 지방지회를 다룬 연구(김도형, 「韓末 啓蒙運動의 地方支會」, 『孫寶基博士 停年紀念 韓國私學論叢』, 1988)와 대한협회 지회를 분석한 논문(유영렬, 「대한협회 지회 연구」, 『국사관논총』 제67집, 1996 ; 김항구, 「大韓協會 支會의 設立과 自强運動」, 『인문논총』 제11집, 2011)에서 사례를 제시하는 정도로 소개되었다. 진주지역의 야학운동을 정리한 글에 보다 구체적인 언급이 있지만 이 역시 진주지회를 정면으로 다룬 것은 아니다(김형목, 「3·1운동 이전 진주지역의 야학운동」, 『숭실사학』 22, 2009).

악하는 데 유용한 작업이 될 것이다. 마지막으로 진주지회의 활동양상을 밝히고 그 의미를 찾아보았다. 이러한 시도가 계몽운동의 지역성 규명은 물론 진주지역운동사의 외연을 확대하는 데도 도움이 되리라 믿는다.

II. 대한협회 진주지회의 결성배경

대한제국의 지방조직 개혁에 따라 진주는 20세기 초 경남지역의 행정 중심지로 재편되었다. 이어진 문화 계몽운동의 열풍과 국채보상운동 등 지역사회를 관통한 정세변화를 겪은 뒤 이곳 최초의 계몽운동단체인 대한협회 진주지회가 탄생하게 된다. 따라서 진주지회의 결성배경은 행정개편 후 불어 닥친 시세변화를 진주지역사회가 수용하는 과정을 통해 찾아볼 수 있을 것이다.

1896년의 행정구역 편성에 의해 경남은 1부 29군 체제로 전환되었고 진주는 관찰사가 주재하는 도청소재지로 자리 잡았다.[4] 23부체제하의 진주관찰사는 이제 경남관찰사로 재임되어 산하의 지방관을 감독하고 행정사무를 장악하였다.[5] 경남관찰사는 대한제국 말기까지 진주에 소재하면서 지역사회의 계몽운동에도 영향력을 행사하였다. 운동의 주체였던 유지층과는 대체로 밀착하는 모습을 보이지만 때로는 긴장관계를 형성하기도 하였다.

관치조직과 별도로 계몽운동 지방지회의 맹아로 지적되는 자치조직

---

4) 「勅令第36號 地方制度・官制・俸給・經費 改正」, 『한말근대법령자료집』 II, 국회도서관, 1971, 115~121쪽 ; 『국민보』 1959년 9월 2일, 「진주의 沿革」.
5) 『독립신문』 1897년 1월 16일, 「외방통신」.

은 이 시기 진주에서 발견되지 않는다. 알려진 대로 대한제국기 지방자치의 법률적 근거는 1895년 11월 공포된 '鄕會條規'와 '鄕約辨務規程'이었다. 지방자치가 명목이었으나, 사실은 이서층을 도태시켜 중간수탈을 방지함으로써 조세수입을 증대시키는 것이 이 법령의 목적이었다.[6]

　그 결과 지역에서 조직된 향회들은 1906년 통감부에 의해 민의소와 같은 지방자치조직으로 정비되었다. 관치보조의 성격을 벗어나지 못하였으나 이러한 자치조직이 계몽운동 지방지회 설립의 기초가 되었던 것으로 알려져 있다.[7] 75면을 관할하였던 진주군은 1906년 개편에서 25면을 이속한 후 대한제국 말기까지 50면 298리·동 체제를 유지하였다.[8] 하지만 지방자치 논의가 본격화되고 민회와 향회가 정비되는 1906년 이후에도 이 지역에는 민의소를 개설하려는 시도가 나타나지 않는다. 민의소의 설립경위나 취지는 지역여건에 따라 다양하였지만 진주는 적어도 자치 단체의 성격을 띤 조직체는 발견되지 않는 것이다.[9] 1908년 대한협회 지회가 결성되기 이전까지 진주지역에 계몽운동 단체가 등장하지 않았던 이유도 이와 관련 있는 것으로 생각된다.[10]

　한편 갑오개혁으로 근대교육에 대한 초보적 법규가 제정되고 지방

---

6) 이상찬, 「1906~1910년의 地方行政制度 변화와 地方自治論議」, 『한국학보』 12, 1986, 50~53쪽.
7) 김도형, 「韓末 啓蒙運動의 地方支會」, 『손보기박사 정년기념 한국사학논총』, 1988, 795쪽.
8) 진주시사편찬위원회편, 『晋州市史』 中, 1995, 258~259쪽.
9) 1904년 9월부터 진주지역에는 민회 결성을 위한 동학교도들의 움직임이 시작되고 10월 초순에 진보회가 조직되었다(김희주, 「일제하 진주지역 天道敎의 문화운동」, 『東國史學』 55, 2013, 264쪽). 진보회를 민회로 볼 수는 있으나 결성시기와 성격을 고려하면 자치단체로 파악하기는 어렵다.
10) 계몽운동의 본령에서 대한협회와 큰 차이가 없었던 일진회의 경우는 진주에 지회가 결성되어 있었다. 그러나 학교를 하나 설립한 사실 외에 일진회 지회가 지역에서 운동을 전개한 흔적을 찾을 수 없다(『황성신문』 1905년 9월 14일, 「晋會設校」).

으로 교육열이 확산됨에 따라 진주지역도 근대 교육운동이 발흥하게 되었다. '소학교령'이 공포되자 경남관찰부 관하의 공립소학교가 1896년 진주에 최초로 설립되었다.[11] 이 학교는 '보통학교령'에 따라 1906년 1월 공립보통학교로 다시 개교했다. 이후 진주공립보통학교, 진주제1공립 보통학교 등으로 개칭하면서 지역의 초등교육을 담당하였다.[12] 소학교 외에도 경남지역 대부분의 보통학교가 1907~1908년 사이에 건립된 점을 감안하면 정규교육기관이 비교적 조속히 설치된 것이다. 여기에는 물론 도청소재지로서의 이점과 혜택이 작용했을 것이다.[13]

그러나 교육열 폭발의 직접적인 현상으로 볼 수 있는 사립학교의 경우 진주는 그다지 선제적인 모습을 보이지 못했다. 대한제국기에 경남지역의 사립학교 설립운동이 타지보다 부진했던 것은 아니었다. 한 조사를 보면 '教育詔書'가 공포된 1895년부터 1909년까지 경남에 개설된 사립학교의 수가 104개로 나와 있다.[14] 이는 한강 이남에서는 서울과 경기도를 제외하고 가장 많은 수를 점하는 것이다. 하지만 그 분포는 경남동부지역에 집중되었고 진주가 위치한 서부는 상대적으로 저조했다. 1909년 12월까지 진주에서 인가 받은 사립교육기관은 광림학교 하나였다. 이는 동래(16), 김해(9), 창원(7), 밀양(12)은 물론 서부지역의 위성군이라 할 수 있는 하동(3), 함양(2), 합천(2), 의령(2)보다 적은 양상이다.[15] 鳳陽, 篤明, 荷田, 普明 등 진주지역 사립학교의 대부분은 1910년을 전후한 시점에 건립되었다. 전신이 있었지만 광림학교도 공

11) 국사편찬위원회, 「學部令第五號 地方公立小學校位置」, 『高宗時代史』 4, 1970, 257쪽.
12) 勝田伊助, 「敎育と其の機關」, 『晋州大觀』, 1940, 180쪽.
13) 김중섭, 「일제 식민 통치와 주민 교육 운동-진주 지역을 중심으로」, 『한국사회사학회 논문집』 제47집, 1995, 246~247쪽.
14) 김정해, 「1895~1910 私立學校의 設立과 運營」, 『歷史敎育論集』 11, 1987, 134쪽.
15) 『慶南日報』 1910년 1월 9일, 「慶尙南道各私立學校」.

식적으로 개교한 것은 1909년이었다.

요컨대 을사늑약에서 '사립학교령'이 반포되기까지, 즉 "도시로부터 시골에까지 학교가 우후죽순처럼 일어났다"[16]고 묘사되는 1905~1908년의 기간에 진주지역의 사립학교 설립동향은 부진했다고 볼 수밖에 없는 것이다. 게다가 1909년 이후 개설한 기관도 일제의 탄압성 규제와 재정난으로 통합과 폐교가 속출하는 상황이었다. 향학열과 교육 여건이 불균형을 이루는 현실에서 야학과 강습소가 대안으로 등장하는 것은 당연한 현상이었다.[17]

13도 체제로 개편된 후 진주는 도청(觀察府)이 소재한 경남의 '首府'로 자리 잡았다. 하지만 행정중심지의 위상과 별도로 도시화 과정이나 시세 변화에 대응하는 속도가 빨랐던 것은 아니었다. '유지신사'로 지칭되는 관공리, 지주, 지식인 등 지역사회의 주도층도 기본적인 성향에서 '개명유학자'의 범주를 벗어나지 못했다. 관치보조의 한계는 지니나 여론조성과 민중 참여의 기능을 지닌 민의소의 존재도 발견되지 않는다. 지회설립에는 소극적이었다 해도 전국적인 조직망을 갖추었던 대한자강회가 결성된 1906년까지도 진주지역에서 문화계몽운동의 동력은 형성되지 않았다. 유명무실했던 일진회 지회를 제외하고 어떤 자생적인 계몽운동단체도 나타나지 못하였다.

그런 면에서 계층과 신분을 막론하여 동참한 1907년의 국채보상운동은 진주지역 주민의 참여의식을 고양시킨 중요한 경험이었다. 일반주민에게 이 운동은 결집과 가담을 통해 국가적 위기를 타개해 보려는 체험의 장이었다. 유지층 역시 응집된 민의를 확인하고 지역사회운동에 대한 전망을 담보하였을 것으로 생각된다.

---

16) 이만규, 『조선교육사』 II, 거름, 1991, 103쪽.
17) 김형목, 「3·1운동 이전 진주지역의 야학운동」, 『숭실사학』 22, 2009, 45~46쪽.

진주지역 국채보상운동의 움직임은 1907년 3월 초부터 시작되었다. 국채보상경남찬성회의 취지서가 발표되고[18] 연설회가 개최되어 보상의 방법과 목적이 계도되었다. 그러나 조직적인 출발은 1907년 3월 13일 열린 경남애국회 진주군 본회로 보아야 할 것이다. 3월 초 발기한 경남애국회는 진주낙육학교내에 애국보상사무실을 설치하고 활동에 돌입했다. 동회는 3월 19일 예정인 도회에 앞서 13일 진주군회의를 먼저 개최하였다. 여기에서 모금대상과 방법, 액수에 관한 사항이 의결되었다. 또 각 군에 지소를 두어 본회와의 관계하에 의연활동에 임할 것을 결의했다.[19]

이에 따라 3월 말까지 경남애국회는 266元을 모금하였다.[20] 진주 유림과 기독교 상인들이 조직한 진주애국보상소[21]는 이 결정에 영향을 받아 설치된 것으로 보인다. 기생이 주역이었던 여성 부인 층도 초기 진주국채보상운동의 전면에 섰고 그 명망은 중앙까지 알려졌다.[22] 중심 인물인 기생 芙蓉은 3월 6일 진주 儀鳳樓에서 들은 국채보상연설에 감명 받아 투신하였다.[23] 이후 진주애국부인회를 결성하였고 경남애국보상소부인회 발기인으로 가담하였다. 그는 본인이 참여한 경위와 운동과정에서 여성으로 겪어야 했던 수난을 언론에 기고하여 반향을 일으켰다.[24]

기생들은 여성에게 보상취지서를 전달하고 모금에 임했는데 때로는 집회에서 연설로 대중을 설득하는 적극성을 보이기도 했다. 기녀 錦蓮

18) 『만세보』 1907년 3월 3일, 「國債報償慶南贊成會趣旨書」.
19) 『황성신문』 1907년 3월 20일, 「慶南愛國」.
20) 『황성신문』 1907년 3월 28일, 「慶南愛國報償會出義金錄」.
21) 『대한매일신보』 1907년 3월 20일, 「君民愛國」.
22) 『대한매일신보』 1907년 3월 27일, 「진주부용형전례서」.
23) 『대한매일신보』 1907년 3월 20일, 「芙蓉吐香」.
24) 『황성신문』 1907년 3월 19일, 「鶯聲討鴉」.

은 진주객사 앞에서 개최된 애국부인회 연설회에서 "보상의무"를 열렬히 토로하였다.[25] 유지들은 국채보상경남회를 조직하여 모금을 독려했다. 경남회라 하였지만 진주가 주 대상이었고 사무실도 대안동 강주식의 자택에 두었다.[26] 국채보상경남회는 4월 말까지 보상금 720환 95전을 모금하여 국채보상기성회에 전송하였다.[27] 같은 달에는 진주 大覺面 면민들이 성금을 희사하였다. 액수는 많지 않으나 기부자가 250명으로 면의 성인남녀 대부분이 참여한 것으로 생각된다.[28]

지역주민들의 기부는 7, 8월에 들어 절정을 이룬다. 1개 리(班城)에서 주민 100여 명이 의연금을 각출하는가 하면 악기제조업자, 약종사 등 직능별로 동참하는 모습도 보인다.[29] 8월에는 전직 군수, 관공리를 포함한 주민 수백 명이 보상금 255환을 조성하여 대한매일신보에 기탁하였다.[30] 진주지역 국채보상운동은 9월부터 소강상태에 들어가 이후 별다른 움직임을 보이지 못하고 종료되었다. 하지만 관변일색의 보수적 지역정서에 순치되어있던 주민들에게 이 운동은 시세변화를 자각하고 국권회복운동을 체험하는 기회이자 경험이었다.

한편 이즈음 진주지역에 고조되었던 반일감정과 거류일인에 대한 대응도 지적해야 할 부분이다. 일본인의 진주 이주는 1905년부터 급증하여 이듬해에는 거주일인의 안전과 권리보호를 위한 거류민회가 지역에서 결성되었다. 이들을 보호하기 위해 부산 분견소 소속 헌병대가 진주에 수시로 파견되었고 일인들은 자경단을 조직하여 신변안전을

25) 『황성신문』 1907년 3월 29일, 「雜報」.
26) 『대한매일신보』 1907년 3월 28일, 「國債報償慶南會趣旨書」.
27) 『만세보』 1907년 5월 14일, 「晋州義捐」.
28) 『대한매일신보』 1907년 4월 28일, 「國債報償義捐金收入廣告」.
29) 『황성신문』 1907년 7월 13일, 「國債報償義捐金集送人員及額數」;『大韓每日申報』 1907년 8월 16일, 「國債報償義捐金」.
30) 『대한매일신보』 1907년 8월 17일, 「國債報償義捐金」.

기하였다.[31]

　그러나 반일감정은 계속 확산되어 1907년까지 관공서와 거류인에 대한 습격이 끊이지 않았다. 이에 거주 일인들은 참전경험이 있는 예비역을 모아 의용단을 구성하는가 하면 심지어 폭탄을 제조하여 방비하는 등 극도로 긴장하는 모습을 보인다.[32] 일인의 급격한 이주로 1905년 이후 지역사회에서는 대일 거부감이 확산되고 물리적 대응이 잇달았다. 지역민과 거류일인 사이에서는 갈등과 대립의 구도가 심화되었고 이는 1907년 주민들의 대대적인 국채보상운동 참여로 연결되었다.

　1905년부터 한국사회에 확산되었던 자강운동론은 계몽운동의 형태로 지역사회에 파급되었다. 자치조직을 기초로 한 계몽운동 지회가 설립되었고 교육진흥운동이 유력자를 중심으로 광범위하게 추진되었다. 그러나 관찰부가 있었던 경남의 행정중심지 진주가 이러한 시세변화를 선도적으로 수용한 것은 아니었다. "慶南의 首府이나…風潮의 流入이 差遲하여 一般人士의 思想이 尙爾寂寞하다"[33]는 지적은 초기 계몽운동의 열풍이 진주지역에서는 가속되지 않았음을 반증한다.

　그런 점에서 '현실참여'의 최초 경험이었던 국채보상운동은 일반주민은 물론 지역여론을 주도했던 유지신사층에게도 사회적 각성을 불러오는 전기가 되었다. 참여의 경험은 1908년 진주에 공식적인 최초의 계몽운동단체 대한협회 진주지회가 결성될 수 있었던 가장 중요한 배경이었다.

---

31) 「恐怖時代の日本人會」,『晉州大觀』, 14~15쪽.
32) 「爆彈炸製事件突發」,『晉州大觀』, 17~18쪽.
33) 「本會歷史」,『대한협회회보』제4호, 1908년 7월 25일, 54쪽.

III. 대한협회 진주지회의 결성과 구성원

1. 진주지회의 결성

대한협회는 1907년 11월 17일 발족과 함께 지회 결성에 착수한 것으로 보인다. 11월 23일 임시평의회에서 의결했다는 지회설립 규정과 규칙은 전하지 않는다. 남아있는 '分지회 설립규정'과 모체가 되었을 '대한자강회 지회설립 규정'을 참작해서 추정할 뿐이다.[34]

양자의 내용은 "지회설립을 원하는 지역은 해당유지들이 서명한 입회 및 청원서를 본회에 제출할 것", "결격사유가 없는 경우 본회 평의회에서 시찰원 2인 이하를 파견하여 該地의 정황을 시찰, 보고할 것", "보고를 징수하여 해지에 聲望과 지식이 능히 一支會를 유지할 인사 3명 이상이 있는 경우 인허할 것"으로 요약된다. 이에 준거하여 대한협회 지회도 先청원, 後시찰을 거쳐 인가에 이르는 것이 일반적인 과정이었다. 그러나 시기와 지역에 따라 선청원, 無시찰을 거쳐 인가된 경우가 있었다. 1908년 3월 이후에는 선시찰, 후청원을 거쳐 결성된 사례도 보인다.[35]

청원 인원은 대한자강회와 같이 50인으로 규정하는 견해와 분지회와 동일하게 30인으로 보는 의견이 있다. 면 단위인 분지회가 30인이었다면 부, 군지회는 50인 이상으로 보는 것이 타당할 듯하다. 대한자강회 지회가 설치되었던 지역은 대체로 시찰이 생략된 채 인허를 받았다. 동지회가 조직되지 않았던 진주는 규정에 준하여 지회설립이 이루어

---

34) 유영렬, 「大韓協會 支會 研究」, 『국사관논총』 제67집, 1996, 60쪽 ; 김항구, 「大韓協會 支會의 設立과 自强運動」, 『인문논총』 제11집, 2011, 67쪽.

35) 유영렬, 앞의 글, 62쪽.

졌을 것이다.

진주지역에서 대한협회 지회를 결성하려는 움직임은 1908년 초부터 시작되었다. 4월 24일 본회의 특별평의회에서 尹孝定이 진주시찰원에 임명된 것[36]으로 보아 청원서는 4월 중순 이전에 제출되었을 것이다. 청원과정에는 후일 진주지회의 임원으로 활동한 인물 대부분이 참여하였다. 특히 鄭圭錫, 金翔昊, 李現重, 許煥, 金甲淳, 姜台熙 등의 역할이 두드러졌다.

정규석은 뒤에 진주지회의 초대회장을 지냈고 김상호, 이현중, 허환은 설립규정에 제시된 "일지회를 유지할 인사 3인"에 해당되는 인물이었다.[37] 김갑순과 강태희는 7월 25일 발간된 대한협회회보 제4호에 진주회원의 자격으로 각기 글을 올렸다.[38] 유교의 개혁과 대한협회의 진로에 관한 내용이었는데 인허와 동시에 기고가 이루어졌을 만큼 이들은 대한협회와 밀착되어 있었다.

지회 결성을 준비하는 임시대회는 32명의 발기인이 동석한 가운데 5월 21일 진주 촉석루에서 개최되었다. 시찰원 윤효정은 5월 18일 진주에 도착하여 이 대회에 참석하였다. 그는 이틀간 진주에 머물며 발기인을 면담하고 지역정세를 탐방한 후 마산으로 이동하였다. 윤효정은 귀경하여 6월 6일 열린 평의회에서 시찰 결과를 보고하였다.

이러한 과정을 거쳐 6월 13일 개최된 통상총회에서 진주는 마산과 함께 지회 결성이 인가되었다.[39] 다음 달인 7월 11일 진주지회는 임원조직총회를 열어 초대 임원을 선발하였다.[40] 발기인이 대부분이었을

---

36) 「本會歷史」, 『대한협회회보』 제3호, 1908년 6월 25일, 58쪽.
37) 「本會歷史」, 『대한협회회보』 제4호, 1908년 7월 25일, 54쪽.
38) 金甲淳, 「腐儒」, 『대한협회회보』 제4호, 1908년 7월 25일, 9쪽 ; 姜台熙, 「祝辭」, 『대한협회회보』 제4호, 1908년 7월 25일, 39쪽.
39) 「本會歷史」, 『대한협회회보』 제4호, 1908년 7월 25일, 54~55쪽.

것으로 생각되는 최초 임원진의 명단은 아래와 같다.

> 회장 - 정규석, 부회장 - 태성엽, 총무 - 황재연
> 평의원 - 정태우 · 이영완 · 오종근 · 이일중 · 박재화 · 손진휴 · 임병욱 ·
> 허환 · 정석균 · 김갑순 · 서진수 · 전세철 · 이규하 · 김형철 · 홍재철
> 회계 - 이현중, 서기 - 허환, 간사 - 이태중 · 정기찬 · 조원석[41]

임원 구성은 회장, 부회장, 총무, 평의원, 간사로 이루진 당시 지회의
일반적인 편제를 그대로 따르고 있다. 규칙에는 없으나 지회가 통상적
으로 설치하였던 회계와 서기직도 편성하였다. 다만 진주지회의 유형
으로 언급[42]되는 부장제와 부총무직은 최초 임원진에서 보이지 않는
다. 15인이 배정된 평의원과 3인의 간사진도 타 지회와 차이가 없다.
7월 11일 진주지회는 임원조직총회와 함께 통상총회도 개최하였다. 여
기에서 임원을 제외한 일반회원 28명이 가입하였고 이규범, 김갑순의
강연이 있었다.[43]

결성 후 진주지회가 당면하고 주력했던 문제는 회원의 확장과 재정
확보였다. 8월 8일 통상총회에서는 회원이 자격을 갖춘 후보를 한 명씩
'保薦하자는 姜周準의 의안이 가결되었다.[44] 기존회원의 책임하에 신
규 회원을 영입하자는 것으로 회원의 확대와 질적 수준을 동시에 고려
한 조치였다고 생각된다. 이 결정 후 총 43명의 신입회원이 가입하였
다.[45] 이는 진주지회에서 단기로 가장 많은 인원이 참여한 것이다.

40) 「支會會錄節畧」, 『대한협회회보』 제4호, 58쪽.
41) 「會員名簿」, 『대한협회회보』 제4호, 1908년 7월 25일, 70쪽.
42) 유영렬, 앞의 글, 73~74쪽.
43) 「本會歷史」, 『대한협회회보』 제5호, 1908년 8월 25일, 59쪽.
44) 「支會會錄節畧」, 『대한협회회보』 제7호, 1908년 10월 25일, 58쪽.
45) 「會員名簿」, 『대한협회회보』 제7호, 1908년 10월 25일, 69쪽.

회원 추천제와 함께 8월 17일 특별총회에서는 부장제의 도입안이 상정되었다. 이에 따라 교육부가 설치되고 김갑순이 교육부장에 선임되었다. 9월에 와서 진주지회는 평의원 일부와 서기가 교체되고 초대회장 정규석이 사의를 표명하는 등 임원진의 변동을 겪게 된다.[46]

조직, 인원의 구성과 함께 재정의 건전성을 확보하는 것도 진주지회의 현안이었을 것이다. 당시 단체들은 회비와 의연금, 기관지 구독료와 광고 수입 등으로 운영 경비를 충당하였다. 의존도가 높았던 입회비와 월회비의 수납 여부를 두고 본회와 지회가 갈등을 겪기도 하였다.[47]

대한협회의 회비 금액은 알 수 없지만 1환을 선납한 경우 1년분을 인정한 사실로 미루어 월 10전으로 추정하는 견해가 있다.[48] 진주지회의 예산도 이에 준하여 편성된 것으로 보인다. 다만 단기에 재정을 확보하기 위해서는 회비보다 의연이 효과적이었을 것이다. 이에 진주지회는 10월 3일 평의회에서 의연 안을 가결시키고 당일 243환을 모금하였다.[49] 당시 본회의 월 평균 수입이 250환 내외였던 점을 감안하면 적지 않은 액수가 납입된 것이다.

대한협회의 전체 86개 지회 중 진주는 23번째로 비교적 빠른 시기에 설립을 보았다. 경남지역의 결성 순서에서도 진주지회는 늦은 편이 아니었다. 그러나 경남의 지회도 동부지역에 8개(김해, 동래, 마산, 창원, 함안, 밀양, 부산, 사하)가 집중되었고 서부는 진주와 남해, 하동, 합천의 4곳에 불과하였다. 동래와 김해에만 조직되었던 대한자강회 지회와 같이 경남지역 계몽운동단체들의 기반은 동부지역이 강했다. 당시 지회 설립에는 개항장과 포구가 중시되었기에 경남도 낙동강을 관통하

---

46) 「支會會錄節畧」, 『대한협회회보』 제7호, 1908년 10월 25일, 58쪽.
47) 김도형, 『大韓帝國期의 政治思想硏究』, 지식산업사, 1994, 149쪽.
48) 김항구, 『大韓協會(1907~1910)硏究』, 檀國大史學科博士學位論文, 1993, 76쪽.
49) 「支會會錄節畧」, 『대한협회회보』 제8호, 1908년 11월 25일, 63쪽.

는 김해평야와 남해안을 따라 분포되었던 것이다.[50]

진주지회는 설립 목적이나 취지를 밝힌 구체적인 기록을 남기지 않았다. "舊日昏憒을 頓覺하고 新思想을 開發한다"[51]는 피상적인 선언만이 전한다. 다만 결성 직후 개최된 최초 강연회의 주제를 통해 지향점을 엿볼 수 있다. 1908년 7월 11일 통상총회에서 이규범은 "정당은 국가의 기본", 김갑순은 "국가와 교육의 관계"라는 제목으로 각각 연설하였다. 회원을 대상으로 한 최초의 강연에서 '정당'의 역할을 강조했다는 것은 지회의 정체에 관한 설립주체들의 인식을 짐작케 하는 사실이다.

물론 정당에 대한 지회의 관심은 본회 자체가 가지고 있던 정치 권력적 성향에 영향 받은 것이었다.[52] 그러나 진주는 당시 본회에서 주로 사용되던 "民黨"이라는 표현까지 동원하면서 민의 권리와 지회에 대표된 책임을 강조하였다.[53] 기실, 지역사회의 경우 지회는 정치세력이나 권력도구 보다는 관의 행포에 대응하여 계층의 이익을 보호하는 방어막으로서의 기능에 보다 관심이 있었던 것이다. 김갑순의 연설 역시 본회의 제1강령에 부응하여 교육진흥과 이를 통한 실력양성의 중요성을 강조한 내용이었을 것이다. 즉 설립취지나 활동방향이 본회의 그것에서 이탈하지는 않았지만 일정한 지역성을 내포하고 있었던 것이다.

다만 지회의 설립요인 중 하나로 지적되는 의병에 대한 대책은 진주지회의 경우 적용하기 어렵다. 한말 후기의병으로 명명되는 1907~

---

50) 전재관, 「한말 애국계몽단체 지회의 구성과 분포」, 『숭실사학』 제10집, 1998, 171~172쪽.

51) 『황성신문』 1908년 10월 10일, 「晋其晋明」.

52) 대한협회를 "大韓國民 政黨"이라 정의한 안동지회가 대표적이다(김기승, 「대한협회 안동지회」, 『安東史學』 제4집, 1999, 58쪽). 그러나 대구지회와 같이 정당에 관한 입장을 밝히지 않은 경우도 발견된다(안동대학교 안동문화연구소, 『경북독립운동사』 II, 2012, 62쪽).

53) 「支會會錄節畧」, 『대한협회회보』 제9호, 1908년 12월 25일, 59쪽.

1910년의 의병항쟁은 전라도가 주 무대였다. 진주가 위치한 경남서부 지역은 의진이 성립되지 않았다.[54] 지회 결성과정에서도 의병문제는 언급되지 않았다. 물론 진주지회도 의병의 귀순을 권유하는 '布告文'을 배포한 사실이 있다.[55] 그러나 이는 의병으로 오인 받아 체포되었던 회원의 구명운동이자 당시 지회의 일반적인 의병 설유 활동이었다. 의병문제는 당시 진주에서 사회적 현안이 아니었다. 따라서 의병대책과 진주지회의 결성 동기는 연결 지을 수 없는 것이다.

2. 구성원의 분포와 성격

언급한 대로 대한협회 진주지회는 1908년 7월 11일 이후 총 6차례의 총회와 평의회를 개최하여 임회원을 확보하였다. 이를 통해 아래와 같은 임원 변천과 회원 구성이 이루어졌다.

〈표 1〉 대한협회 진주지회 임원 변천

일시	회명	임원명
1908.7.11	임원조직총회	회장: 정규석, 부회장: 태성엽, 총무: 황제연, 평의원: 정태우 · 이영완 · 오종근 · 이일중 · 박재화 · 손진휴 · 임병욱 · 허환 · 정석균 · 김갑순 · 서진수 · 전세철 · 이규하 · 김형철 · 홍재철, 회계: 이현중, 서기: 허환, 간사: 이태중 · 정기찬 · 조원석
1908.8.17	특별총회	교육부장: 김갑순
1908.9.5	평의회	평의원: 정순교 · 김동황 · 이현중 · 이지칠 · 강주준

54) 호남의 후기의병에서는 김동신 부대가 지리산을 근거로 안의, 함양 등 경남서부지역까지 항쟁 범위를 넓혀갔다. 그러나 연합 투쟁하였던 고광순 의진이 1907년 10월 하동 연곡사에서 패퇴하자 경남지역에서의 활동 근거를 상실하게 된다(홍영기, 『대한제국기 호남의병 연구』, 일조각, 2004, 280~285쪽).
55) 「本會歷史」, 『대한협회회보』 제8호, 1908년 11월 25일, 64쪽.

일시	회명	임원명
1908.10.19	특별총회	부회장: 이규범, 교육부장: 이영완, 부총무: 김갑순, 평의원: 김낙규 · 천응칠 · 안종수 · 안석필 · 강지인
1908.10.26	특별총회	평의원: 윤종하 · 장응옥
1909.11.1	특별총회	회장: 박재구, 부회장: 이규범, 총무: 조용주

* 대한협회 진주지회 회원 명단

강주식 강태희 강신문 강규성 김기제 김상두 김달희 이승규 이규홍 이한중 이상복 이순의 이상열 유태현 박제헌 방규진 손병국 장현태 정기욱 정환 전익민 최낙석 윤순명 황의호 천종원 강상희 이지호 김재철 곽정인 정영식 안헌 이상숙 김진상 이장희 강윤황 정치권 김학선 전희원 정재욱 오주환 강순환 김성진 변집중 김동원 방석민 김후진 정재시 김종우 곽주석 김부일 김영신 김영신 정용수 이병성 정석근 박태신 최원섭 서정택 김극위 권종두 이홍혁 이용근 전병순 정한교 김명규 김홍식 하진옥 정경중 윤순백 강동식 천석준 이문규 구연승 송영모 강석형 이규열 강경호 김상정 이정준 전경준 고경숙 서간문 강경진

명단에 나타나는 진주지회 임회원은 모두 120명으로 일지회의 평균 회원 수인 80명을 상회하고 있다. 초대 회장 鄭圭錫은 1849년 진주군 마동면 출신이다. 대한제국기에 경무청 총순으로 근무한 관력이 있으며 한일합병 후에는 진주에서 면장으로 활동하였다.[56] 진주지회 결성에 산파역을 맡아 회장에 올랐고 두 달 뒤인 9월에 사직을 청원하였으나 반려되었다.

정규석에 이어 2대 회장으로 진주지회를 이끈 인물은 허만두다. 취임 시기는 정확하지 않으나 1908년 말 무렵이 아닌가 한다. 진주군 감찰 출신으로 사립 晋明학교 설립에 관여하였고 사무원을 맡았다.[57] 후

---

56) 『매일신보』 1913년 7월 16일, 「경남통신」.
57) 『황성신문』 1905년 8월 28일, 「晋州僻在一隅하야」.

술하겠지만 1909년 3월 지회대표로 치도사업을 둘러싼 비리문제를 제기하였다가 경남 관찰사에 의해 경찰에 구속되었다. 그 역시 한일합병 후 진주군내 면장으로 재직하였으며 도청이전 반대운동에 적극 참여하였다.

마지막으로 진주지회장을 지낸 인물은 박재구다. 1909년 11월 1일 특별총회에서 회장에 피선되어 해산될 때까지 위치에 있었다.[58] 그는 1859년 진주군 축곡에서 출생했는데 지회 활동 전까지 뚜렷한 이력이 발견되지 않는다.[59] 향리의 지주 유지로 보이며 진주지회장을 거친 후 진주에서 군참사, 군식림조합장 등을 맡았다. 부회장 이규범은 육군무관학교를 졸업하고 대한제국 육군 참위와 부위로 복무했던 군 출신이다.[60] 김상정과 함께 천도교인으로 참여했고 지회 내에서 영향력이 큰 인물이었다. 1910년 이후 진주에서 면장을 지내며 『매일신보』 통신원으로도 활동했다.[61]

교육부장과 부총무로 활약한 개명유림 김갑순도 지회 가입 이전의 경력을 확인할 수 없다. 1920년대 와서 일신고보기성회 간사를 시작으로 진주번영회원, 도청이전반대 상경교섭위원, 초대 진주군 진주읍회 의원 등을 지내며 지역 유지로 운신하였다.[62] 그는 진주지회 간부 중 기고·강연 등의 활동이 가장 활발한 논객이었다. 언급한 대로 대한협회회보에 儒者의 폐단을 분석하고 반성을 촉구하는 장문의 논설을 게

---

58) 『경남일보』 1909년 11월 5일, 「韓會改員」 ; 『경남일보』 1909년 11월 6일, 「韓會任員」.
59) 진주에 소재한 농상공부 산하 대한측량사무소 경남지사의 贊成長을 맡은 경력 정도가 확인된다. 『皇城新聞』 1909년 4월 16일, 「農商工部官許大韓測量事務所慶南支事務所를」.
60) 國史編纂委員會, 『大韓帝國官員履歷書』, 탐구당, 1972, 490쪽.
61) 『매일신보』 1913년 6월 24일, 「최근의 경남」.
62) 김경현 편, 『일제강점기 인명록 I -진주지역 관공리·유력자』, 민족문제연구소, 2005, 119쪽.

재하였다. 일본유학생들이 발간한 대한학보월보에도 청년의 책무를 강조하는 글을 기고했다.[63] 다양한 활동으로 "新舊博通한 文學家이며 특별한 愛國心이 有한 國民의 先導者"[64]라는 고평을 받았다.

회계와 평의원으로 참여한 이현중은 대한제국시기의 이력이 확실하지 않다. 하지만 지적한 대로 김상호, 허환과 함께 "일지회를 유지할 인사 3인"에 선정되어 지회 결성에 기여하였다. 3·1운동 이후 도청이전방지 실행위원, 진주상공역원회 역원을 지냈으며 지역 잡지『영남춘추』의 고문을 역임했다. 광복 후에는 민주주의 민족전선 진주시위원장을 맡았고 1946년 사망했다.[65] 같은 평의원 이일중은 대한제국시기 진주감찰을 지낸 인물이며, "인사 3인"의 하나로 서기를 맡았던 허환은 하급 관공리출신으로 생각된다. 1912년 당시 직책이 부산지방법원 진주지청 서기였다.[66]

평의원 손진휴는 대한제국기 지역에서 교육운동에 투신하였던 개명유림이었다. 동아개진교육회에서의 활동으로 일제정보기관의 주목을 받았던 그는 진주낙육학교 교감으로 지회에 참여하였고 한일합병 후에는 진주군 참사를 지냈다.[67]

이규하 역시 동아개진교육회에서 활약했고 동회의 지회장을 역임했다. 진주지회 결성 직전 경남서부지역의 보부상을 동원한 대규모의 집회를 계획하다 경찰의 제지를 받았다.[68] 같이 평의원으로 참여한 박재화는 진주군 내동면의 지주였다. 한일합병 후 경남 지방위원과 진주군

63)「有志來函」,『대한학회월보』제1호, 1908년 2월 25일, 57쪽.
64)「感賀熱心」,『태극학보』제22집, 1908년 6월 24일, 58쪽.
65) 김경현 편, 앞의 책, 459~460쪽.
66)『조선총독부 및 소속관서직원록』, 국사편찬위원회 한국사DB, 1912.
67)『매일신보』1914년 7월 16일,「경남통신」.
68)『황성신문』1908년 3월 5일,「晋會被禁」.

내동면 · 축곡면 통합면장을 지냈다. 이후 진주번영회장, 일신고보 발기인, 도청이전방지동맹 상경진정위원 등으로 진주지역 유지의 행로를 걸었다.[69] 임직은 맡지 않았지만 "인사 3인"의 일원이었던 김상호는 경남 관찰부 주사로 지회에 참여한 관공리 출신이었다.[70]

살펴본 대로 진주지회를 결성하고 중심 역할을 했던 구성원들은 개명유림의 범주에 포함시킬 수 있는 인물이 대부분이었다. 자료에 나타나지 않는 인사도 같은 성향이었을 것으로 생각된다.[71] 조금 더 세분하면 전 · 현직 관공리(정규식, 허만두, 이일중, 허환, 김상호), 지주(박재화, 김갑순, 박재구), 요호(손진휴, 이규하), 군인(이규범) 출신으로 나눌 수 있다. 경제적인 수준은 거의 동일하였을 것으로 생각되며 동아개진교육회에 관여했던 2인(손진휴, 이규하)을 제외하고 지역단체와 연관을 맺은 인물은 보이지 않는다. 이들의 상당수는 1910년대 진주군 내의 면장과 참사로 활동하면서 지방 지배세력의 관리화라는 일제의 행정운영정책에 흡수되어 갔다.

일반 회원으로 확인되는 인사는 총 83명인데 대한제국시기 지역의 관공리 출신들이 높은 비중을 차지하고 있다. 강태희, 김달희, 황의호, 강상희, 김진상, 이장희는 관찰부나 군의 주사를 지낸 인물이다. 강주식, 이상열은 진주군 의관 출신이며 김흥식과 이명규도 진주군 총순으로 근무했다.[72] 그 외 곽정인은 1904년 경리원의 鹽紙稅派員으로 진주, 사천의 염세 업무를 담당했다. 관공리 출신 지회원 중 가장 고위직은 사천군수를 지낸 윤순백이다. 진주 국채보상운동에 참여하였으며 공

---

69) 김경현 편, 앞의 책, 284쪽.

70) 『대한매일신보』1907년 8월 30일, 「宿莫復興」.

71) 유영렬은 대한협회 지회 주도인물의 성분을 분석하면서 慶州, 長端, 吉州와 함께 진주지회를 개명유학자들이 주도했던 지회로 분류한 바 있다(유영렬, 앞의 글, 69쪽).

72) 『황성신문』1905년 8월 28일, 「晉州僻在一偶하야」.

명하고 청렴한 지방관으로 치적을 인정받은 인물이었다.[73]

이 외 일반성면 유지로 진주 향교 교임을 지낸 구연승, 단성공립보통학교 학무위원의 경력이 보이는 단성의 변집중 등은 향리에 기반을 둔 중소 지주들이었다. 지방지회의 주 참여세력이었던 상인층은 진주, 사천에서 객주로 활동한 김명규를 제외하고 뚜렷하지 않다. 당시 진주에는 염매업으로 한창 부를 형성하고 있었던 정상진, 지역 최대의 잡화점인 補信屋의 경영자 강선호 같은 富商이 있었지만 이들은 지회에 가담하지 않았다.[74]

임회원 중 국채보상운동 참여가 확인되는 인물은 강주식, 강경호, 안헌, 김종우, 이문규, 윤순백, 구연승, 박재화, 변집중, 황의호, 오주환, 서진수 등이다.[75] 강주식, 강경호, 안헌은 전기한 대로 국채보상경남회의 발기인이었다. 손진휴와 오주환은 초기 진주지역 국채보상운동의 근거지 역할을 하였던 진주낙육학교의 교감과 졸업생으로 지회에 나란히 가입했다. 진주국채보상소 평의원이었던 서진수는 중앙기성회가 누락시킨 지역 의연금 721환을 상경투쟁을 통해 환수 받았다.[76] 지회원 중에는 같은 시기 조직된 嶠南敎育會에 참여한 인물도 보인다. 교남교육회원 중 진주출신은 총 16명이 확인된다. 이 중 정규석, 안헌, 정태우, 강경호 등 진주지회원 4명이 포함되어 있다. 교남교육회는 安新여학교를 설립한 강경호의 육영사업을 모범적인 사례로 소개하기도

---

73) 『황성신문』 1903년 2월 11일, 「慶尙南道管下府尹郡守治蹟」.

74) 강선호가 진주지회 회계원을 지냈다는 기록이 있으나 지회 해산 뒤의 자료이며(『每日申報』 1913년 3월 18일, 「勇敢明敏하고 勤儉穩健한 실업가 姜善昊氏」) 당시의 지회원 명단에서는 그의 이름을 발견할 수 없다. 상인층의 참여가 저조했던 이유를 당시 진주에 이미 상무사가 조직되어 있었고 대한협회의 가입 조건이 까다로웠기 때문으로 추정하는 견해가 있다(김준형, 「진주지역 3·1운동의 배경」, 『진주3·1운동과 근대 사회 발전』, 북코리아, 2019, 98쪽).

75) 『대한매일신보』 1907년 8월 17일, 「國債報償義捐金」.

76) 김형목, 앞의 글, 40쪽.

했다.[77]

상인층의 존재가 두드러지지 않았던 진주지회는 전·현직 관공리 출신의 지주요호 층이 주류를 이루었다. 전직 군수도 있었지만 대체로 관찰부에 소속된 주사 급이 대부분이었다. 그렇다고 이들을 일제가 향촌사회의 개편을 목적으로 조성한 지방관리세력으로 분류하기는 어려울 것이다. 대부분은 통감부의 지방세력 관리화가 본격화되는 1906년 이전에 봉직하거나 이미 퇴임한 인물이었다.[78] 따라서 이들은 당시 법률에도 명시되었던 "事務에 通曉한 儒林鄕人"[79] 즉 군수를 보좌하는 토호세력으로 파악하는 것이 옳을 것이다. 하지만 이들 역시 상당수가 후일 진주 관내의 면장으로 임용되어 식민지 지방행정의 한국인 대리자로 운신하게 된다.

IV. 대한협회 진주지회의 활동

대한제국기 지방계몽단체의 주된 활동이 교육운동이었음은 알려진 사실이다. 대한협회 지회의 교육계몽운동은 대체로 두 가지 방향으로 진행되었다. 첫째는 활동 본령에 충실하여 지회가 직접 학교를 설립, 운영하는 경우이다. 통상회의나 평의회의 토론을 거쳐 시행 가부가 결정되었는데 기존 교육시설의 증·개축 및 통합, 인수와 같은 문제도 여기에서 논의되었다. 직영한 학교의 종류는 사범, 측량, 야학교에서 법률, 농림강습소에 이르기까지 다양하였다.[80] 직접적인 건립 외에도 지

---

77)「學界彙聞」,『교남교육회잡지』제8호, 1909년 12월 23일, 32쪽.
78)『황성신문』1905년 8월 28일,「晋州僻在一偶하야」.
79)「勅令第52號 地方官銓考規程」,『한말근대법령자료집』V, 국회도서관, 1971, 190쪽.
80)「支會會錄節畧」,『대한협회회보』제4호, 1908년 7월 24일, 284쪽 ;「支會會錄節畧」,

회의 교육활동은 지역의 교육풍토를 조성하고 환경을 지원하는 노력으로 추진되었다. 지회는 교육재정을 확보하기 위해 유지들에게 찬조를 요구하거나 스스로 기금조성을 시도하였다. 또한 시찰위원을 면, 리에 파견하여 학교 설립을 권유하였고 연설회와 신문, 잡지를 통해 교육열을 계도하였다. 지회원들은 개인적으로 교육기관을 설치하거나 교사로 교육현장에 투신했다.

진주지회의 교육계몽운동은 주로 후자의 방향으로 추진되었다. 지회가 지역에서 직접 개설한 교육기관은 야학강습소만 확인된다. 강습소는 군내 중앙동의 지회 사무실에서 운영되었다. 생도는 15세 이상의 청장년을 대상으로 시험을 거쳐 선발하였다.[81] 강습내용은 정확하지 않으나 당시 관찰부가 주관한 농업 강습소가 있었기에 지회는 법률지식을 주로 하지 않았나 한다. 지회차원이 아니더라도 회원들은 개인적으로 학교를 운영하거나 후원하면서 교육운동에 참여하였다.

언급한 대로 평의원 손진휴는 애국보상소 사무실이 설치되었던 진주낙육학교 교감으로 근무하였다. 같은 평의원 박재화는 동향의 지주 강재백과 함께 사립 독명학교를 설립하였다.[82] 김동황과 박태신은 재판소 번역관을 교사로 초빙하여 성내동에서 야학을 운영했다.[83] 회원 강주식과 강경호도 봉양학교 건립에 참여하였는데 이들은 특히 여성교육에 열성을 보였다. 경남일보 회계원이었던 강주식은 지역의 향학열에 부응하여 여학교 개설을 추진하였다.[84] 강경호가 운영한 안신여

『대한협회회보』 제7호, 1908년 10월 25일, 59~60쪽 ; 「本會歷史」, 『대한협회회보』 제12호, 1909년 3월 25일, 56쪽.
81) 『경남일보』 1910년 2월 28일, 「講習生募集」.
82) 『경남일보』 1910년 5월 6일, 「學校漸起」.
83) 『경남일보』 1909년 11월 7일, 「夜學續興」.
84) 『경남일보』 1910년 6월 11일, 「女交復興」.

학교는 학생 수가 급증하여 주둔 일본군 수비대장이 학용품을 기부할 정도였다.[85] 대안면 유지였던 그는 농민야학의 교사로 현장에서 활동 하였다. 일반성면 지주 구연승도 의연금을 희사하여 보명학교를 설립 하였다.[86]

이외에도 유지회원들은 공립학교에 사적으로 기부하거나 개교식에 대한협회 대표로 축사하는 등의 활동으로 교육운동에 나섰다. 또 지회 는 노동야학강습소가 校숨 부족으로 곤란을 겪자 부호들을 설득해 그 들의 가옥을 임대, 사용하게 하였다.[87]

교육계몽운동의 연장선상에서 진주지회는 관내 면민을 대상으로 법 률지식 보급에 나섰다. 1907년 12월, 통감부는 "施政改善策"의 일환으 로 한국정부로 하여금 '재판소구성법'과 '재판소설치법'을 제정하게 하 였다. 그에 따라 진주에도 구재판소와 함께 상급지방재판소가 설치되 었다.[88]

형사재판제도의 "식민지적 근대화"로 표현[89]되는 이러한 사법제도 의 변화와 인구증가로 인해 진주지역에서도 법률 지식의 수요가 급증 하였다. 당시 진주는 수감자가 늘어나 죄수의 구체적인 숫자와 교화대 책이 언론에 보도될 정도였다.[90] 이미 지역유지들은 법률연구회를 조 직하여 법률서를 구입하고 강연회를 통해 생활법률과 소송절차 등을 전파하고 있었다. 진주지회도 우범자가 증가하는 현상이 법률지식의 미비와 관련 있는 것으로 판단하였다. 이에 의사회의 결정으로 관련법

85) 「學界彙聞」, 『교남교육회잡지』 제8호, 1909년 12월 23일, 32쪽.
86) 『황성신문』 1910년 4월 13일, 「普明文明」.
87) 『황성신문』 1908년 11월 1일, 「勞動夜學講習」.
88) 도면회, 『한국근대형사재판제도사』, 푸른역사, 2014, 442쪽.
89) 도면회, 앞의 책, 463쪽.
90) 『대한민보』 1910년 2월 23일, 「晋州分監囚徒」 ; 『대한민보』 1910년 3월 9일, 「晋囚有業」.

규와 법률상식을 설명한 해설서를 인쇄하여 각 面에 배부하였다.[91] 운영한 야학강습소도 언급한 대로 법률에 관한 내용이 높은 비중을 차지하였을 것이다.

아울러 진주지회는 당시로는 드물게 월보 발간을 시도하였다. 월보명은 '大韓協會慶南各支會月報'로 잠칭하고 1주 당 3환씩 주식을 판매하여 경비를 충당할 계획이었으나[92] 실행에 옮기지 못한 것으로 보인다. 당시 대한협회 지회가 신문, 잡지를 번역하여 배포하거나 구독을 권한 사례는 있지만 월보 발행을 시도한 경우는 진주지회 외에 잘 나타나지 않는다. 진주지회는 강연회와 토론회도 꾸준히 개최하였다. 처음 통상총회에서만 실시하였던 강연회는 이후 매주 일요일로 정례화되었다. 토론회는 회관 사무실에서 수시로 열렸다.[93]

대한협회 지회는 주민의 재산권 보호와 폐정개혁의 일환으로 조세저항운동을 전개하였고 진주지회도 이에 적극적인 모습을 보였다. 당시 지방의 조세저항은 주로 三稅(酒稅, 煙草稅, 家屋稅)와 市場稅를 둘러싸고 촉발되었는데 진주지역도 반발이 표출되고 있었다. 주초세의 경우 처음부터 신고율이 저조하여 진주 財務署가 제조업자들을 상대로 직접 조사에 임할 정도였다. 그럼에도 납세 거부자가 증가하자 재무서는 체납자의 가산을 압류하고 강제 징수하는 조치를 취하게 된다.[94]

시장세는 1908년 후반부터 진주지역에서 문제가 되었다. 도, 군 경찰

---

91) 『경남일보』 1910년 1월 7일, 「韓會議決」.
92) 『경남일보』 1910년 4월 12일, 「大韓支會月報」.
93) 「支會會錄節畧」, 『대한협회회보』 제8호, 1908년 11월 25일, 63쪽. 통상총회에서 열렸던 강연 주제는 다음과 같다. '政黨은 國家의 基本'(李圭範), '國家와 敎育의 關係', '國民의 前途', '本會의 急務'(金甲淳), '愛國의 義務'(太聲燁), '慣習의 改良'(姜周準).
94) 『경남일보』 1910년 2월 2일, 「財署告示」 ; 1910년 2월 20일, 「酒草稅督捧」.

과 재무서 관헌들이 시장에서 현물과 대금을 무차별 징수하였다. 그로 인해 지역 상권이 위축되고 거래 두절이 일어나는 상황이 초래되었다. 진주지회는 이를 지역민에 대한 수탈이자 "舊來의 弊習"이라 단정하고 대응하기로 하였다. 1908년 11월 19일 평의회에서 서진수, 김형철을 조사위원으로 황제연, 김갑순을 총대로 선정하고 현장 조사를 실시했다.

그 결과 使隷들의 자의적인 징수 사실과 상인들의 피해 사례가 확인되었다.[95] 지회는 즉각 총대를 통해 경남관찰사에게 시장세의 징수 실태와 용도, 징수 주체에 대한 해명을 요구하였다. 이에 관찰사 黃鐵은 징세 근거는 없으나 경찰서와 재무서에서 요구하여 묵인해 준 것이니 경찰부장과 일인 재무관에게 문의하라는 무책임한 태도를 보였다. 그러자 지회는 兩署에 재차 질의하여 시장세가 도로 수리비와 시의 위생비로 지출되며 대상은 경남 전체 군 시장으로 확대될 것이고 15환 이상 남징할 경우 당국에 신고하라는 답변을 받아내었다.

지회는 이러한 해명 자체가 납득할 수 없는 모순이며 시장세는 관이 민을 우롱하는 부당한 "폐습"이라 규정하였다. 그리하여 징수의 폐단을 서울 본회에 보고하는 한편 대구지회와 협의하여 감독관청인 대구 재무감독국에 감사를 요구하였다. 또 자체에서 조사원을 파견하여 징세액의 초과 여부를 감시하였다. 지회의 이러한 적극적인 대응에 의해 진주군의 시장세는 그 해 11월 30일 이후 폐지되게 된다.[96]

시장세 폐지는 물리적 충돌 없이 공적인 절차를 통해 진주지회가 이끌어낸 성과였다. 撤市나 재무서 습격 등 타지에서 발견되는 격돌적인

---

95) 「支會會錄節畧」, 『대한협회회보』 제9호, 1908년 12월 25일, 58쪽.
96) 「支會會錄節畧」, 『대한협회회보』 제9호, 1908년 12월 25일, 59~60쪽. 공식적으로 폐지되었으나 이후에도 시장세는 진주에서 개인이 불법으로 收斂하거나 수세권을 매도하는 경우가 있어 문제가 되었다(『경남일보』 1910년 4월 6일, 「私收稅嚴禁」, 「私斂場市稅禁止」).

저항 대신 진주는 계몽단체가 실태를 조사하여 공식적인 문제제기를 하고 관의 부실한 반응에 대해서는 본회와 연계하여 상급 관청을 통해 해결책을 찾아오는 '주민청원운동'의 면모를 보여주었다. 이후에도 진주지회는 경남관찰사 황철의 폐정을 계속 감시, 비판하였고 양자의 갈등은 깊어졌다.

황철의 탐학은 중앙 언론에 여러 차례 보도될 정도로 심각한 수준이었다.[97] 비행은 주로 治道사업을 둘러싸고 이루어졌다. 당시 진주는 진주-마산, 진주-삼천포 간의 도로 확장사업이 진행 중이었고 남강운하 건설도 계획되고 있었다.[98] 황철은 공사 구간의 사유지를 무단 침탈하고 지세를 불법 징수하였으며 인건비를 횡령하는 등의 비리를 자행했다. 진주지회가 이 문제에 대해 누차 시정을 요구하자 황철은 지회장 허만두를 진주경찰서에 구금하여 사태를 악화시켰다.[99] 이 사건은 대한협회 본회가 개입하여 전말을 조사하고 이를 內部에 고발함으로 중앙까지 비화되었다.[100]

한편 삼파연합시도, 합방반대운동 등 당시 대한협회가 직면했던 현안과 연동되어 진주지회는 지역의 일진회와 극도로 대립하는 모습을 보인다. 본회의 당면 문제였던 일진회와의 제휴, 합방배척운동 등에 진주지회가 공식적인 의사를 표명한 흔적은 없다. 그러나 일진회 지회와는 정면으로 대립하였는데 '尹舜明 사건'이 대표적이다.

군내 성내1동에 거주하는 회원 윤순명이 무단으로 일진회에 가입한

---

97) 『황성신문』 1909년 3월 7일, 「黃鐵食鐵」 ; 『大韓民報』 1910년 2월 3일, 「廢校收賂」.
98) 『대한민보』 1909년 7월 16일, 「治道工事速成」 ; 『대한민보』 1909년 9월 16일, 「運河事業」.
99) 『황성신문』 1909년 3월 10일, 「韓會交涉」 ; 『황성신문』 1909년 3월 12일, 「再次質問」.
100) 여론이 악화되자 황철은 내부대신 朴齊純을 면담하여 본인을 변호하였다. 결과적으로 그는 한일합병 직후인 1910년 9월까지 경남관찰사직을 유지했다(『대한민보』 1909년 7월 22일, 「晉察訪內相」).

사실이 알려지자 진주지회는 즉시 그의 인증서를 몰수하고 출회조치 하였다.[101] 그러자 일진회 대표 정용태가 지회장 박재구를 진주검사국에 고발하는 사태가 발생했다. 그러나 검사국은 법인이 법인을 고소하는 것은 법률적 근거가 없다 하여 접수를 거부하였다.[102] 결국 윤순명은 영구 제명되었고 진주지회는 이 사실을 지역에 공지하였다. 회원은 아니었으나 대안 2동에 거주하던 洪淳玉이 일진회원이라는 사실이 알려져 진주상무조합에서 퇴출당하는 등[103] 당시 진주 사회에서 反일진회 정서는 고조되어 있었다. 물론 여기에는 유지신사로 구성된 대한협회와 동학, 천도교 출신이 다수인 일진회원 사이의 계층적 알력도 작용했을 것이다. 진주지회는 '일진회는 국민 전체가 同胞로 인정치 아니하는 집단'[104]임을 적시하여 적대감을 분명히 하였다.

대한협회 지회가 전개하였던 활동 중 진주지회에 특별히 나타나지 않는 것은 실업부분, 즉 식산흥업활동이다. 진주지회는 실업부를 설치하지 않았으며 통상 개최되었던 연설회에서도 식산에 관한 주제는 찾을 수 없다. 언급한 대로 정상진, 강선호, 김기태 등, 후일 '토착자본가'로 성장하는 부호들도 있었으나 이들은 대한협회와는 거리를 두었다.

대한협회 진주지회의 구성원과 활동은 당시 지역 언론이자 최초의 지방지였던 경남일보와의 관계에서도 살펴볼 필요가 있다. 1909년 10월 경남일보가 창간되자 진주지회와 회원들은 일제히 축하와 기대의 감정을 표하였다.[105] 하지만 이후의 행보를 보면 양자 사이에는 유대나 밀착보다 오히려 간극이 있었음이 나타난다.

---

101) 『경남일보』 1910년 1월 11일, 「其意回測」.
102) 『경남일보』 1910년 1월 13일, 「提訴被逐」.
103) 『경남일보』 1910년 1월 15일, 「査實黜會」.
104) 『경남일보』 1910년 1월 13일, 「廣告」.
105) 『경남일보』 1909년 11월 7일, 「祝辭」.

경남일보는 창간 후 몇 차례의 개편을 거쳐 1910년 초에 오면 주주와 임원 대부분이 진주에 거주하는 인물로 교체되었다.[106] 이들은 지주, 자산가로 지역의 교육사업에 관여하고 있던 유지라는 점에서는 진주지회 주도층과 성향이 일치한다. 그러나 경남일보 임원과 주주로 확인되는 31명[107] 중 진주지회원은 4명(김갑순, 천응칠, 강주식, 이규범)에 불과하다. 1910년 4월 주총에서 각기 이사장, 사장, 부사장으로 선임되어 경남일보를 이끌어간 3인의 진주지역 유력자, 서진욱, 강위수, 김기태는 모두 진주지회원이 아니었다. 본회 평의원 출신으로 경남일보의 편집을 주도했던 주필 張志淵도 진주지회와는 무관했다.[108] 경남일보는 진주지회의 소식을 수시로 보도했지만 모두 '動靜' 내지는 '광고'의 수준이었다. 재정난에 시달리던 경남일보를 진주지회가 지원한 흔적도 발견되지 않는다.[109]

이러한 간격은 경남일보의 창간을 후원했고 동신문사의 관계자들과 밀접한 관계에 있었던 관찰사 황철과 진주지회 사이의 갈등에 원인이 있었던 것으로 생각된다. 언급한 대로 진주지회는 황철의 폐정에 대해 지속적으로 문제제기를 했고 특히 대한협회의 기관지 대한민보는

---

106) 『경남일보』 1910년 4월 14일, 「本社株主弟一回定期總會順序」.

107) 명단과 인적사항은 최기영, 「舊韓末 『慶南日報』에 관한 一考察」, 『言論文化研究』 제6집, 1988, 201쪽 참조.

108) 장지연은 일진회와의 제휴 시도에 반발하여 대한협회 평의원직을 사임하고 1909년 9월 경남일보 주필로 내려왔다(국사편찬위원회, 『高宗時代史』 6, 885쪽 ; 『대한민보』 1909년 9월 30일, 「張氏南下」). 그는 진주에 와서도 지회와는 거리를 둔 것으로 보인다. 장지연이 도착 직후 진주 촉석루의 대한협회 연설회에 참석했다는 기록(「年譜」, 『韋菴文稿』, 국사편찬위원회, 1956, 479쪽)도 취임 환영회가 열린 것을 誤記한것 이라는 견해가 있다(최기영, 앞의 글, 190쪽).

109) 경남일보는 1910년 3월 10일부터 '文明錄'이라는 난을 만들어 구독료를 납부한 개인이나 단체의 명단을 게재하였다. 여기에도 진주지회나 회원들의 이름은 나타나지 않는다. 이는 기관으로 신문을 구독하고 대금을 지불한 河東지회의 경우와 비교된다(『경남일보』 1910년 4월 10일, 「文明錄」).

1910년 2월 이를 구체적으로 보도하였다.[110] 그러자 경남일보는 한 달 뒤 "辨大韓民報諷林誤解"라는 제하로 대한민보가 지적한 탐학 사례(蓮 池매립, 彰烈祠 훼손, 治道비리)를 일일이 해명하는 기사를 게재했 다.[111] 경남일보는 황철이 이임할 때도 그의 행정이 "何等不善의 害를 胎함이 없었고…弊害를 蒙치 않았다"고 평하면서 끝까지 옹호하였다. 또 창간과정에서 황철의 역할을 소개하고 그와 신문사 간에는 '難忘의 情'이 있음을 자인했다.[112]

관할청이자 검열기관인 경남관찰부의 영향에서 자유로울 수 없었던 지방지의 입장이었다 해도 경남일보가 보여주는 이러한 관변친화적인 태도는 소정의 정치의식을 가지고 관과 대립각을 세우며 주민의 이해 를 일부 대변하였던 진주지회의 행로와 거리가 있는 것이었다. 결국 대한협회 관여자들은 신문사의 주도세력이 아니었다는 지적[113]과 같 이 양쪽 구성원의 사회적 처신에는 일정한 괴리가 발견되는 것이다.

대한협회 진주지회의 활동은 본회와 일진회의 제휴 시도가 실패로 끝나는 1909년 12월 이후 약화되었다. 하지만 1910년 5월까지 총회를 개최하고 사무를 처리한 사실[114]로 보아 본회가 해산되는 8월까지는 조직이 유지된 것으로 보인다. 한일병합 후 진주지회 주도층의 다수는 진주군내 면장으로 진출하여 일제가 편성한 식민지 경영의 행정 일선 에 서게 된다.

---

110) 『대한민보』 1910년 2월 4일, 「晋民오오」, 「鐵魍魎」.
111) 『경남일보』 1910년 3월 12일, 「辨大韓民報諷林誤報」.
112) 『경남일보』 1910년 10월 11일, 「餞別黃遞觀察使」.
113) 최기영, 앞의 글, 205쪽.
114) 『경남일보』 1910년 5월 16일, 「廣告」.

V. 맺음말

　지금까지 진주에서 대한협회 지회가 결성되는 과정과 구성원의 성격, 활동 내용 등에 관해 살펴보았다. 13도 체제하에서 진주는 관찰부가 소재한 경남 지역의 행정 중심지로 자리 잡았다. 그러나 '首府'로의 위상과 별도로 당시 지역사회에 불어 닥친 시세변화에 능동적으로 대응하지는 못하였다. 설립취지가 계몽운동의 영역을 벗어나지 않았던 민의소의 존재도 진주지역에서는 발견되지 않는다. 지방자치 논의가 공론화 되면서 각지에서 민의소가 설치되고 그것이 계몽단체의 지회 조직으로 발전되어간 사실과 비교되는 것이다. 일진회 지회와 천도교 교단이 결성되어 있었지만 이들은 대한제국 시기 진주지역에서 뚜렷한 활동을 전개하지 못했다. 실력양성운동의 현실적 지표라 할 수 있는 사립학교의 설립도 진주는 1909년 이전까지 부진한 상황이었다. 보수적인 지역정서에 더하여 개항지인 경남 동부지역의 성장에 상대적으로 위축된 모습을 보이는 것이다.

　그러한 과정에서 1907년 진주지역에 파급된 국채보상운동의 열풍은 지역민의 사회의식을 고조하고 각성시키는 획기가 되었을 것이라 생각된다. '계층을 망라'한 '결집'과 '참여'는 지역사회에서 전무한 경험이었고 곧이어 이곳 최초의 계몽운동단체 대한협회 진주지회가 결성되는 가장 중요한 인자였다.

　"유지신사"로 지칭되는 진주지회의 주요 구성원들은 직능으로 보면 관찰부와 군 소속의 중급 관공리 출신들이 다수였다. 향리의 중소지주로서 행정 경험을 갖춘 이들은 당시 대한제국 법률에도 명시되어 있던 "事務에 通曉한 儒林鄕人"으로 정체를 규정할 수 있다. 이러한 인적 구성은 진주지회가 타지 출신 지방관의 탐학에 대항하여 지역민의 이익을 방어하는 순기능으로 작용하기도 하였다. 이는 부호들이 주로 참여하여 관찰사와 밀착하는 태도를 보이는 당시 진주지역의 또 다른 유지 집단, 경남일보 관계자들의 행보와 대조되는 것이다.

진주지회는 교육진흥, 법률지식 보급, 월보 발간, 토론, 강연회의 개최 등 계몽운동의 본령에 충실히 활동하였다. 개인 차원이었지만 회원들은 교육기관의 설립과 운영에 열성을 보였고 지원을 아끼지 않았다. 지회가 지속적으로 문제 제기한 경남 관찰사의 폐정은 중앙까지 비화되어 여론을 불러왔다. 재무서를 상대로 이루어낸 시장세 폐지는 주민의 재산권을 공적인 절차를 통해 보호한 성과였다.

진주지회는 또한 합방시도에 대응하여 일진회 지회와 극도로 대립하면서 지역의 反일진회 정서를 주도하였다. 진주지회의 활동에서는 경제 분야에 관한 내용이 거의 발견되지 않는다. 관공리 출신의 지주 유림들은 殖産에 대한 관심이 상대적으로 부족했다. 나름대로 부를 형성하고 있었던 지역의 富商들이 지회에 참여하지 않은 이유도 이와 관련 있는 것으로 생각된다.

국채보상운동에서 집단적 참여를 경험한 진주지역의 유지들은 지회라는 외피를 통해 세력을 형성하고 시세변화를 수용했다. 인망 획득과 영향력 행사라는 속성을 간과할 수 없지만 대한협회 지회의 결성과 활동은 20세기 초 진주지역 계몽운동의 조직적인 출발이었다. 하지만 지회의 주도 세력들은 한일병합 후 상당수가 진주군내의 면장으로 임용되어 식민지 행정의 대리자로 운신하게 된다. 지역 계몽운동의 1세대로서 지방 행정의 전면에 진출함에 따라 이들의 사회적 영향력은 더욱 확대되었을 것이다. 그러한 토대위에서 이들은 1920년대 관변 자문기구와 사회단체의 주역으로 활동하면서 식민지체제에 안주하는 지방 유지의 행로를 걷게 된다.

제2장

『매일신보』에 나타난
진주 인근의 3·1운동과 日帝의 대응
- 진주와 서부경남을 중심으로-

I. 머리말

　3·1운동은 19세기 후반 이래 한국민족의식의 성장과 결집의 결과로
나타난 최대의 민족해방운동이었다. 그것은 이전까지 진행된 국권회
복운동에 하나의 전환점을 마련해준 동시에 향후 민족독립운동의 전
개에 심대한 영향을 미친 기념비적인 사건이었다. 그리하여 지금까지
도 한국민족운동의 최고봉이었다는 평가를 받고 있다. 따라서 3·1운
동에 대한 관심은 일찍부터 집중되었고 양과 질 모든 면에서 상당한
연구 성과가 축적되었다.

　그러나 3·1운동에서 간과할 수 없는 부분, 즉 이 거족적인 민족독립
운동에 대해 일본 제국주의가 어떠한 논리와 방향으로 대응했는지, 일
제의 대응에 관한 분석은 그다지 깊이 이루어지지 않았다.[1] 그것은 주

---

1) 이 문제를 다룬 연구로 윤병석, 「3·1운동에 대한 일본정부의 대응」, 『3·1운동 50주
　년 기념논문집』, 동아일보사, 1969 ; 백종기, 「3·1운동에 대한 일본의 군사적 만행
　과 국제여론」, 『아세아학보』 11, 1975가 있다. 가장 최근의 성과로는 장신, 「3·1운

체적인 입장에서 3·1운동이 가지는 민족저항의 측면에 연구가 집중되었기 때문이었다. 하지만 3·1운동에 대한 日帝의 태도를 검토하는 것은 이 운동의 연구 지평을 넓히기 위해 반드시 필요한 작업이다.

일제는 중앙과 지방에서 전개된 3·1운동에 다양한 입장과 논리를 가지고 대처하였고 조선민족은 이러한 대응에 다시 응전하면서 만세운동을 이어갔다. 따라서 3·1운동 과정에 일제가 보여준 대응은 이 운동에서 나타난 민족 역량을 확인할 수 있는 역설적 근거가 될 수 있을 것이다.

이러한 사실에 주목하여 진주를 인근 한 경남 서부지역의 3·1운동과 그에 대한 일제의 대응을 毎日申報 기사를 중심으로 검토해 보고자 한다. 주지하듯 매일신보는 조선총독부의 기관지로 1910년 8월 30일부터 일제 패망 때까지 단 한 번의 휴간도 없이 발행된 식민지 조선의 대표적 관제언론이었다.

특히 매일신보는 3·1운동 당시 중앙에서 간행된 유일한 신문으로 전국에서 진행된 시위 상황과 일제의 대응을 그들의 입장에서 신속히 보도하였다. 그러므로 매일신보는 3·1운동의 전개과정과 그에 대한 일제의 반응을 가장 사실적으로 추적할 수 있는 당대의 자료라 하겠다.[2]

동과 조선총독부의 사법 대응」, 『3·1운동 100년 3 권력과 정치』, 휴머니스트, 2019 ; 신주백, 「3·1운동과 일본군 동향, 그리고 제국 운영」, 같은 책 등이 있다.

2) 초기 『매일신보』에 관한 연구는 언론사 연구의 영역으로 인식되어 언론학계에서 주로 다루어 졌다(정진석, 「매일신보 연구」, 『한국언론사연구』, 일조각, 1988). 그러나 2000년대 들어서 역사학계에서도 조선총독부의 기관지인 이 신문을 통해 일제 지배정책사의 성격을 규명한 성과가 발표되었다. 수요역사연구회의 다음 연구물이 대표적이다(수요역사연구회 편, 『식민지 조선과 매일신보 1910년대』, 신서원, 2002 ; 수요역사연구회 편, 『일제의 식민지 지배정책과 매일신보 1910년대』, 두리미디어, 2005 ; 수요역사연구회 편, 『식민지 동화정책과 협력 그리고 인식』, 두리미디어, 2007). 『매일신보』의 기사와 논설을 분석하여 일제 강점 후 조선총독부가 한국 사회 전반에 진행했던 지배정책의 구조와 특징을 심도 있게 밝혀냈다.

이 같은 사실에 유념하며 다음의 몇 가지 순서에 따라 진주 인근 지역에서 전개된 3·1운동과 이에 대한 일제의 대응을 분석해 보려 한다.

첫째 이 지역에서 추진된 만세운동의 양상을 우선 정리해 볼 것이다. 일반적 사실이지만 시위의 흐름에 비추어 일제의 반응을 살펴볼 때 3·1운동의 성격과 특징이 보다 명확히 나타날 수 있기 때문이다. 둘째 3·1운동에 대한 조선총독부의 대응을 매일신보 보도 내용을 통해 접근해 보고자 한다. 지방에서의 대응 양상을 이해하기 위해서는 3·1운동 전체에 대한 일제의 입장과 대처 논리를 먼저 분석해야 할 것이다. 이를 통해 마지막으로 진주를 중심한 경남 서부지역 3·1운동에 대한 일제의 대응과 그 성격을 검토하고자 한다. 이러한 과정을 통해 이 지역 3·1운동에 대한 이해의 폭을 넓히고 연구 성과를 보완하는 것이 이 글의 목적이다.

II. 진주와 서부 경남 3·1운동의 양상

진주 인근 지역의 3·1운동은 진주를 위시한 함안, 의령, 산청, 합천, 함양, 거창, 사천 등의 8개 군을 중심으로 전개되었다. 시위는 3월 9일 함안군 칠북면 연개장터에서 경명학교 학생들에 의해 최초 점화되었고[3] 이후 3월 중순을 거쳐 후기에 이르기까지 치열한 형태로 추진되었다. 관련 자료를 바탕으로 이들 8개 지역의 운동 양상을 간략히 언급해 보면 다음과 같다.

진주의 3·1운동은 3월 10일 시내에 독립선언서와 반일격문이 배포되면서 분위기가 고조되었다.[4] 시위가 폭발한 것은 진주 읍내 장날인

---

3) 이정은, 「3·1운동」, 『한국사』 47, 국사편찬위원회, 2001, 361쪽.

3월 18일로 선언서 배부로부터 시위가 시작된 8일 동안 일제의 감시 하에서도 연락망 구축과 군중규합 등의 거사방략이 계획된 것으로 보인다.

초기 진주 3·1운동을 주도했던 인사들은 이강우, 김재화, 권채근, 강달영, 박진환, 박용근, 강상호, 한규상 등 지역의 활동가 집단이었다. 이들 중에는 과거 의병(박진환)과 비밀결사(김재화, 이강우)에서 활약한 인사도 있었다. 대부분 일정수준의 학력과 재력을 겸비한 인물이었다.[5] 천도교인이었던 강달영을 제외하고 종교계와 직접 관련된 인물은 발견할 수 없다. 이들은 사회단체, 기독교, 학생층을 대상으로 설정하고 각기 교섭위원을 두어 시위가담을 유도했다.

만세운동은 장날인 3월 18일 읍내의 3개 구역에서 나뉘어 전개되었다. 이튿날인 3월 19일에는 약 8천여 명의 군중이 가담한 대규모의 항쟁으로 폭발했다. 초기 학생이 중심이었던 참여층은 점차 노동자, 걸인, 기생 등 기층집단까지 대열을 이루어 합류함으로 전 민중적 계층으로 확산되었다.[6]

---

4) 독립운동사편찬위원회 편, 『독립운동사』 제3권, 289쪽.

5) 진주지역 3·1운동을 주도한 인물의 성향과 활동에 관해서는 김중섭, 「일제하 3·1 운동과 지역사회운동의 발전 - 진주지역을 중심으로-」, 『한국 사회학』 30, 1996에 잘 나타나 있다.

6) 진주지역 3·1운동에 참여한 걸인, 기생집단을 이른바 '걸인독립단', '기생독립단'이라 지칭하는데, 이는 박은식이 1921년 '韓國獨立運動之血史'에 진주의 3·1운동을 기술하면서 처음 사용한 용어이다. 박은식은 기생, 걸인뿐 아니라 학생, 교인, 농민, 시민, 노동자들도 시위에 참여한 사실을 기술했다(박은식, 「한국독립운동지혈사」, 『박은식전서』 상, 단국대동양학연구소, 1975, 47~49쪽). 진주의 만세운동이 조직적이고 자발적인 투쟁이었다는 사실을 반증한다. 다만 기생의 3·1운동 참여는 진주뿐 아니라 타 지역에서도 산견되는 사실이다(『每日申報』 1919년 4월 3일, 3면, 「안성기생들도 만세」 ; 『每日申報』 1919년 6월 20일, 3면, 「소요기생공판」). 통영의 경우 시위에 가담한 기생이 보안법 위반으로 처벌되기도 하였다(『每日申報』, 1919년 4월 24일, 3면, 「통영소요기생 징역6개월」). 따라서 기생, 걸인의 시위참여는 3·1운동의 擧族性을 확인할 수 있는 일반적 사실로 이해해야지 그 자체를 지역에서 특정화 할 필요는 없을 것이다. 기생의 3·1운동에 관해서는 이동근, 「1910년대 '기생'의 존재양상과 3·1운동」, 『한국민족운동사연구』 74, 2013 참고.

진주의 시위는 주도인사들이 체포된 이후에도 이어졌다. 3월 20일과 21일, 4월 2일, 8일, 18일 등에도 자연발생적인 만세운동이 폭발했다. 3월 20일 오전 시위대는 악대를 선두로 애국가를 부르며 진주경찰서로 돌격했다. 헌병대는 기마병을 동원해 야만적인 방법으로 진압했다. 3월 21일에는 강민호, 김경택 등 학생 수 명이 검거되자 학부모, 친지들이 대신해 시위에 참여했다. 또 4월 18일 진주 법원지청에서는 3천여 명의 군중이 모여 압송 중인 검거자들의 구출을 시도했다. 호송하던 일경의 발포로 대구의 이육식을 비롯해 3명이 희생되었다.[7] 진주의 만세시위는 읍내뿐 아니라 인근 면 지역에서도 전개되었다. 3월 18일 정촌면을 시작으로 22일 수곡면, 25일 문산면, 그리고 4월 8일 일반성면에까지 시위가 이어졌다.

함안군은 3월 9일 칠북면 연개장터와 17일 대산면 평림장터, 그리고 3월 18일 칠서면 이룡리에서 연이어 시위가 발생하였다. 함안읍 장날인 3월 19일에 운동의 열기가 절정에 달했다. 약 2천여 명의 군중이 읍내 남산에 집결하여 독립선언식을 거행했다. 독립선언서가 낭독되고 만세 제창이 끝나자 시위대는 경찰주재소를 시작으로 군청, 등기소, 우체국 등 관공서를 연이어 습격했다. 특히 군중은 군청을 점령한 후 속칭 '倭郡守'라 불리던 당시의 친일군수 민인호를 인치하여 대열의 선두에 세우고 독립만세를 부를 것을 요구했다.[8]

함안 의거는 19일 오후 마산에서 급파된 일제 중포병대대와 경찰 병력에 의해 진압되었고 주도인사 65명이 검거되었다. 하지만 읍내 시위에 자극받아 3월 20일과 24일 군복과 칠원에서 연이어 시위가 폭발했다. 4월 3일 칠원 장터에서는 천여 명이 집결하여 시위운동을 전개하였

7) 『매일신보』 1919년 4월 23일, 「진주소요공판」.
8) 변지섭, 『慶南獨立運動小史』, 1966, 53쪽.

다. 함안의 3·1운동은 일제가 그들의 기록에서 '본도에서 가장 악성의 소요로 그 정도 역시 전반을 통하여 가장 심하다'고 표현할 만큼 강렬한 양상으로 추진되었다.

의령지역의 3·1운동은 의령읍을 위시한 부림, 거성, 상정의 3개 면을 중심으로 전개되었다. 의령읍의 시위는 구여순, 이화경 등 서울의 3·1운동에 참여한 지역인사들이 독립선언서를 휴대하고 귀향하면서 준비되었다. 이들은 먼저 용덕면 사무소에서 독립선언서 수백 매를 등사하고 태극기를 제작했다. 이어 인근 면 주민들과 의령공립보통학교 학생들을 규합하여 거사를 대비했다.

거사일인 3월 14일 장터에 집결한 천여 명의 군중은 독립선언서와 태극기를 흔들고 만세를 선창하며 시가를 행진했다. 이들은 경찰서 앞에서 재집결하여 만세운동을 벌였는데, 이날 의거에는 이화경, 이원경, 최숙자 등이 이끄는 여성 시위대가 동참했다.[9] 같은 날 부림면 선반리 장터에서도 시위가 폭발하였고 16일에는 지정면 봉곡리에서 수백 명의 면민들이 만세를 불렀다. 이들 의거가 진압된 후 3월 20일 상정면 덕고리에서 농민층을 중심으로 시위운동이 다시 발발하였다. 특히 상정면의 운동은 뚜렷한 주도세력이나 사전 계획 없이 인근의 시위에 자극받아 자연발생적으로 폭발했다. 지역민들에게 잠재되어 있던 항일 저항의식을 상징적으로 보여주는 사례라 하겠다.[10]

산청의 3·1운동은 산청읍과 신등면 단계리, 단성면 성내리 등에서 집중적으로 발생하였다. 최초의 시위는 3월 19일 신등면 단계리에서 金永淑, 金相浩, 鄭泰崙, 權肅麟 등 유림세력의 주도하에 폭발했다. 3월 20일 단계시장에서는 육백여 명의 군중이 만세행렬에 참여하였고 다음

---

9) 3·1동지회 편, 『3·1운동실록』 하, 95~96쪽.
10) 독립운동사편찬위원회 편, 『독립운동사』 제3권 3·1운동사 (하), 312~316쪽.

날인 21일에는 단성면 성내리 시장에 다시 팔백여 명이 집결하여 시위운동을 전개했다.[11]

산청읍의 3·1운동을 주도했던 인물은 동경 유학생 출신의 吳明鎭을 비롯해 閔泳吉, 申永熙, 吳元卓, 崔五龍, 愼昌勳, 申夢相 등 민족의식을 소유한 지역의 유지들이었다. 이들 7인은 3월 18일 산청군 새동 수계정에서 비밀회합을 갖고 '정의, 인도에 기반한 새 세계를 조직하고 세계 각 민족을 정치적으로 해방하고자 하는 민족자결주의 정신에 힘입어 한민족도 독립운동에 매진해야한다'는 맹약을 맺은 후 민족해방운동에 생사를 바칠 것을 결의했다. 이들은 역시 장날인 3월 22일을 거사일로 결정했다. 이어 독립선언서와 결의문 및 태극기를 인쇄하고 각 리를 단위로 시위 군중을 규합했다.[12]

주목할 것은 이들이 당시의 산청군수 홍승균을 직접 설득하여 만세운동에 동참시키고자 시도하였다는 사실이다.[13] 군수를 포섭하여 시위에 참여시키고자 한 시도는 타지방에서 좀처럼 발견되지 않는 사례다. 이들이 지역에서 상당한 영향력을 가진 인물이었기에 가능했을 것이다. 군수의 밀고로 계획은 실패로 끝나고 주도인물 7인은 피체되었으나 시위는 3월 22일 정오 산청 장터에서 차질 없이 진행되었다. 이날 만세운동은 현지 헌병대와 진주에서 출동한 일군수비대의 무력대응에 의해 진압되었고 백여 명의 사상자가 발생하였다.[14] 산청은 시천면 동리, 삼장면 대포리 등 오지에서도 시위가 발생했다. 험준한 지형을 이용한 야간 햇불시위도 발견된다.

합천은 경남 서부지역뿐 아니라 전국적인 차원에서도 3·1운동이 가

---

11) 독립운동사편찬위원회 편, 앞의 책, 318~321쪽.
12) 독립운동사편찬위원회 편, 앞의 책, 316~317쪽.
13) 변지섭, 『경남독립운동소사』, 1966, 23쪽.
14) 독립운동사편찬위원회 편, 앞의 책, 317쪽.

장 격렬하게 전개된 지역이다. 동족부락으로 구성된 향촌질서를 기반으로 유림이 시위를 주도했다. '민족대표'에 참여하지 않은 유림의 역할이 뚜렷한 지방으로 알려지며 일찍부터 관심을 받았다.[15]

합천에서는 3월 18일 삼가(三嘉)읍을 시작으로 3월 20일을 전후해 군내의 장이 서는 곳마다 대규모의 시위가 폭발했다. 그 중에서도 3월 20일 대병면 창리, 3월 21일 초계면 초계리의 만세운동은 참여 군중이 4천 이상이었고 3월 21일 삼가시위에는 만 3천여 명이 참가하여 절정을 이루었다. 3월 18일 삼가장터에서 다수의 농민이 참가해 최초의 시위가 벌어졌다. 이튿날 19일 합천읍내 장터에서는 오백여 명의 군중이 대열을 이루어 만세를 부르며 시장거리를 행진했다. 시위는 일경이 출동하여 주도자 심재기 외 16명을 체포하고 군중을 해산시킴으로 끝났다.

다음날에는 대양면민 삼백여 명이 읍내에 재집결해 전날 검거된 17인의 석방을 요구하며 합천 경찰서로 진격했다. 이들은 투석에 이어 무기를 들고 청사 진입을 시도했다. 당황한 일경의 발포로 4명이 순국하고 11명이 부상을 입었다. 같은 날 대병면 창리에서도 주민 삼백여 명이 봉기하여 주재소와 면사무소를 파괴하고 문서를 소각했다. 이어 20일과 21일에는 초계면과 묘산면에서, 다시 23일에는 삼가시장에서 만여 명이 모여 일제 규탄집회를 가진 후 주재소와 우편소를 습격했다.

합천의 3·1운동은 조직적인 차원에서 이루어진 공세적 시위운동이었다. 수개 면이 연대하여 연합시위가 이루어지는 양상을 보이고 있다. 또 동족부락을 형성하고 있는 지역의 유림 층이 운동의 주도세력으로 참여하였다는 사실도 합천 3·1운동의 특징이라 하겠다.[16]

15) 김희주, 「합천지역 3·1운동 연구의 현황과 과제」, 『동국사학』 66, 2019.
16) 이정은, 「경남 합천의 3·1운동」, 『한국독립운동사연구』 3, 독립기념관한국독립운동사연구소, 1989.

함양은 경남 서부지역에서 가장 늦은 3월 28일부터 만세운동이 시작되었다. 함양 농민 이천여 명은 장날인 3월 20일과 4월 2일 두 차례에 걸쳐 시위를 일으켰다. 4월 2일에는 군내 12개 면의 농민들이 장터에 모여 독립선언서를 낭독한 뒤 헌병 분견소로 행진했다. 시위대는 분견소를 포위하고 구속자 석방을 요구하며 만세를 불렀다. 현장에서 헌병대의 총격을 받아 4명이 사망하고 10여 명이 부상당했다. 3월 31일 안의면 에서도 장날을 기해 천여 명의 군중이 오후 7시까지 만세운동을 전개했다. 거창 주둔 일본군 수비대가 급파되어 진압했다.[17]

거창의 3·1운동은 가조면 장기리에서 폭발했다. 3월 20일 장기리 장날을 기해 수백 명이 시위운동을 전개했다. 시위대 일부는 출동으로 비어있던 헌병 분견대를 습격, 기물을 파괴하고 헌병보조원과 격투를 벌이다 체포되었다. 이들을 구하고자 22일에는 가조, 가북면 농민 약 2천여 명이 다시 거창읍내로 진격을 시도하였다.[18] 군중이 거창읍에 이르렀을 때 거창 헌병대와 용산 분견대가 합세하여 총격을 가하고 해산시켰다.[19]

사천군에서는 3월 18일의 진주의거에 자극받아 사천읍과 삼천포에서 각기 만세운동이 추진되었다. 사천 3·1운동을 주도한 인물은 황순주, 박기현, 김종철 3인으로 이들은 3월 19일 진주에서 강달영을 만나 독립선언서를 입수한 후 사천으로 돌아와 거사를 준비하였다.[20] 이들은 특히 학생시위를 계획하여 장날이 아닌 3월 21일 사천공립보통학교 졸업식 날을 거사일로 결정하였다. 당일 졸업식이 끝나자 학생들은 운동장에서 태극기를 흔들며 시위에 돌입하였다. 이에 고무 받은 군민

17) 독립운동사편찬위 편, 앞의 책, 341~344쪽.
18) 3·1동지회 편, 『3·1운동실록』 하, 101~102쪽.
19) 조선일본군헌병대사령부, 『조선소요사건상황』, 108쪽.
20) 변지섭, 앞의 책, 71쪽.

삼백여 명은 그날 오후 4시 진주로 진출하여 남강 右岸에서 진주시위대와 합류, 만세운동을 벌였다. 삼천포에서도 3월 25일 장날을 기해 보통학교 학생과 주민 삼백여 명이 2개 대열로 나뉘어 노상과 시장에서 다음날까지 치열하게 시위를 전개하였다.[21]

이상 진주를 인근 한 경남 서부지역에서 추진된 3·1운동의 양상을 살펴보았다. 이 지역의 시위운동은 특정시기에 편중되지 않고 3월 초에서 4월 하순에 이르는 3·1운동의 全 기간 동안 지속적으로 발생하였다. 日帝는 3월 11일 부산 일선여학교 학생들의 시위를 경남지방 3·1운동의 시발로 파악하였지만[22] 서부지역에서는 이보다 앞선 3월 9일 함안 칠북면 연개장터에서 경명학교생들의 시위가 이미 발발한 상태였다.

이 지역의 운동 열기는 일제가 경남지방에 진압수비대를 배치한 3월 13일 이후 오히려 더 고조되는 현상을 보인다. 시위는 3월 14일 의령을 거쳐 3월 18일과 19일 진주, 합천, 산청 등지에서 가장 격렬한 양상으로 전개되었고 3월 하순에는 거창, 함양까지 점화되어 다발적으로 폭발했다. 일제가 3·1운동 진압을 위해 6개 연대를 조선에 증파한 4.10일 이후 사천, 삼천포 등지에는 시위가 이어졌고 합천의 경우에는 4월 25일까지 소규모의 만세운동이 계속되었다.[23] 3·1운동 발발초기부터 후기에 이르기까지 진주와 경남 서부지역의 만세시위는 비록 강도의 차이는 있으나 휴지기 없이 지속적으로 이루어졌던 것이다.

이 지역의 3·1운동에서 발견되는 특징 중 하나는 운동의 조직과 전개과정에서 종교계의 역할이 크게 나타나지 않는다는 사실이다. 경남

21) 독립운동사편찬위원회 편, 『독립운동사』 제3권, 267~270쪽.
22) 조선헌병대사령부, 『朝鮮騷擾事件狀況』, 극동연구소출판회(동경), 170쪽.
23) 독립운동사편찬위원회 편, 『독립운동사자료집』 제6집, 550~558쪽.

은 일제가 종교 관련자가 가장 많고 시위에 종교가 가담하지 않은 일이 없다고 지적[24]할 만큼 3·1운동에서 종교계, 특히 기독교의 영향이 강했던 지역이었다. 마산의 경우 기독교 민족대표 李甲成과 세브란스 의전 학생 李容祥이 직접 독립선언서를 배포하였으며 시위 초기단계에서도 기독교계열의 창신학교, 의신학교 교사, 학생의 활동이 두드러졌다.[25] 그러나 경남 서부지역 3·1운동에서 기독교의 역할이 뚜렷이 발견되는 곳은 기독교 부속 배돈 병원 간호부와 역시 부속 광림학교 학생들이 시위에 참가한 진주지역 정도이다.[26]

3·1운동의 중심세력을 이루었던 천도교의 경우 경남은 특히 교세가 약했던 탓에 운동과정에서 별다른 역할을 수행하지 못하였다.[27] 비교적 신도수가 많았던 삼천포에서도 시위에 교인이 관여한 흔적은 발견되지 않는다. 오히려 불교계의 활동이 두드러진다 하겠다. 30본사에 소속된 해인사, 통도사, 범어사 3사찰의 승려들은 부속학원생들과 연계하여 장터시위에 대부분 참여하였다. 합천 해인사의 승려 200여 명은 3월 31일 부속 학림생들과 함께 해인사 홍화문 앞에서 시위를 벌였다. 당일 밤 11시에는 주재소 앞 도로를 점거하고 독립만세를 불렀다.[28]

요컨대 3·1운동의 양대 중심축이었던 기독교와 천도교의 영향력이 경남서부지역의 시위과정에서는 크게 발휘되지 못하였다. 중심 지역이었던 진주는 청년 활동가 집단의 주도하에 학생, 교인, 노동자, 걸인, 기생에 이르는 다양한 계층이 참여했다. 그러나 산청, 합천, 거창 등 지리산 내륙권의 경우 시위 준비와 진행 과정에서 토착 유림세력의 역할

---

24) 조선헌병대사령부, 『조선소요사건상황』, 극동연구소출판회(동경), 169쪽.
25) 독립운동사편찬위원회 편, 『독립운동사』 제3권, 235~240쪽.
26) 독립운동사편찬위원회 편, 『독립운동사자료집』 제6집, 3·1운동사 자료집, 608쪽.
27) 조선헌병대사령부, 앞의 책, 172쪽.
28) 독립운동사편찬위 편, 『독립운동사』 제3권, 339쪽.

이 결정적으로 작용했다. 그것은 원래 이 지역이 在地士族의 근거지로 조선중기 이래 정계에서 소외된 南人들이 거주하면서 이들이 토호화되었기 때문이었다. 이들은 동족부락을 형성하고 享祀와 講學에 힘써 한말 儒林 宗匠의 門下, 高足을 다수 배출했다.[29] 따라서 이 지역은 유림의 의중이 주민 전체의 동향을 좌우할 수 있는 상황이었으며 그것이 3·1운동의 전개 과정에 직접 투영되어 나타난 것으로 볼 수 있다.

III. 『매일신보』에 비친 日帝의 대응

1. 3·1운동에 대한 대응

앞 장에서 진주와 서부경남에서 추진된 3·1운동의 양상을 간략히 살펴보았다. 이제 조선총독부로 대변되는 日帝가 어떤 시각과 인식을 갖고 이에 대응해 갔는지를 每日申報의 기사를 통해 검토하고자 한다.

매일신보는 3·1운동 전반에 관한 조선총독부의 반응과 대책, 그리고 지방 시위의 상황을 지속적으로 보도했다. 초기 3·1운동에 관해 어떤 공식 입장도 발표하지 않았던 조선총독부는 3월 5일 '일부 不逞徒輩의 선동으로 京城과 其餘他 群衆의 妄動을 감행한 者 유함'이나 '大抵 半島에 대한 帝國의 立權은 確固不拔이요 永久不渝함은 不須再言'이라는 언급이 담긴 조선총독의 '諭告'를 발표했다.[30] 유고에는 파리강화회의에서 조선독립을 승인했다는 것은 근거없는 '流說'이니 '각자 本分에

---

29) 이정은, 「경남 합천의 3·1운동」, 『한국독립운동사연구』 제3집, 255쪽.
30) 『매일신보』 1919년 3월 7일, 「諭告」.

56 일제하 진주지역의 민족운동과 진주사회

違背하여 刑辭에 抵觸함이 無하기를 期한다'는 총독의 경고가 실려 있다.[31]

이어 3월 8일『매일신보』는 '일부 생각 없는 조선청년과 신도들이 파리강화회의를 기회로 조선의 독립을 도모하기 위해 지방에서 시위를 야기했다'는 요지의 사설을 게재하였다.[32] 신한청년당 등 해외 독립운동 진영은 파리강화회의에 대표단을 파견하여 조선독립의 당위성을 전파했다. 이를 주목하던 일제는 3·1운동이 폭발하자 이 회의와 운동의 연결고리를 차단하기 위해 민감하게 반응한 것이다.

매일신보는 또 3·1운동이 '민족자결에 대한 완전한 오해에서 비롯되었다'는 충남도장관의 '諭示' 전문을 1면에 게재했다.[33] 파리강화회의와 3·1운동에 대한 일제의 시각을 충실히 소개한 것이다. 다른 한편으로 조선총독부는 시위 발발의 원인이 손병희와 천도교인 사이의 금전적 갈등에서 야기되었다는 낭설을 유포했다. 3·1운동 자체에 도덕적 흠결을 내고자 시도한 것이다.[34]

그러나 초기 대응 단계에서 일제가 무엇보다 고심하였던 것은 당시 조선 민족 사이에 끊임없이 유포 되고 있던 이른바 '고종독살설'을 차단하는 것이었다. 3월 16일 매일신보는 '無根의 虛說'이라는 제하에 고종황제의 사인을 상세하게 보도하였다.[35] 기사는 近侍 나인들의 진술을 토대로 흉거 당일 고종의 병세를 설명하고 그의 죽음이 뇌일혈에 의한 병사였음을 강조했다. 또 독살에 가담 후 희생되었다는 소문이 돌았던 궁녀 2명의 사인까지 언급하여 고종의 사망에는 어떤 의혹이나

---

31) 위의 「유고」.
32) 『매일신보』 1919년 3월 8일, 「社說: 所謂獨立運動」.
33) 『매일신보』 1919년 3월 22일, 「오해된 民族自決」.
34) 『매일신보』 1919년 3월 9일, 「宣言書에 대한 貴族의 感想」.
35) 『매일신보』 1919년 3월 16일, 「無根의 虛說」.

음모도 없었다는 사실을 강변했다.[36] 이후 일제는 불교호국단이라는 어용단체를 동원하여 동경과 일본에서 잇달아 추도회를 개최하는 등 고종의 사인을 둘러싸고 악화된 조선 민중의 감정을 수습하고자 진력했다.[37]

일제는 3·1운동 기간 동안 학생과 상인층의 동향을 주시했다 휴교한 학교를 복교시키고 철시 상점을 개시시키기 위한 수단을 강구했다. 每日申報는 3월 12일 경성고보 부속보통학교의 수업재개를 예로 들어 소요가 진정됨에 따라 복교하는 학교가 늘고 있다고 보도했다.[38] 3월 14일자에는 종로에서 연설을 하던 학생 6명이 체포되었고 일본에서 귀선하는 유학생의 동태를 부산경찰서가 감시하고 있다는 기사가 게재되었다.[39] 조선총독부는 양정, 보성, 중앙, 경신 등 경성 내 주요 학교 생도들의 출석 상황을 일일이 점검했다.[40] 시위진압에 앞장선 친일 학생의 사례를 발굴하여 소개하기도 했다.[41]

일제는 시위가 소강상태에 접어들자 학생들의 등교를 적극 유도하였다. 경성고보 교장 강원보는 시위에 참여한 학생 대다수가 '사건의 진상과 세계의 대세를 알지 못하고 생각 없이 참여한' 것으로 '신상은 조금도 염려치 말고 속히 복교하라'고 촉구했다.[42] 매일신보는 학생들의 등교현황을 속속 보도하면서 이를 고무적인 현상이라 선전했다.[43]

---

36) 『매일신보』 1919년 3월 16일, 「宮女死亡의 眞狀」.
37) 『매일신보』 1919년 3월 17일, 「李太王追悼會, 이십칠일 동경청송사에서」 ;『매일신보』 1919년 3월 22일, 「故李太王殿下를 爲하여 追悼會」.
38) 『매일신보』 1919년 3월 12일, 「學校復業計劃」.
39) 『매일신보』 1919년 3월 14일, 「鐘路에서 演說, 학생 여섯명 체포」, 「歸鮮하는 留學生, 행동이 수상하다」.
40) 『매일신보』 1919년 3월 21일, 「各學校의 現狀, 신학기부터는 여전하리라고」.
41) 『매일신보』 1919년 4월 10일, 「思慮있는 學生이라고 선생의 칭찬을 받음」.
42) 『매일신보』 1919년 4월 23일, 「安心하고 登校케하라」.
43) 『매일신보』 1919년 4월 26일, 「大邱高普生들 登校를 自請, 참 반가운 현상이다」.

귀교한 학생을 잘 지도하여 무사히 졸업시키겠다는 경성의학전문학교 교장의 훈시를 소개하기도 했다.[44] 또 소요에도 불구하고 각 학교의 신입생 모집에는 별다른 영향이 없다고 강조했다.[45]

요컨대 일제는 학생층의 동향을 주목하면서도 단순 참가자들은 별다른 처벌 없이 복교할 수 있게 하여 동요를 막고 학교를 정상화시키고자 유도한 것으로 보인다.

한편 일제는 3·1운동으로 철시한 각 상점을 개시시킬 목적 하에 3월 16일 경성내의 상인 150명을 모아 이른바 '開店協議會'를 개최하였다. 그러나 조선인 상인들이 구금인사를 석방하고 경계를 완화할 것을 요구하여 회의는 결렬되고 말았다.[46] 이에 조선총독부는 道長官과 警務部長의 연명으로 개시명령을 내리고 啓告文을 발표하는 등 강압적인 수단을 강구하였다.[47] 경기도 장관 松永武吉은 4월 1일 조선상인 40명을 도청에 소집하여 계고서를 직접 배부한 다음 즉시 개점할 것을 강요했다.[48]

조선총독부의 이러한 강경책에 따라 3월 31일 진주를 시작으로 평양, 의주, 수원, 개성 등 각지에서 부분적으로 개시가 이루어졌다.[49] 하지만 조선상인들은 일제의 강압적인 개시정책에 거세게 저항했다. 4월 3일 종로에서 개점한 白笠가게에 한 상인이 들어가 폐점을 요구하고 주인을 폭행하였으며 평양에서는 박봉환이라는 기독교인이 상가의 철시를 공개적으로 요구하다 체포되기도 하였다.[50] 3월 28일 황해도 수

---

44) 『매일신보』 1919년 4월 26일, 「醫學生徒 幾히 登校」.
45) 『매일신보』 1919년 4월 27일, 「그리 큰 影響은 없다, 소요와 각 학교의 생도 모집한 성적」.
46) 『매일신보』 1919년 3월 19일, 「不得要領으로 散會된 開店協議會」.
47) 『매일신보』 1919년 4월 2일, 「開市命令의 戒告, 道長官及警務部長의 連名으로」.
48) 『매일신보』 1919년 4월 3일, 「各商店의 開門 사월일일부터」.
49) 『매일신보』 1919년 4월 3일, 「晋『州平도 開店, 삼십일일부터」, 「平壤은 全部開市」.

안의 조영원은 평양의 요릿집에 전화를 걸어 영업여부를 확인한 후 즉시 철시할 것을 요구했다.[51]

　서울에서는 개시상점을 겨냥한 방화시도가 발생하기도 하였다.[52] 총독부의 강압책으로 개시하였던 상점도 이러한 反개시운동과 시위양상에 따라 철, 개시를 반복하면서 저항했다. 원산과 목포 상인들이 4월 7일과 8일 연이어 철시하였으며 함흥은 4월 12일부터 20일까지 3차례에 걸쳐 폐점을 단행했다.[53]

　이와 함께 일제는 친일관료나 종교지도자들의 기고문을 다발적으로 매일신보에 게재했다. 조선인 지도층 상당수가 3·1운동에 반대하고 있는 것으로 여론을 조성하기 위한 목적이었다. 고양군수 민원식은 총 14회에 걸쳐 시위를 비난하는 기고문을 발표했다. 영흥 시천교 포덕사 김기현은 '조선의 독립을 주장하는 것은 멸망을 자초하는 것'이라는 극언이 담긴 시론을 게재했다.[54] 운동이 지방으로 확산됨에 따라 지방장관 명의의 유고가 빈번히 발표되었다. 매일신보는 이러한 유고를 읽은 군중이 각성하여 시위를 중단한 사례가 있다고 선전했다.[55]

　한편 매일신보는 3·1운동을 언급한 외국 언론의 보도에 민감하게 반응했다. 예컨대 일제의 진압방법을 비판적으로 보도한 북경의 '차이나 프레스'와 '데일리뉴스'에 대해 '없는 사실을 섞어 엄청난 거짓말을

50) 『매일신보』 1919년 4월 11일, 「白笠商에게 休業을 强要」, 「閉店치 아니하면 放火한다 脅迫」.
51) 『매일신보』 1919년 4월 10일, 「料理店 閉店을 電話로 脅迫」.
52) 『매일신보』 1919년 4월 13일, 「九戶에 放火한 不良少年逮捕」.
53) 『매일신보』 1919년 4월 8일, 「元山도 撤市, 칠일 오전부터」 ; 『매일신보』 1919년 4월 10일, 「木浦에 撤市, 지난팔일부터」 ; 『매일신보』 1919년 4월 21일, 「咸興又 復撤市, 이번이 세 번째이다」.
54) 『매일신보』 1919년 3월 16일, 「妄動은 自取滅亡 영흥 시천교 포덕사 김기현」.
55) 『매일신보』 1919년 4월 24일, 「妄動을 後悔 충남공주군평안면의 백성이」.

하고 있다'고 강하게 반발했다.56) '데일리뉴스'에 소개된 기독교 선교사의 증언을 예로 들어 국내 선교사들의 언론활동에 직접적인 불만을 표시하기도 하였다.57)

이와 반대로 3·1운동을 비판하거나 친일논조를 띤 외신보도는 호의적으로 소개하였다. '조선의 독립보다는 조선인의 문명적 향상을 기대한다'는 호주 '시드니헤랄드'지의 논평,58) '조선인이 정치적 자유는 누리지 못하고 있지만 경제생활에 있어서는 실질적 자유를 누리고 있다'는 뉴욕 '크로니콜'의 기사59) 등이 대표적이다. 또 '일본이 3·1운동을 진압하기 위해 '嚴酷殘忍'한 조치를 취하고 있다고 보지 않는다'는 미국무성 관리의 발언을 인용하기도 했다.60)

이 외 매일신보에는 일제가 각종 관제 모임과 행사를 통해 시위 열기를 차단하고 민심 수습을 시도한 사실이 나타난다. 3월 11일 京城府尹은 이른바 '町洞總代'를 소집하여 '조선총독의 유고를 받들어 결코 뇌동하지 말 것이며 시위를 목격하고도 격앙하지 말라고' 훈시했다.61) 충남 지역에서는 농민의 시위참여를 저지할 목적으로 '官民懇談會'라는 명칭의 관제 회의가 개최되었다. 여기에서는 지주층에 압력을 가해 소작인들을 시위대열에서 이탈시키려는 방책이 강구되었다.62)

관련해서 매일신보는 진도에서 백여 명의 지역주민과 일본인들이 친목회를 조직해 시국에 대해 토론하고 주연(酒宴)을 열었다고 보도했

56) 『매일신보』 1919년 4월 11일, 「針小棒大의 誤報」.
57) 『매일신보』 1919년 4월 10일, 「全然無根의 事實」.
58) 『매일신보』 1919년 4월 16일, 「外紙騷擾論評」.
59) 『매일신보』 1919년 4월 21일, 「美紙 朝鮮의 騷擾를 批評」.
60) 『매일신보』 1919년 4월 26일, 「朝鮮問題는 內政, 미국당국자의 언명」.
61) 『매일신보』 1919년 3월 11일, 「町洞總代召集, 경성부윤의 주의」.
62) 황민호, 「매일신보'에 나타난 기독교인들의 3·1운동과 선교사」, 『식민지조선과 매일신보, 1910년대』, 신서원, 2002, 120쪽.

다. 심지어 주재소장과 헌병 분대장의 간곡한 설득에 따라 군중들이 시위를 포기하고 잘못을 뉘우치는 '悔悟狀'을 작성했다는 기사도 등장한다.[63] 이를 통해 일제가 3·1운동으로 악화된 조선인과 거류 일인사이의 감정을 수습하고자 상당한 노력을 기울였음을 엿볼 수 있다.

그러나 다양한 대응책에도 불구하고 시위는 좀처럼 진압되지 않고 오히려 격렬한 양상을 띠며 지방으로 전파되었다. 이에 일제는 4월초에 한 단계 강화된 무력진압책을 공개적으로 발표하기에 이른다.

매일신보 4월 9일자에는 「南鮮守備隊의 진압방침」이라는 제하에 일본군 보병 제80연대장이 제시한 무력 진압 방침이 아래와 같이 소개되었다.

1. 흉기를 가졌다 던지 관청을 파괴하여 방화를 하는 자는 엄혹하고 처치하며
2. 집단하여 소요를 일으키며 치안을 방해하는 자는 위력으로 진압하며
3. 소동이 일어난 지방과 아직 일어나지 않은 지방에 군대를 파송하여 지방유력자들을 모아 설유, 훈계하며 만약 불온한 행동을 하는 자와 하는 경우에는 엄중히 처치할 것.[64]

초기는 경고성 유고만을 발표하여 무력진압을 표면화하지 않았던 일제는 한 달여 동안의 대응에도 시위의 열기가 가라앉지 않자 강도 높은 군사적 탄압책을 실시하기로 하고 이를 공식화한 것이다.

그리하여 다음날인 4월 10일 일본육군성은 소요진압을 위해 조선에 6개 연대와 헌병 400명을 증파한다고 발표하였다. 동시에 '군대주둔 지역에는 소요가 무하고 주둔하지 않는 지역에는 폭동이 행함으로 추가

---

63) 『매일신보』 1919년 4월 10일, 「悔悟壯을 만들어 경관에게 진사」.
64) 『매일신보』 1919년 4월 9일, 「南鮮守備隊의 鎭壓方針」.

파병이 불가피하다'는 육군차관 山梨의 파병논리가 소개되었다. 그리고 '초기 경찰기구만으로 해산이 가능하였던 시위가 점차 흉포 위험성을 가지며 폭행을 일삼기에 양민을 보호하기 위해 군대를 증파한다'는 육군당국자의 담화가 보도되었다.[65]

다음날인 4월 11일 매일신보는 '暴動鎭壓'이라는 제하의 사설을 게재하여 증병의 이유와 배경을 장황하게 설명했다.[66] 여기에는 지금까지 '시위'나 '소요'로 표현하던 3·1운동을 '폭동'이라는 용어로 바꾼 것이 주목된다. 결국 4월 10일 증병을 기점으로 3·1운동에 대한 일제의 입장 그 대응책이 전폭 수정된 것이다.

더하여 일본 내에서도 운동의 양상에 대한 우려와 함께 보다 적극적인 대응책을 요구하는 목소리가 높아졌다. 육군참모장 大野는 시위방법이 갈수록 격렬해지고 확산되는 현상을 경고한 다음 군대에 의한 토벌만이 해결책이라 주장하였다.[67] 또 조선총독부에 더욱 철저한 탄압책을 요구하는 익명의 일본인의 기고문이 매일신보에 소개되기도 하였다.[68]

한편 증병 후 일제는 무력진압을 뒷받침하기 위해 각종 법령을 정비하고 제도적 장치를 마련했다. 조선총독부는 4월 15일 '정치의 변경을 목적으로 안녕질서를 방해하거나 하고자 하는 자는 10년 이하의 징역 또는 금고에 처하며 자수자는 형을 감하거나 면제한다'는 내용의 이른바 '騷擾處罰令'을 발표하고 당일부터 시행했다.[69] 같은 날에는 警部摠監部令으로 '朝鮮人旅行取締'를 규정하였다.[70] 이에 따라 출국을 원하

---

65) 『매일신보』 1919년 4월 10일, 「朝鮮에 增兵, 소요에 대하야」.
66) 『매일신보』 1919년 4월 11일, 「社說: 暴動鎭壓」.
67) 『매일신보』 1919년 4월 13일, 「妄動者는 猛省하라」.
68) 『매일신보』 1919년 4월 13일, 「徹底的 彈壓策」.
69) 『매일신보』 1919년 4월 16일, 「騷擾處罰令, 십오일발포 즉일시행」.

는 조선인은 사유에 관계없이 거주지 헌병 분견소에 출국 목적을 신고하고 여행을 증명서를 교부받아야만 했다. 더하여 조선총독부는 부내에 騷擾課와 騷擾事件報告課를 신설하여 진압에 관한 각종 사무를 전담케 했다.[71] 또 시위주도자들을 정치범으로 규정하여 내란죄를 적용하는 방안을 강구했다. 증병 후 각지의 민심을 파악하기 위해 부처과장과 사무관을 각도에 파견하기도 했다.[72]

일제는 4월 10일의 군대 증파가 진압에 상당한 효과를 거둔 것으로 평가했다. 조선총독부는 '增遣된 부대가 각 부서에 배치됨에 따라 4월 12일에는 하등의 사고도 발생하지 않고 민심이 점차 평정에 趨向하는 중'인데 이 모든 것은 '파견군의 위력' 때문이라 주장하였다.[73] 4월 17일 매일신보에는 4월 13일부터 15일까지 별다른 소요 없이 전도 각지가 평온해 졌다는 경무총감의 발표가 보도되었다.[74]

요컨대 일제는 4월 10일의 증병이 소기의 효과를 거둔 것으로 판단하고 진압을 위한 법적, 제도적 장치 마련에 주력하는 한편, 이제 운동의 열기가 점차 식어가고 있음을 매일신보를 통해 선전하였던 것이다.

그리하여 시위가 거의 소강상태에 접어든 4월 말 매일신보에는 3·1 운동 가담자의 성향과 사망자 통계 등 진압결과를 다룬 보도기사들이 등장하기 시작한다.[75] 또 경성시내가 변화한 모습을 되찾았고,[76] 자수

---

70) 『매일신보』 1919년 4월 16일, 「朝鮮人旅行取締, 朝鮮外往來에 證明을 受하라」.
71) 『매일신보』 1919년 4월 17일, 「騷擾專務處理, 총감부에 소요과」.
72) 『매일신보』 1919년 4월 15일, 「各地民情視察」.
73) 『매일신보』 1919년 4월 16일, 「騷擾는 殆히 靜定」.
74) 『매일신보』 1919년 4월 17일, 「全道殆히 靜穩, 각 지방에 별로 소요가 없다」.
75) 『매일신보』 1919년 4월 25일, 「騷擾犯人의 統計, 농군이 제일 많다」 ; 『매일신보』 1919년 5월 1일, 「日本大使館에서 발표한 朝鮮騷擾의 死傷數, 죽은자 삼백삼십일명」 ; 『매일신보』 1919년 5월 9일, 「騷擾事件死傷者, 삼월십일부터 사월십오일까지 죽은 자가 삼백팔십명이다」.
76) 『매일신보』 1919년 5월 8일, 「騷擾息하고 佳節來」.

자가 답지하며,[77] 시위가담자들이 생활에 곤란을 겪으면서 자신의 행동을 후회하고 있다는 등[78] 3·1운동이 종식되었음을 전달하기 위한 의도의 기사들이 계속 게재되었다. 마침내 5월 18일 매일신보는 소요가 58일 만에 진정되었다고 공식적으로 보도했다.[79] 다음날에는 3·1운동 기간 동안 총 인명피해를 사망 399인 부상자 838인이라 발표했다.[80]

한편 3·1운동이 거의 종료된 것으로 판단한 일제는 민심을 수습하고 반일감정을 무마하기 위한 목적으로 각종 회유책을 마련했다. 매일신보는 「果然 何를 希望하는가」라는 제하에 시위가담자를 용서하고, 조선인과 일본인의 차별을 철폐하며, 차후 조선인의 의견을 관청에서 반영할 수 있도록 조치하라는 '조선인 지방유력자'의 주장을 소개하였다.[81] 그리고 시위 구속자의 처우 개선과 건강유지를 위해 최선의 노력을 경주하고 있다는 서대문 감옥 간수장의 인터뷰 기사가 장황하게 게재되기도 했다.[82]

일제는 구제사업을 위해 미국적십자로부터 3천 6백 원을 기부 받아 경기지방의 복구사업에 투입했다.[83] 또한 지역의료기관을 이용하여 부상자를 치료하는 등 조선인의 민심안정에 주력했다. 특히 지방의 진압군과 주민사이의 마찰을 우려해 조선인이 주둔군에 오해를 줄 행동

---

77) 『매일신보』 1919년 5월 13일, 「自首者가 踏至, 강화의 소요범인」.
78) 『매일신보』 1919년 5월 9일, 「騷擾後의 地方人心, 망동인줄 모르고 쾌히 따른 듯」.
79) 『매일신보』 1919년 5월 18일, 「各地騷擾의 經過, 조선각지의 소요사건은 오십팔일만에 진정되었다」.
80) 『매일신보』 1919년 5월 19일, 「各地騷擾의 經過, 죽은자가 삼백구십구인이요 상한자가 팔백삼십팔인이다」.
81) 『매일신보』 1919년 5월 29일, 「果然何를 希望하는가, 소요사건 이후에 지방유력자의 감상이라고 소개된 몇가지」.
82) 『매일신보』 1919년 6월 11일, 「周到한 監獄의 注意, 서대문감옥의 소요범인들」.
83) 『매일신보』 1919년 5월 30일, 「米赤十字寄附, 선교사도 물품기부」.

을 하지 말 것을 5가지 구체적 예를 들어 경고하기도 했다.[84]

요컨대 시위가 종식상태에 들어선 1919년 5월 상순부터 일제는 조선인의 민심을 수습하고 거류 일인과의 관계를 호전시키는 한편, 그들 식민통치의 정당성을 다시금 선전 하는 방식으로 3·1운동에 대한 대응을 마무리해 갔던 것이다.

2. 진주와 경남 서부지역에 대한 대응

일제는 3·1운동이 폭발하자 시위가 곧 지역으로 파급될 것을 예측하고 대응책을 강구했다. 그들의 관헌자료에 따르면 일제는 시위예방을 위한 선행조치를 행사한 후 일단 만세운동이 전개되면 스스로가 고압수단이라 표현한 군사적 진압책을 펴면서 지역의 3·1운동에 대응해 갔던 것으로 보인다.[85] 이 중 진주와 경남 서부지역은 진압 수비대가 배치되는 3월 13일을 전후하여 일제의 대응양상이 변화를 보이게 된다.

아직 이 지역에 시위운동이 전개되기 전인 3월 초, 일제는 각 隊, 署, 所長의 책임 하에 천도교, 기독교, 학생, 양반, 유생, 귀환 유학생을 대상으로 사찰을 실시했다. 또 일반상점의 임검과 여행자에 대한 감시를 강화했다. 총포화약에 대한 취체도 엄하게 하여 조선인 소유의 총기는 해당 경찰서에 영치하도록 조치했다. 우편국, 소 간에 연락체계를 갖추어 문서, 통신을 감시했으며, 유지를 동원해 민중의 시위참여를 사전에 단속했다. 헌병대, 경찰서, 주재소 간의 응원출동체계를 갖추고 마필, 자전거, 자동차 등의 교통수단도 점검했다. 이외도 재향군인, 소방조

---

84) 『매일신보』 1919년 6월 1일, 「駐屯軍에 注意하라, 모르고라도 죄를 얻기 쉬우니 주둔하는 군대에 조심하라」.
85) 독립운동사편찬위원회 편, 『독립운동사자료집』 제6집, 649~651쪽.

등을 경비력이 약한 지역에 비상 대기시켜 진압군대를 지원하고 거류 일본인을 보호하는 등 여러 각도에서 시위 대책을 강구하였다.[86]

그리하여 경남 서부지역에 만세운동이 점화되고 수비병이 주둔하는 3월 13일 이후 일제는 본격적으로 이 지역의 3·1운동에 대응하기 시작한다. 따라서 매일신보에 등장하는 경남 서부지역 3·1운동 관련기사는 시위가 본격화된 3월 14일부터 4월 초순까지에 집중되었다. 내용은 시위양상과 일제의 군사적 대응, 운동이 소강상태에 접어든 후의 수습책 등으로 이루어졌다. 3월 14일부터 6월 7일까지 발견되는 이 지역 3·1운동 기사는 총 26건이다. 이 중 진주에 관한 보도가 15건으로 절반 이상을 차지하고 있다. 진주가 경남 서부지역의 3·1운동에서 중심적인 역할을 수행했음을 짐작케 한다.[87]

매일신보를 보면 진주경찰서는 진주 시내에 독립선언서와 격문이 배포된 3월 10일부터 철야경계에 돌입하고 삼엄한 경비를 펼쳤다.[88] 인근 의령에서 시위 분위기가 감지되자 진주에서 헌병 7명이 자동차로 급파되기도 하였다.[89] 이후 각 급 학교를 임시 휴교시키면서 진주의 형세를 주시하던 일제는 3월 14일 의령읍내에서 시위가 발생하자 대구에서 군대를 증파하여 진주 인근의 감시를 강화했다. 진주에는 3월 25일 장교이하 수십 명의 병력을 추가 배치할 계획을 세웠다.[90]

즉 격문이 배포된 3월 10일부터 진주지역의 만세운동 분위기를 감지한 일제는 인근 의령에서 시위가 폭발하자 대구에서 즉시 진압군을 출동시키는 한편 진주지역에도 곧 운동이 전개될 것을 예측해 증병계획

---

86) 앞의 자료집, 648쪽.
87) 〈표 1〉 참조.
88) 『매일신보』 1919년 3월 14일, 「晉州 밤을 세워 경비」.
89) 『매일신보』 1919년 3월 16일, 「宜寧 헌병 칠명 급행」.
90) 『매일신보』 1919년 3월 16일, 「慶南軍隊出動, 진주 형세 불온」.

을 수립하는 등 발 빠른 대응책을 보이고 있는 것이다.

한편 매일신보는 3월 18일 점화된 진주 3·1운동의 추이를 집중적으로 보도했다. 3월 20일자에 진주 장날시위를 언급하면서 참여군중의 수가 3,000명, 피체된 인원이 86명이라 소개했다. 주동자를 교사들로 파악한 것이 눈에 띈다.[91] 다음날인 3월 21일에도 진주시위의 양상을 아래와 같이 보도하였다.

'소요가 아직 진정되지 아니하여 조선인상점은 철시하고 있는 중인데 19일 오후에는 군중 약 8,000명 이상이 모여 시중으로 돌아다니며 시위운동을 함으로 헌병경관은 밤을 세워가며 경비를 하였으며 이튿날 아침 소방부 삼명이 부상하였고 군중 측에서도 부상자가 발생하였으며 그날 오후까지 경찰서에 구인당한 학생이 오십명이오 기타 인민이 백오십명 이라더라[92]

또 매일신보는 진주와 비슷한 시기에 폭발한 의령, 합천, 함안의 운동 양상과 사망자 수 등을 단편적으로 보도했다.[93] 아울러 진주와 인근지역의 만세운동이 좀처럼 진정되지 않고 심각한 상황으로 전개되자 진주 경찰서에 출장 진압을 지시하였다. 그리고 진주 각 면에 육천명의 군중이 집결해 시위에 돌입할 준비를 갖추고 있다는 사실을 전하기도 했다.[94]

매일신보의 보도로 보아 일제는 경남 서부지역 3·1운동의 진원지를

---

91) 『매일신보』 1919년 3월 20일, 「晋州, 형세 더욱 불온」.

92) 『매일신보』 1919년 3월 21일, 「晋州, 학생 오십명 구인」.

93) 『매일신보』 1919년 3월 22일, 「宜寧, 사망자 열명」, 「陜川, 장날을 이용하여」, 「咸安, 삼십여 명 체포」.

94) 『매일신보』 1919년 3월 22일, 「속보」.

진주로 파악하고 진주 만세운동의 상황과 추이를 주시했던 것으로 보인다. 동시에 진주의 시위가 좀처럼 진정되지 않고 오히려 기생, 부녀자가 합세하여 열기가 고조되어가는 현상에 우려를 표시했다.[95] 아울러 이러한 분위기가 경남 서부지역 전체 3·1운동의 양상에 영향을 미칠 것으로 파악하여 강력한 군사적 대응을 실시하였다. 실제로 3월 21일부터 23일 사이에 함안, 합천, 산청, 거창 지역에서 다발적으로 만세시위가 발생했다. 일제는 이를 진압 후 警務摠監 명의로 시위경과와 사상자 수를 즉각 발표했다.[96]

또 시위가 장시일에 맞춰 개시되는 현상에 주목하여 군수가 필요에 따라 시장을 폐쇄할 수 있도록 조치했다. 독립선언서의 사전인쇄와 배포를 막기 위해 가택수색도 강화했다. 이에 따라 산청에서는 독립선언서 1,000매를 자택에 보관하고 있던 신영희와 메이지대 유학생 민영길이 3월 21일 헌병대에 피체되었다.[97]

일제는 경남 서부지역의 시위진압이 군중의 선제공격을 제압하기 위한 방어적인 형세로 진행되었음을 시종 강조했다. 매일신보는 보도를 통해 이를 뒷받침 했다. 매일신보는 3월 21일 합천 초곡과 함안의 군중이 경관주재소와 우편국을 습격함으로 부득이 발포하여 해산시켰다는 警務摠監部의 발표를 그대로 게재했다.[98] 그리고 3월 23일 전개된 산청과 합천 상백면의 만세운동을 아래와 같이 소개하였다.

95) 『매일신보』 1919년 3월 25일, 「晉州, 기생이 앞서서 형세 자못 불온」.
96) 『매일신보』 1919년 3월 25일, 「騷擾事件의 後報」.
97) 독립운동사편찬위원회 편, 『독립운동사자료집』 제6집, 650쪽.
98) 『매일신보』 1919년 3월 25일, 「咸安, 약간의 사상자」, 「陜川, 순사일명이 부상」.

'산청군 단성면에서는 23일 일천여 명의 군중이 폭행을 하여 진무차
출동한 군대의 제지도 듣지않고 야단을 치니 마침내 발포한 바 부상자
가 다수한 모양이고 또 합천군 상백면은 소요자가 불을 질러 위험한 상
태가 되었는데 이십오일 군대 오십명이 도착하였다'[99]

이처럼 매일신보는 시위 초 일제의 위압적 발포와 과잉진압에 관한
사실은 배제한 채 군중들의 폭력성만을 강조, 보도함으로 군사적 진압
의 정당성을 부여하고자 한 일제의 의중을 충실히 대변했다. 또한 매
일신보는 각지에서 철시했던 상점이 4월 초부터 개시에 들어간 사실
을 알리며 진주는 3월 31일부터 상인들이 일제히 영업을 재개하였다고
보도했다.[100]

4월에 들어 경남서부지역의 시위관련기사는 함양, 하동을 제외하고
거의 발견되지 않는다. 일제는 대략 4월 중순에 와서 이 지역의 만세운
동이 일단락된 것으로 판단하고 부상자 치료를 비롯한 민심수습에 주
력한 것으로 보인다.

특히 일제는 경남 서부지역의 민심안정을 위해 적십자사 진주지부
를 적극 활용하였다. 적십자사 진주지부장인 사사키(佐佐木)는 진주인
근의 부상자들이 입원한 기독교 병원을 방문해 위문하고 치료비 지원
과 부상자 수용소 설치를 약속했다.[101] 이에 따라 진주에 시위부상자
를 무상 치료, 보호하는 수용소가 설립되었다. 매일신보는 총독부 발표
를 인용해 수용소 개설 경위를 아래와 같이 보도했다.

99)『매일신보』1919년 3월 25일,「山淸, 사상자가 다수」.
100)『매일신보』1919년 4월 3일,「晋州도 開店」.
101)『매일신보』1919년 4월 6일,「佐佐木 長官은 騷擾事件으로 負傷한 病人을 病院에
방문」.

'적십자사 조선본부에서는 소요사건에 참여 하였다가 부상을 당한자를 구휼할 목적으로 각도에 지부를 두게 하였는데 경상남도 합천, 함안 등지에서는 부상자가 자혜의원에 가서 진찰을 하면 당장 붙들어 가둔다는 의심을 품고 최초에는 야소교가 경영하는 병원에 입원하는 자가 많았으나 그 병원에서는 입원료로 하루에 육십원을 받음으로 그것도 내기 곤란자가 적지 않다는 말을 듣고 진주 적십자사 지부에서는 무료수용소를 설치하고 '⋯' 진주지부에서 지금 수용한 환자가 열다섯명이나 되어 이러한 환자중에는 숙박비와 치료비가 한푼도 없는자 있음으로 괴이하다 의심하는 자도 있었으나 점차 의심이 풀여져 지금은 안심하고 치료한다더라'[102]

　　무료수용소의 설치는 타지방에서는 발견되지 않는 사례로 적십자지부를 이용한 일제의 민심 완화책이 진주를 중심한 경남 서부지역에서 매우 효과적으로 수행되었음을 짐작케 한다. 동시에 이는 이 지역의 시위양상이 어느 지방 못지않게 격렬하였음을 반증하는 사실이기도 하다.

　　한편 김재화를 비롯한 진주 3·1운동을 주도한 인사 23명은 4월 18일과 21일 부산지방법원 진주지청에서 공판을 받고 최장 2년 6개월에서 최하 6개월까지의 형을 선고받았다.[103] 매일신보는 공판 결과를 바탕으로 이들 중 '無恒産者'는 거의 없고 재산가가 다수라 밝힌 뒤 재산내역과 전력 등을 상세히 언급하였다.[104] 시위가 종료된 후 진주의 일부 유지들은 헌병경찰, 소방대와 함께 3·1운동 진압의 또 다른 세력이었던 在鄕軍人會에 기부금을 전달하고 그들의 노고를 치하했다.[105]

102) 『매일신보』 1919년 4월 19일, 「晋州赤十字社支部에서는 無料收容所를 만들어 놓았다」.
103) 『매일신보』 1919년 4월 25일, 「晋州騷擾公判, 이십삼명에게」.
104) 『매일신보』 1919년 4월 26일, 「晋州騷擾犯에 財産家가 多數」.

조선헌병대 사령부는 3·1운동이 완전히 종료된 6월에 와서 각 지역별 대응방법과 진압효과에 대한 자체분석을 실시했다. 이 중 경남지역의 시위진압에 관해서는 '寡로서 능히 衆을 제압하고 용이하게 鎭撫의 목적을 달성할 수 있는' '고압수단' 즉 군사적 강경대응책이 상당한 효과를 보았다고 평가했다. 그리고 重砲兵 대대를 투입하여 진압에 성공한 함안군의 예를 들어 지방이라 할지라도 3·1운동과 같이 계층을 망라한 전 민족적 항거에는 '온화수단'이 전혀 효과가 없음을 강조하였다. 그리하여 오직 '고압수단'만이 조선민족의 근저로부터 사상의 개선을 가져와 장래의 화근을 제거할 수 있는 유효한 방법이라 규정한 다음 경남지역의 소요가 자취를 감추고 평온이 찾아온 것은 군대를 배치하여 경비력을 충실히 한 것에 원인이 있다고 결론 맺었다.[106) 다만 일부 지역에 군대의 철수를 기다려 재기하고자 하는 동향이 있으니 주의를 요한다고 경고했다. 이에 따라 진주는 헌병 분대의 증설과 분대 요원의 증원이 건의되었다.[107)

Ⅳ. 맺음말

진주 인근지역에서 전개된 3·1운동의 양상과 일제의 대응을 每日申報 기사를 중심으로 살펴보았다. 이제 그 대강을 정리함으로 결론에 대신하고자 한다.

1919년 3월 9일 함안군 칠북면 연개장터에서 폭발한 이 지역의 3·1

105) 『매일신보』 1919년 6월 7일, 「在鄕軍人에 寄附, 진주의 조선인 유지」.
106) 조선헌병대사령부, 『조선소요사건상황』, 극동연구소출판회 (동경), 228쪽.
107) 위의 책, 358쪽.

운동은 이후 진주, 사천, 산청, 함안, 합천, 거창을 거치며 4월 중순까지 지속적으로 추진되었다. 시위는 지방의 일반적 양상과 같이 장날, 장터를 중심으로 진행되었다. 진주는 학생이 주류를 이루었던 참여층이 노동자, 농민, 기생, 걸인까지 가담하는 범주민 계층으로 확대되어갔다.

이 지역의 3·1운동은 산청, 합천 등 지리산 내륙권으로 가면서 유생들에 의해 조직, 주도되는 현상을 보인다. 이곳의 유림은 조선중기 이래 정계에서 소외된 남인들이 정착하여 재지 토호화 된 세력이었다. 이들은 동족부락을 형성하고 향사와 강학에 힘써 향촌사회에 막강한 영향력을 행사할 수 있는 집단이었다. 합천의 경우와 같이 이들이 주도한 시위에는 동족부락의 일족이 대거 참여했고, 양상도 매우 전투적 형태로 진행되었다. 경남 서부지역 3·1운동에는 천도교, 기독교 등 종교계의 영향력이 크게 작용하지 않았다.

한편 일제는 서울과 지방에서 추진된 3·1운동에 다양한 대책과 방략을 가지고 대응했다. 조선총독부 기관지 매일신보는 이러한 일제의 입장과 방침을 충실히 대변했다. 3·1운동 초 매일신보에는 파리 강화회의에 대한 조선민족의 기대를 무산시킬 목적으로 작성된 조선총독과 고관들의 '諭示'가 연일 게재되었다. 3·1운동 폭발의 近因이었던 이른바 '고종독살설'을 차단하기 위해 임종 전 고종의 상태와 발병 상황이 상세히 보도되었다.

더하여 매일신보는 조선인 관료와 종교지도자의 친일기고문을 연속 게재하여 조선인 지도층 내에 反3·1운동 여론을 조성하고자 했다. 또 3·1운동을 비판하는 외신기사를 적극적으로 소개하였으며 학생, 상인층 동향과 지방의 시위 상황도 신속히 보도했다.

이러한 대응책에도 불구하고 시위의 열기가 꺾이지 않자 일본육군성은 4월 10일 조선에 6개 연대와 헌병 400명을 증강, 배치하였다. 이제

까지 '騷擾'나 '示威'로 표현하던 만세운동을 '暴動'으로 규정했다. 동시에 무력탄압을 위한 각종 법적, 제도적 장치가 마련되었다. 더불어 조선인의 내외출입에 대한 감시, 감독이 강화되었다.

일제는 4월 10일 증병에 따른 무력 탄압책이 시위진압에 상당한 효과를 거둔 것으로 판단했다. 3·1운동이 소강상태에 이른 1919년 4월 말부터 조선인의 민심을 수습하고 반일감정을 무마시키기 위한 각종 회유책을 제시하기 시작한다.

한편 경남 서부지역의 3·1운동에 대해 일제는 시위를 사전에 예방하기 위한 '미연 방지수단', 시위 발생 후 이를 군사적으로 진압하는 이른바 '고압수단' 그리고 시위 종료 후의 민심안정책 등 3가지 단계로 대응했다.

아직 이 지역에 만세운동이 폭발하지 않았던 3월 초, 일제는 주민에 대한 감시, 사찰, 총포, 화약 취체, 문서, 통신 단속, 출동체제 정비 등 시위예방과 대비책 마련에 주력하였다. 그리고 3월 9일 함안을 시작으로 부산, 마산 등 경남지역에 시위운동이 점화되자 3월 13일 진압수비대를 배치하여 무력 대응에 돌입하였다. 경남서부지역은 진주에 반일 격문이 배포된 3월 10일부터 삼엄한 경비가 펼쳐졌다. 3월 14일 의령읍 내에 시위가 폭발하자 대구에서 즉시 진압군이 파견되었다.

3월 18일 진주시위를 시작으로 연발된 산청, 합천, 함양, 거창 등 이 지역의 3·1운동에 일제는 즉각적인 무력진압책으로 대응했다. 매일신보는 진주시위의 양상과 규모를 상세히 전달했다. 인근지역의 시위상황과 사망자 수도 속보로 보도했다. 시위과정에서 군중의 폭력성을 시종 강조함으로써 무력진압의 정당성을 선전했다. 매일신보의 보도 태도는 경남 서부지역 3·1운동이 대단히 공격적인 양상으로 전개되었음을 반증하는 사실이라 하겠다.

경남 서부지역의 시위가 거의 종료된 4월 중순부터 일제는 구제사업을 실시하여 지역의 민심을 안정시키고자 했다. 이 과정에서 일제는 적십자사를 적극 활용했다. 적십자사 진주지부는 무료수용소를 설치하여 경남 서부지역의 시위 부상자들을 무상으로 치료, 보호했다.

일제는 3·1운동이 끝나자 각 지방별로 시위 진압방식과 효과에 대한 자체평가를 실시했다. 이 중 중포병대대를 투입해 진압에 성공한 함안군의 예를 들어 경남지역에서는 강력한 군사적 대응책 즉 '고압수단'이 상당한 효과를 거두었다고 자평했다. 경남지역에 소요가 평정되고 평온이 찾아온 것은 병력을 적절히 배치하여 경비력을 충실히 한 것에 이유가 있다고 해석하였다. 일제의 이러한 진압 방침과 대응논리에서 진주와 경남 서부지역에서 전개된 3·1운동의 강도를 충분히 짐작할 수 있는 것이다.

<표 1> 진주 인근지역 3·1운동 관련기사 목록

지역	날짜	횟수
진주	3.14, 3.16, 3.21, 3.22, 3.25, 3.27, 4.3, 4.19, 4.20, 4.23, 4.25, 4.26, 5.5, 6.7	15
함안	3.22, 3.25	2
의령	3.16, 3.22	2
산청	3.25	1
합천	3.22, 3.25	2
거창	3.25	1
함양	4.6	1
사천	4.25	1
삼천포	3.30	1

* 『매일신보』(1919년)

제3장

1920년대 진주지역의 청년운동과 진주청년동맹

Ⅰ. 머리말

일제강점기 한국의 청년층은 식민지 조선의 변화를 이끌 자원으로 기대 받았다. 3·1운동 이후 비약한 청년단체들은 이들의 가능성에 주목한 각 정치, 사회세력의 지지에 힘입어 1920년대 국내 민족운동의 주체로 성장했다.

알려진 대로 청년운동은 민족부르주아지가 주도한 문화운동에서 출발하여 사회주의 세례 후 계급적 성격을 띤 민족해방운동으로 전환되었다. 따라서 부문운동으로서 청년운동의 전개와 성격에 관해 지금까지 많은 연구가 축적되었다. 특히 최근에는 지역청년단체, 특히 郡 단위 운동에 대한 사례연구가 활기를 띠고 있다. 이는 청년운동의 기반이 지역에 있었다는[1] 기초적인 사실과 기왕에 제기된 연구 과제를[2] 고려할 때 당연한 추세라 하겠다.

이러한 흐름과 관련하여 여기에서는 1920년대 경남 진주지역에서 진

---

1) 조성을, 「1920년대 京畿道 水原地域의 靑年運動과 水原靑年同盟」, 『일제하 수원지역의 민족운동』, 국학자료원, 2003, 35쪽.
2) 역사문제연구소 민족해방운동사 연구반, 『쟁점과 과제, 민족해방운동사』, 역사비평사, 1990, 417쪽.

행된 청년운동의 추이와 성격을 살펴보고자 한다. 일제하 경남지역의 청년운동사에 관해서는 지역 청년단체의 형성과 동향을 개괄한 초기의 연구와 경남 동부지역을 대상으로 논구한 성과가 있다.[3] 그러나 서부지역에 관해서는 별다른 시도가 없었으며 특히 이 지역 군 단위에서 전개된 청년운동을 정면으로 다룬 논문은 아직 발표되지 않았다. 일제하 청년운동사를 전반적으로 다루는 과정에 진주의 사례가 일부 언급[4]되었을 뿐이다. 따라서 경남 서부지역의 중심지였던 진주군의 청년운동을 분석하는 것은 지역 청년운동사의 일면을 이해하고 연구영역을 확대시키는 데 도움을 줄 수 있는 작업이라 생각된다.

이밖에도 진주의 청년운동을 다루는 이유는 이 지역 민족운동사의 지평을 확대할 필요를 느꼈기 때문이다. 초기 지역사회운동의 중심이었던 문화운동과 사회주의 운동에 대한 심층적인 분석이 요구된다. 문화 계몽운동에서 출발해 사회주의 운동으로 전환을 이룬 청년운동은 진주지역 대중운동의 출발점이자 토양이었다. 청년단체의 활동은 선도적이고 모범적이었다. 배출한 자원은 이 지역 민족운동의 인적 기반이었다. 청년운동을 통해 일제하 진주지역 사회운동의 성향과 추이를 확인할 수 있는 것이다.

그러한 사실에 유념하며 1920년대 진주지역 청년운동의 양상을 다음과 같이 추적해 보았다. 먼저 이 지역 청년운동의 전체적인 흐름을 청년단체를 둘러싼 정세의 변화와 조직변천 그리고 활동상에 따라 3단계로 구분해 보았다. 초기 청년단체들이 병존하면서 문화운동을 주도하고 청년운동의 기반을 형성하는 시기를 제1기로 규정하고 그 과정을

---

3) 조찬석, 「1920년대 경상남도지방의 청년운동」, 『인천교대논문집』 19, 1985 ; 김승, 「1920년대 경남동부지역 청년운동」, 부산대학교 사학과 박사학위논문, 2003.

4) 한국역사연구회 근현대청년운동사연구반, 『한국근현대청년운동사』, 풀빛, 1995 ; 박철하, 『청년운동』, 독립기념관 한국독립운동연구소, 2009.

밝혀 보았다. 이어 사회주의 청년단체들이 전면에 등장하여 청년운동
의 성격 전환을 시도하는 시기를 다음 단계, 즉 제2기로 설정하고 활동
상을 파악하였다. 특히 당시 청년단체가 정립되는 배경에는 중앙의 지
도뿐 아니라 지역의 정세도 영향이 있었음을 주목하고 그 연관성에 유
의하였다. 마지막으로 진주청년동맹의 성립과 활동, 해소 단계에서 나
타나는 특징과 의미를 포착하고자 하였다.

이상의 과정이 지역의 청년운동사를 보강하고 진주지역 민족운동사
연구의 외연 확대에 도움이 될 것이라 기대한다.

II. 초기 청년단체의 형성과 활동

1. 청년단체의 등장과 임원 구성

진주지역도 3·1운동이 지나간 1920년 전후로 청년단체들이 등장했
다.[5] 일반청년단체는 진주청년회, 진주청년구락부, 진주청년친목회 등
이었다. 연이어 진주기독청년회, 진주기독여자청년회, 진주천주교청년
회 등 종교단체들이 결성되었다. 면 단위에서도 활발히 조직되었는데
문산청년회가 최초였다. 이 중 진주청년구락부, 진주청년회 등은 1919년
이미 창립된 것으로 보인다.[6]

이들 중 몇몇 단체는 기성 결사를 흡수하거나 타 단체와 병합하는

---

5) 3·1운동 이전에도 진주청년단, 진주청년회 등의 이름을 가진 단체가 있었다. 『부산
  일보』 1917년 9월 23일, 「晉州靑年團 成立」 ; 『부산일보』 1918년 9월 18일, 「晉州靑年
  會の鮎狩」. 이들은 회원 전원이 일본인이었고 낚시나 야유회 등의 동정이 보도된 것
  으로 보아 거류 일인의 친목단체였던 것으로 보인다.
6) 『동아일보』 1920년 7월 12일, 「俱樂靑年兩會合併」.

방식으로 조직을 정비해 갔다. 진주청년친목회는 진주체육회의 인력과 부서를 증강하여 탄생하였고[7] 진주청년회는 진주청년구락부와 光晉체육부를 병합하여 재결성되었다.[8] 청년단체들은 문화운동론에 입각한 '신문화 건설'을 창립 목적으로 제시했다. 따라서 지역개발과 함께 개인의 수양을 강조했다. 진주청년회는 병합 후 '진주 사회의 개조'를 제1의 활동목표로 규정했다. 진주청년친목회 역시 지·덕·체의 연마, 즉 '수양'을 강조하며 문예부, 음악부, 체육부 등의 부서를 편성했다.[9] 진주천도교청년회도 1920년 8월 1일 '파괴와 개조'를 주제로 강연회를 개최하는 등 진주 지역의 초기 청년단체들 역시 문화운동을 공통적으로 지향하였다.

이들 단체들은 대부분 회장제를 채택했으나, 유일하게 진주청년회는 1921년 초 위원제로 전환했다. 초기 청년운동의 문제점을 극복하기 위해 당시 지역단체 사이에 조직변환이 시도되었는데, 진주청년회는 신속히 이를 채택한 것이다.[10] 동회는 1921년 4월 10일 개최된 정기총회에서 회장과 6개 부서의 임원을 사퇴시키고 위원 8인과 의사 15인으로 구성된 새로운 집행부를 출범시켰다.[11] 물론 물러난 임원 중 상당수가 집행위원과 의사에 다시 참여하는 등 전면적인 인적쇄신이 이루어진

---

7) 『동아일보』 1920년 7월 27일, 「晋州靑年親睦會」.

8) 『동아일보』 1920년 7월 27일, 「晋州靑年團體合倂」.

9) 『동아일보』 1920년 7월 27일, 「晋州靑年親睦會」.

10) 회장제에서 위원제로의 전환은 '혁신'으로 지칭되는 당시 지역 청년단체들의 개혁전략 중에서 중요한 비중을 차지하는 사항이었다. 이는 재정구조를 회비 중심으로 운영하여 유지, 장년층의 영향력을 배제하고 주도권을 청년층이 장악한다는 효과를 기대할 수 있다(안건호, 「1920년대 전반기 청년운동의 전개」, 『한국근현대청년운동사』, 풀빛, 1995, 71쪽). 혁신이 본격적으로 이루어지는 시기는 1923~1924년경이나 그 전인 1921년에 몇몇 지역단체들 사이에서 변환이 시도되었다. 진주청년회는 이 중 가장 빠른 시점에 변경을 이루었다.

11) 『동아일보』 1921년 4월 15일, 「晋州靑年會定期會」.

것은 아니었다.[12] 그러나 여타의 진주청년단체들이 이후에도 회장제를 고수한 사실을 감안하면 진주청년회의 이러한 '변환'은 선구적이었다는 평가를 받을 수 있을 것이다.

이어 진주청년회는 회장제하의 규정을 개정하고 위원회의 사무분장을 실시했다. 이에 따라 서무, 조사, 경리, 지육부 등의 산하부서가 설치되었다.[13] 당시 참여한 임원의 면모는 아래와 같다.

<표 1> 1921년 조직변경 후 진주청년회

	직책	경력 및 활동내용
박재표	위원장	진주보통학교 학무위원, 초대 진주군 진주면 협의회원, 사립일신고등보통학교 발기인, 진주정미주식회사 이사
김찬성	위원	진주청년친목회
김의진	위원	동아일보 진주지국장, 진주천도교청년회 회장, 천도교청년회 동경지회 순강단
강주식	위원	경남일보 회계 감사장, 진주염직사 대표, 사립 봉양학교 학감
김형태	위원 工業部社交	진주청년친목회
김주석	위원 智育部社交	사립 일신여자고등보통학교 교원, 진주 배영학원 강사초대 진주부회 회원
정성호	위원 調査部社交	3·1운동으로 실형, 진주고등보통학교 신설촉진위원
박태준	위원 文書部社交	동아일보 진주지국 총무
이현중	의사	진주번영회 회원, 진주상공역원회 역원, 영남춘추 고문
강윤영	의사	진주정미주식회사 감사, 진주시민유지회, 일신여고 조정위원

12) 재 참여한 인물은 회장 박재표를 비롯해 강주식, 강달영, 탁정하, 고경인, 강정대 등 6명이다.
13) 『동아일보』 1921년 4월 20일, 「晋州靑年會任員會」.

	직책	경력 및 활동내용
강주한	의사	협성상회 주식회사 감사, 진주정미주식회사 이사, 진주면협의회 회원
정상진	의사	진주전기주식회사 감사, 진주토지건물주식회사 감사, 진주정미주식회사 사장, 진주무직자구제회 발기인
조우제	의사	3·1운동으로 실형, 동아일보 진주지국 기자, 진주각단체연합회위원, 신간회 진주지회 간사
강정대	의사	진주제이보통학교 부훈도, 진주군 집현보통학교 부교감, 경남사범학교 교유
강기석	의사	동아일보 진주지국 총무
조기홍	의사	1919년 불온문서 발행 혐의로 구속, 동아일보 진주지국 총무, 진주재외학생친목회 회원
이진우	의사	사립 일신고등보통학교 발기인, 도청이전 방지동맹회 상경진정위원, 초대 진주군 진주면협의회원
윤병은	의사	동아일보 진주지국 기자
고경인	의사	태평양노조, 조선공산당 재건투쟁협의회사건으로 실형
오주환	의사	진주군 서기
박태홍	덕육부사교	동아일보 진주지국 회계, 진주고등보통학교 신설촉진위원, 조선노동총동맹 중앙위원
강달영	상업부사교	3·1운동으로 실형, 조선일보 진주지국장, 시대일보 진주지국장, 진주고등보통학교 신설촉진위원, 제2차 조선공산당 책임비서
박진환	서무부사교	3·1운동으로 실형, 사립 일신고등보통학교 교섭위원, 신간회 간사, 진주지회 대표
정준교		3·1운동으로 실형, 동아일보 진주지국장, 시대일보 진주지국원, 동우사
심두섭		3·1운동으로 실형, 진주기독교청년회 회장
남홍		동아일보 진주지국 기자, 경남도청 내무부 수산과 고원, 제2차 조공사건으로 실형

출전:『동아일보』,『조선일보』,『매일신보』,『경남신문』,『조선은행사요람』,『조선소요관계서류』,『일본제국직원록』,『일제하사회운동인명사전』, 여강 김경현 편,『일제강점기 인명록Ⅰ- 진주지역 관공리·유력자』, 민족문제연구소.

위 〈표 1〉에서 나타난 대로 변경 후에도 유지, 자산가의 비중이 여전히 높았다. 하지만 임원 모두를 동일한 성격의 집단으로 규정하기는 어렵다. 유지층에서는 지주, 실업가, 특히 지역의 이권사업이었던 정미업 경영자들(박재표, 강윤영, 강주식, 강주한, 정상진)이 우선 위치하고 있다. 이외에도 김주석, 강정대와 같은 교원 경력자, 언론사 지국장 출신(박태준, 김의진, 강기석, 조기홍, 윤병은, 박태홍)이 다수 참여하였다. 이들 역시 지역 유지의 범주에 포함시킬 수 있지만 앞의 지주, 실업가 층과는 성향 차이를 보이는 활동가들이었다. 그리고 정성호, 조우제, 강달영, 박진환, 정준교, 심두섭은 모두 진주지역 3·1운동을 주도했던 인물로 1921년 4월 출옥 후 가담했다. 이들은 이후 직업적 활동가 혹은 사회주의자의 길을 걸었다는 점에서 역시 지주 유지 출신 임원들과는 변별된다. 그 외 고경인과 남홍도 사회주의자로서 초기부터 참여한 인물이었다. 오주환과 같이 진주군 서기로 근무하면서 가담한 경우도 보인다.

초대회장이었던 박재표는 전환 후에도 위원장으로 선임되었다. 이후에도 그는 운동회의 기부금 수금위원, 운동회장 등을 역임하며 진주청년회의 핵심으로 활약했다. 이 외 박태준, 김찬성, 강주식, 조우제, 고경인, 김형태, 박진환 등은 1928년 진주청년동맹으로 개편될 때까지 동회의 주요구성원으로 활동했다.[14] 또 김의진과 같이 진주천도교청년회 회장으로 있으며 가담한 인물도 있다.[15]

진주지역의 또 다른 초기단체인 진주청년친목회는 1920년 7월 진주체육회를 기반으로 설립되었다.[16] 회장 박영환을 비롯해 김영조, 박성오, 강영호 등 21명이 결성에 관여했다.[17] 진주청년친목회는 기존의 체

---

14) 『동아일보』 1921년 5월 10일, 「晋州靑年會任員會」.
15) 『동아일보』 1920년 8월 6일, 「天道教講演會」.
16) 『동아일보』 1920년 7월 27일, 「晋州靑年親睦會」.
17) 국사편찬위원회 편, 『한민족독립운동사』 8, 43쪽.

육활동에 智·德의 함양을 추가한 청년 '수양'을 창립목적으로 표방했다. 이를 위해 문예, 음악, 연락부를 설치하고 강연과 토론회 개최, 서적, 잡지 발간 등의 실천방침을 제시하였다.[18] 그런데 1920년 11월 회장 박영환과 간부 9명이 독립선언서를 인쇄하여 경남일원에 배포하다 전원 체포된 사건이 있었다.[19] 이로 인해 진주청년친목회는 같은 해 12월 해산 되었다.[20] 당시 언론에는 이 사실이 전혀 보도되지 않았다.[21]

이와 함께 진주지역에서는 종교관련 청년단체의 결성이 활발히 이루어졌다. 1920년 초 조직된 진주천도교청년회를 비롯해 진주기독청년회, 진주기독교여자청년회, 진주천주교청년회, 진주천주교여자청년회, 보천교청년회, 진주불교청년회 등이 1923년까지 잇달아 창립되었다.[22] 이들 단체는 각 교파의 청년 교인들을 중심으로 구성되었다. 때문에 진주천도교청년회장 김의진을 제외하고 진주청년회에 중복되어 활동한 인물을 찾아보기 힘들다.[23]

또 진주청년회가 위원제를 채택한 후에도 이들은 회장제를 고수했다. 그러나 부서 편성이나 활동양상을 보면 이들 단체들도 문화운동을

---

18) 『동아일보』 1920년 7월 27일, 「晉州靑年親睦會」.

19) 선언서는 3·1운동에 이은 2차 만세운동을 위해 작성되었고 대한민국 임시정부 특파원 尹致彦의 지휘 하에 배포되었다. 체포된 9명은 金永祚, 千命圭, 金埜臺, 金贊成, 朴星午, 姜英鎬, 姜昌秀, 姜儀鉉, 金贊泰 등으로 지역을 담당하여 청년, 학생들에게 전달하였다(「晉州靑年親睦會檢擧ノ件」, 『朝鮮騷擾關係書類』 6, 1920.10.27, 국사편찬위원회).

20) 조선총독부 경무국, 『고등경찰관계연표』, 47쪽.

21) 진주청년친목회의 활동을 보도한 1920년 7월 27일자를 마지막으로 이듬해인 3월까지 『동아일보』에는 진주지역 청년단체의 동향에 관한 기사가 나타나지 않는다.

22) 조찬석, 「1920년대 경상남도 지방의 청년운동」, 『인천교대논문집』 19, 1985, 17쪽.

23) 진주청년회의 구성원 중 1910년대 천도교 진주교구 典制員을 지낸 姜達永, 후일 천도교 소년회 창립에 관여한 朴台弘 같은 인물이 있다. 그러나 이들이 당시 진주천도교청년회에 소속된 것으로 보이지는 않는다.

동일하게 지향했음을 알 수 있다.

1920년 8월 1일 진주천도교청년회가 주최한 강연회에는 에드워드 카펜터의 '개조사상'을 한국에 소개한 천도교 이론가 朴思稷이 연사로 참석했다.[24] 1921년 12월 창립된 진주기독교여자청년회도 산하에 전도부 외 문예, 음악, 체육부를 두어 청년 수양운동을 병행했다.[25] 이외 진주천주교청년회, 진주천주교여자청년회 등도 각기 智育, 體育, 德育部를 설치하여 인격수양을 강조했다.

요컨대 지도체제와 구성원의 차이는 있으나 초기 진주지역의 종교 계열 단체들도 수양과 실력양성, 사회개조라는 당시 문화운동의 흐름에 벗어나지 않았던 것이다.

2. 청년단체의 초기 활동

진주지역의 초기 청년단체들은 스포츠와 강연, 토론회 그리고 공연 활동을 통해 지역의 문화 계몽운동을 선도했다.

진주청년구락부는 매년 창원에서 개최된 경남축구대회에 정기적으로 출전했다.[26] 광진체육회를 병합한 진주청년회는 운동회 개최가 초기의 주요 사업이었다.[27] 1921년 춘계 대운동회의 경우 동아일보 진주지국과 연계해 운동회장 박재표와 실무 담당자를 편성하고 준비에 만

---

24) 『동아일보』 1920년 8월 6일, 「天道教講演會」.
25) 『동아일보』 1921년 12월 15일, 「女子青年創立總會」.
26) 『동아일보』 1920년 5월 31일, 「晉州青年會蹴球遠征」.
27) 초기 진주청년회를 후원했던 대표적 지역 유지로 朴在鎬가 있다. 그는 진주 중앙동 소재 본인 소유 토지 이천 평을 청년회에 무료로 대여하여 운동장으로 사용하게 하였다(『동아일보』 1921년 3월 3일, 「朴在鎬씨의美舉」). 회장 朴在杓의 친형이었던 그에 대한 세간의 평은 당시 언론에도 엇갈리게 나타난다(오미일, 앞의 책, 137쪽).

전을 기했다.[28] 5월 21일 청년회 운동장에서 개최된 대회는 만여 명의 관중이 운집하여 성황을 이루었다. 그러나 당시 주최 측이 배부한 운동회보가 치안 방해의 여지가 있다 하여 경찰에 압수되었다.[29] 같은 해 10월 22일에는 진주기독교청년회가 역시 추계대운동회를 진행했다.

한편 회원 참여 제고와 지식 개발을 목적으로 한 강연회와 토론회도 활발히 개최되었다. 1921년 진주청년회가 주최한 신년 강연회가 진주공립보통학교에서 열렸다. 여기에서 청년회 임원 김의진과 남홍이 '희망의 눈물' '人生의 人生된 價値를 志와 努力에서 求하라'는 주제로 강연하였다. 또 김창욱은 '시대와 인물'이라는 제목으로 열변을 토했다.[30] 그리고 고경인, 박영준 등 진주청년회와 진주노동공제회에 중복되어 활동하던 인물들이 양 단체가 후원한 시사 대강연회에 연사로 직접 참여하기도 했다.[31]

토론회는 진주천주교청년회가 정기적으로 개최하였다. 하나의 논제를 놓고 상대 연사끼리 논쟁을 이어가는 형식이었다. 예컨대 1923년 1월 30일 진주천주교청년회관에서 열린 제23회 연합토론회에서는 '가정의 평화가 남자에 在하나, 여자에 在하나'라는 주제로 남녀 연사가 열띤 토론을 벌였고 청중의 거수로 승패를 결정했다.[32]

이와 함께 초기 진주지역 청년단체들은 공연, 예술 활동을 활발히 전개했다. 이미 진주청년회가 회관 신축기념으로 임시 예술단을 조직하여 공연한 사실이 있지만[33] 본격적인 활동은 1922년 순회 예술단이 결

---

28) 『동아일보』 1921년 5월 9일, 「晉州靑年會運動會」.
29) 『동아일보』 1921년 5월 20일, 「晉州靑年會運動會」.
30) 『동아일보』 1922년 1월 17일, 「晉州靑年會講演會」.
31) 『조선일보』 1923년 6월 23일, 「時事大講演會의盛況」.
32) 『동아일보』 1923년 2월 4일, 「晉州靑年男女討論」. 거수 결정은 당시 지역 토론에서 통용되었던 토론 방식이다. 한말 독립협회가 개최한 만민공동회회에 유래되었다.
33) 『동아일보』 1921년 6월 14일, 「會館新築祝賀行演」.

성되면서 시작되었다. 황해도 지역 수해 피해 구제를 목적으로 만들어진 이 예술단에 지역 유지 청년들이 대거 참여하였고 진주청년회와 진주기독교청년회, 동아일보 진주지국이 후원했다.[34]

예술단은 경남 일원을 순회하며 연극을 공연하고 의연금을 모집하였다. 1922년 10월 23일부터 29일 까지 곤양, 북천, 하동, 남해, 창선, 삼천포 등에서 연일 공연했다. 11월에는 합천 삼가와 의령 신반에서 신극을 개연하여 지역 유지, 단체로부터 '同情金'을 기부 받았다.[35]

순회 예술단의 공연은 12월까지 이어지다 종료되었다. 그러나 이후에도 진주천주교청년회가 전도 목적으로 극단을 창단하여 인근에서 활동했으며[36] 晋州靑年文劇團이 조직되어 신파극을 공연하기도 했다.[37] 1923년 12월 11일 조선여자교육협회 南鮮巡劇團이 來晋하였을 때는 종교계열을 포함한 汎청년단체(진주천주교청년회, 진주여자천주교청년회, 진주기독교청년회, 진주불교청년회, 천도교청년회)들이 회합하여 후원을 결의했다.[38] 이처럼 진주의 초기 청년단체들은 공연 예술 활동을 대중계몽의 수단이자 문화운동으로 중시하고 활발히 추진했던 것이다.

그런데 문화운동의 핵심이라 할 수 있는 교육활동에는 청년단체의 역할이 구체적으로 드러나지 않는다. 당시 진주지역의 교육운동은 일신고보로 대표되는 사립학교 설립운동과 야학·강습소와 같은 비제도권 기관 운영이 큰 흐름이었다. 개인적인 참여나 지원은 보이지만 청

---

34) 『동아일보』 1922년 10월 25일, 「水害救濟巡回劇」.
35) 『동아일보』 1922년 11월 25일, 「黃海道水害救濟를위한晋州靑年會藝術團一行陜川에서開演」.
36) 『동아일보』 1922년 12월 31일, 「晋州天主靑年巡劇」.
37) 『조선일보』 1923년 8월 13일, 「晋州靑年文劇團活動」.
38) 『동아일보』 1923년 12월 9일, 「巡劇後援準備」.

년단체가 조직적으로 활동한 흔적은 발견되지 않는다. 진주청년회가 유아교육기관이었던 진주유치원을 후원하고 유지 청년 몇몇이 영어강습소를 설치한 사례 정도가 보인다. 이는 진주지역 초기 청년운동의 역량에 관한 문제로 지적되어야 할 부분이다.

초기 활동을 전개하는 시점에 진주청년회가 당면한 현안은 회관 건립 문제였다. 결성 후 보통학교 강당, 상회 건물 등을 전전하던 진주청년회는 1921년 4월에 와서 회관 신축을 논의하기 시작했다.[39] 4월 23일 임시회에서 위원제의 규칙과 함께 임원회에서 결의된 회관 건립 안이 통과되었다.[40] 건립사업에서 중요한 기금은 회원의 성금과 유지들의 기부로 조성되었다. 당시 진주 문산면에 거주하던 鄭載華는 金 이천 원을 희사하기도 했다.[41]

그리하여 같은 해 6월 3일 시내 중앙동 청년회 운동장 북쪽에 부지가 결정되고 신축계약이 체결되었다.[42] 그러나 기공이 이루어진 것은 1년여가 지난 1922년 6월로 '그 사이 간부들이 교체되었고 파란이 많았다'는 보도로 보아[43] 건립 작업이 순탄하지 않았던 것으로 보인다. 회관은 새로운 임원들이 부족한 비용 8백 원을 연대로 차입하여 총 공사비 6천 원을 마련함으로 6월 10일 착공되어 두 달 뒤 완공을 보았다.[44]

---

39) 『동아일보』 1921년 4월 20일, 「晋州靑年會任員會」.
40) 『동아일보』 1921년 4월 28일, 「晋州靑年會臨時會」.
41) 『동아일보』 1921년 5월 21일, 「鄭載華씨의 篤志」. 鄭載華는 1928년 중외일보가 창간될 때 박재표와 함께 주로 참여한 인물이다(「株式會社 中外日報社 創立總會ノ件」, 京鍾警高秘 제15854호, 『思想問題ニ關スル調査書類』, 1928, 국사편찬위원회). 사립 일신고등학교 발기인과 면협의회원을 지낸 지주, 유지로 성향에 관계없이 여러 인사들과 폭넓게 교제했다 한다(김경현 편, 『일제강점기 인명록 I - 진주지역 관공리 · 유력자』, 민족문제연구소, 2005).
42) 『동아일보』 1921년 6월 14일, 「晋州靑年會館新築」.
43) 『동아일보』 1922년 6월 16일, 「晋州靑年會館起工」.
44) 『동아일보』 1922년 6월 16일, 「晋州靑年會館起工」.

회관 건립 후 진주청년회는 보다 안정된 환경에서 활동을 전개할 수 있었다. 특히 회원의 자질과 입출에 관한 규정이 강화되었으며[45] 도서관 설립과 종교 학술강연에 대한 사업이 논의, 추진되었다.

III. 청년단체의 변화와 진주청년동맹

1. 청년단체의 변화

일제하 진주지역의 주민사회운동이 전환점을 이룬 시기는 1924년 전후로 볼 수 있다. 그것은 핵심 현안이었던 중등학교 설립과 도청이전, 남강치수사업 시행 문제 등이 이 시점에 대두되었기 때문이다.

진주의 중등교육기관 설립운동은 남녀고보 개설을 목적으로 1919년부터 시작되었다. 이는 조선총독부와의 타협 끝에 1925년 공립 晋州高普와 一新女高가 인가를 받음으로 결실을 보게 되었다. 경남도청은 1924년 12월 8일 부산 이전이 발표되었고 이듬해 4월 실행되었다. 이전의 움직임은 전해인 1923년 말부터 있었고 이에 진주시민들은 '경남도청 이전 방지동맹회'를 결성하여 반대운동에 돌입했던 것이다.[46] 진주의 숙원사업인 남강치수 문제는 주민의 저항을 무마하기 위해 조선총독부가 '代償案'으로 제시한 것이었다.[47]

위의 경우 외 1924년 1월 발각된 이른바 '淸水사기사건'도 진주지역 시민운동에 영향을 준 사건이었다. 이는 군 당국의 후원하에 면화 도

---

45) 『동아일보』 1922년 9월 24일, 「靑年會臨時總會」.
46) 진주시사편찬위원회 편, 『진주시사』 중, 171~172쪽.
47) 김희주, 「일제하 진주지역의 수해와 남강치수사업」, 『지역과 역사』 47, 2020.

매업을 하던 일본인 상인 淸水佐太郎이 몇 년간 납이 든 부정저울을 사용하여 농민들에게 피해를 입힌 사기사건 이었다. 피해자가 진주뿐 아니라 경남 전체에 미쳤기에 파장이 컸다. 진주에서는 즉시 주민위원회가 구성되어 이를 규탄하기 위한 주민대회의 개최가 결정되었다.[48]

1월 4일 열린 위원회에는 진주청년회, 진주노동공제회, 기독교청년회, 천도교청년당, 普天敎眞正院 등 청년, 종교, 농민단체를 망라한 진주지역의 사회단체와 동아, 조선일보 지국이 각기 대표를 파견했다. 이는 성향에 관계없이 지역문제 해결을 위해 결집한 것으로 당시 진주지역 주민단체의 대중적 역량이 진일보하였음을 반증하는 사실이다. 청년단체들은 이 과정에서 핵심적인 역할을 수행하며 조직을 분화, 발전시켜 갔다. 물론 이는 1923년부터 전국의 청년 단체들이 '혁신총회'를 통해 성격전환을 이루어가던[49] 분위기와도 연동된 것이었다.

또한 1924년 10월 사상단체 '同友社'가 결성되었다. 여기에는 朴進煥, 鄭準敎, 姜相鎬, 姜大昌 등 진주청년회와 진주노동공제회의 임원으로 활동하던 인사들이 다수 포함되어 있다.[50] 당시 언론은 이들을 진주사상계의 중심인물이라 표현했다. 동우사는 11월 1일 열린 임시총회에서 중대 현안이었던 '0000(도청이전-인용자)문제'에 대한 조사보고서를 작성하고 진주도서관 건립문제를 토의했다.[51] 또 1924년 6월 조선청년총동맹 창립에 즈음하여 북성회 인사들이 선전 단체 조직을 계획했을 때

---

48) 『동아일보』 1924년 1월 8일, 「晋州市民大會는 칠일에 열기로 결정」.
49) '혁신총회'를 통한 지역단체들의 개혁에 관해서는 안건호·박혜란, 「1920년대 중후반 청년운동과 조선청년 총동맹」, 『한국근현대청년운동사』, 풀빛, 1995, 94~95쪽 참조.
50) 『시대일보』 1924년 10월 26일, 「同友社 創立」.
51) 1924년 도청 이전에 대한 진주주민의 반대운동이 격화되자 조선총독부는 이해 8월, 이전을 유보한다는 입장을 표명하였다(『동아일보』 1924년 8월 13일, 「晋州問題 一段落」). 그러나 가을에 와서 부산 이전이 가시화 되자 진주의 각 사회단체들은 이를 중대사건으로 규정하고 조직적인 반대운동에 착수하였다.

도 진주 지역 청년단체들이 적극적인 움직임을 보였다고 한다.[52]

이처럼 1924년 전개된 일련의 주민운동(중등학교 설립, 도청이전 반대운동, 청수사기사건 규탄대회, 남강치수사업 촉성)을 통해 진주지역 청년단체들은 운신의 폭을 넓힐 수 있었다. 여기에 1925년 초 시작된 군, 부 청년연맹의 결성 움직임에 자극받아 진주청년연맹(이하 진주청련), 진주노동청년회(진주노총), 진주여자청년회(진주여청) 등의 신진 단체들이 탄생했다.

이들은 거의 동일한 시기에 조직되었는데[53] 진주청년회가 발기한 진주청련은 기존 청년운동조직을 계승하여 구성된 것으로 보인다.[54] 그러나 인적구성과 지역사회에서의 파급력은 진주청년회에 미치지 못했다. 활동도 진주청년회의 영향력에서 벗어나지 못했던 것으로 생각된다. 반면 진주노동청년회는 지역의 각 신문 배달원, 고용인 및 농업청년이 결집한[55] 직업청년단체였다. 노동청년회는 노동운동의 각성과 활동 인자 양성을 목적으로 소도시나 공업 발달이 미약한 지역에서 주로 조직되었다.[56]

여타와 같이 진주청련도 청년단체간의 공동전선 형성과 통일적 활동을 지향하였다. 따라서 강령에도 실력양성, 사회봉사와 함께 단체통일에 관한 사항이 명시되어있다.[57] 하지만 이를 견인할 수 있는 구체적인 방략이나 행동수단은 결여되었다. 우선 참가단체의 수도 6개로

---

52) 「思想團體組織計劃ノ件」, 地檢秘 제471호 『警察行政事務二關スル件』, 1924. 국사편찬위원회.
53) 진주청년연맹은 1925년 11월 12일, 진주노동청년회는 같은 해 11월 12일 진주여자청년회는 12월 8일 출범했다.
54) 『동아일보』 1925년 11월 16일, 「晋州靑年聯盟, 去十二日創立」.
55) 『동아일보』 1925년 11월 16일, 「晋州勞動靑年會 去十一日 發起總會」.
56) 안건호·박혜란, 앞의 책, 102~103쪽.
57) 『동아일보』 1925년 11월 16일, 「晋州靑年聯盟, 去十二日創立」.

타 청맹에 비해 약소했다. 이나마 금산, 반성, 대평 등 진주권내의 면 단위 단체가 대부분이었다. 무엇보다 진주청년회와 함께 양대 청년조 직이었던 진주형평청년회가 참가하지 않았다. 진주형평청년회는 1924년 4월 21일 개최된 조선청년총동맹(청총) 창립총회에 진주청년단체로 유 일하게 참석하였다.[58] 동회의 최창섭은 서울청년회 지분으로 청총의 중앙 집행위원에 선출되기도 하였다.[59]

이러한 단체가 사회주의 성향이 강한 진주청련에 불참하였다는 것 은 통합운동이 원활하지 않았음을 반증하는 사실이다. 진주청련 집행 위원 7명(박태홍, 고경인, 이도영, 정병채, 함환석, 박윤석, 김기호) 중 박태홍, 고경인은 진주청년회 초기부터 활동한 사회주의자였다. 이도 영은 진주노동공제회 소작부 상무위원 출신[60]이며 박윤석은 동아일보 진주지국 기자와 진주청년회 집행위원을 역임한 인물이다.[61] 김기호 는 하우룡과 함께 진주노동청년회 창립에 관여했다.[62]

한편 1925년 중반 사회주의 여청이 출현함과 더불어 진주에서도 12월 8일 진주여자청년회가 조직되었다.[63] 당시 사회주의 여청은 여성운동 과 계급해방운동의 결합을 주장하며 여성운동의 선봉 역할을 자임하 고 있었다. 그리고 '성별단체'의 자격으로 각 지역 청련에 참가하였 다.[64] 진주여청은 진주청련보다 창립이 한 달 정도 늦었고, 참여했다는

---

58)「青年總同盟 參加團體 第三回 發表ノ件」, 京鍾警高秘 제3989호의 2,『檢察行政事務 ニ關スル件』, 1924, 국사편찬위원회.

59) 안건호·박혜란, 앞의 책, 88쪽.

60)『시대일보』1924년 10월 3일,「勞共會의 決意」.

61)『시대일보』1925년 11월 17일,「晋青執行委員會」.

62)『시대일보』1925년 11월 14일,「晋州勞動創立」.

63)『동아일보』1925년 12월 10일,「晋州女青發起會」.

64) 박혜란,「1920년대 여성단체의 조직과 활동」,『한국근현대청년운동사』, 풀빛, 1995, 182~183쪽.

기록도 발견되지 않는다. 그러나 회장에 金桂松을 선출하고 산하에 집행위원회를 설치하여[65] 1927년까지 비교적 활발한 활동을 전개했다. 1926년 5월에는 조선여성동우회 집행위원 鄭鍾鳴을 초청해 여성문제 대강연회를 열고자 하였으나 경찰의 불허로 무산되고 말았다. 이에 진주여청은 행사를 간담회로 축소하고 여성회원만 방청하는 조건으로 당국과 타협했다.[66]

진주여청은 지역의 간호부를 대상으로 장기 강습회를 개최하고[67] 야학회를 실시하는 등[68] 여성청년단체의 역할을 충실히 수행했다. 다만 1926년 3월 열린 제1회 정기총회에서 회의장에 妓生의 출입을 제한했던 사실이 있다.[69] 이러한 사례가 봉건적 인습을 탈피하지 못한 한계이며 여성운동의 통일적 지도를 곤란케 한 요인이었다는 지적이 있다.[70] 지역의 강한 보수성에서 원인을 찾기도 한다.[71]

진주노청도 노동청년의 각성과 계급의식 고취라는 본연의 목표에 따라 적극적으로 활동했다. 노청은 그들의 운영 경비를 마련하기 위해 가극대회를 열어 성과를 거두기도 했다.[72] 특히 1926년 11월 11일 개최된 창립 1주년 기념행사는 '祝賀氣分이 市街에 漲溢했다'는 표현[73]과

---

65) 『동아일보』 1925년 12월 15일, 「晋州女子靑年會」.
66) 『동아일보』 1926년 5월 29일, 「녀성문뎨강연 경찰에서 불허가」. 정종명은 조선여자 고학생상조회 출신으로 최초의 여성사회주의 단체 조선여성동우회의 간부로 활동한 거물급 사회주의자였다(김준엽·김창순, 『韓國共産主義運動史』 2, 청계연구소, 1986, 149~154쪽). '여성문제'로 명명된 강연주제도 사회주의 여성해방운동의 이론과 방략이 내용이었을 것이다.
67) 『동아일보』 1926년 8월 4일, 「진주녀성하긔강습회」.
68) 『동아일보』 1927년 1월 27일, 「진주녀청정총」.
69) 『동아일보』 1926년 3월 5일, 「진주녀청집행위원회」.
70) 박혜란, 앞의 책, 186쪽.
71) 김형목, 「진주 3·1운동과 사회적 약자」, 『진주 3·1운동과 근대사회발전』, 북코리아, 2020, 249쪽.
72) 『동아일보』 1926년 7월 27일, 「晋州勞靑歌劇」.

같이 성대히 진행되었다. 韓圭相, 金贊成, 朴英煥 등 지역 활동가들의 축사에 이어 참석대중은 '노동청년회 만세'를 제창하였다. 폐회 후 이들은 노동직업 청년의 환영 속에 가곡을 연주하면서 시내를 행진했다.[74]

이들 단체의 행보에 비해 진주청련은 이 시기에 구체적인 움직임을 보이지 못하였다. 민족주의, 종교계열 청년단체와 협력이나 제휴를 시도한 흔적도 발견되지 않는다. 게다가 1925년 12월에는 경남도청년연맹에 대한 도 경찰부의 무리한 간섭에 반발하여 성명서를 발표한 것이[75] 문제되어 이듬해 2월 까지 집회금지 처분을 받았다.[76] 여기에 내용은 알 수 없지만 당시 청년운동 지도자 사이에 내재했다는 감정대립도 진주청련의 활동을 위축시킨 요인으로 보인다. 실제로 이 문제를 해결하기 위해 1926년 7월 8일 진주노동공제회관에서 진주지역 각 사회단체 대표자 연석회의가 열리기도 했다.[77] 같은 해 7월에는 진주청련의 朴台弘과 조선일보 진주지국장 金在泓이 고등경찰에 체포되어 서울로 압송되는 사태가 발생했다.[78] 진주 경찰서의 통제로 혐의 내용이 보도되지 않았지만 이들은 모두 6·10 만세운동에 따른 제2차 조선공산당 사건에 연루되어 구속된 것이다.[79]

이 같은 개별적 문제와 함께 가중되었던 당국의 방해로[80] 진주청련

---

73) 『동아일보』 1926년 11월 15일, 「晋州勞動靑年會創立一週年紀念」.
74) 『동아일보』 1926년 11월 15일, 「晋州勞動靑年會創立一週年紀念」.
75) 『조선일보』 1925년 12월 14일, 「慶南靑聯은 合法的 成立」.
76) 『조선일보』 1926년 2월 12일, 「集會解禁된 晋州靑聯」.
77) 『동아일보』 1926년 7월 13일, 「晋州各團代表會議」.
78) 『시대일보』 1926년 7월 30일, 「某事件과 晋州署 몇사람을 소환하야 서울로」.
79) 朝鮮總督府警務局, 朝保朝 제1019호, 「秘鮮共産黨事件 檢擧ニ關スル件」, 『不逞團關係雜件-朝鮮人ノ部一鮮人ト過激派』, 1926, 국사편찬위원회.
80) 1926년 2월 진주 청년회 주최로 열린 강연회에서 연사 柳德天이 '계급투쟁의 역사적 증명'이라는 주제로 강연하다 임석 경관에 의해 현장에서 체포되었고 강연회는 해

의 활동은 부진을 면하기 어려웠다. 1926년 1년간 통합단체로서 진주청련의 대외활동은 거의 찾아보기 힘들다. 이 해 6월 전국의 청년, 노동, 농민단체들이 결집하여 개최된 조선 사회단체 중앙협의회에도 진주지역 청년단체들은 참여하지 않았다.[81] 이는 앞서 언급한 진주노동청년회가 '노동청년의 교양촉성' '노동자의 생활상태조사' 등의 강령을 정하고 노동문제에 대응하였던 사실과 비교된다.[82] 따라서 같은 해 11월 30일 조우제, 강대창, 강상호 등 진주청년회의 지도급 인사들이 동우사를 해체하고 '一强黨'이라는 새로운 사상연구단체를 결성한 것도[83] 침체된 운동 분위기를 쇄신해 보고자 한 의도였다 생각된다.

그리하여 이듬해인 1927년 초부터 진주지역청년운동의 재기를 모색하는 시도가 진주청년회를 중심으로 나타난다. 연 초 진주청년회는 지난해의 부진한 활동에 반성을 표하고 양적 운동에서 질적 운동으로의 전환이라는 신년사업 방침을 발표했다. 그리고 청년 교양교육을 목적으로 기관지 '뭇소리'를 복간하기로 결의했다.[84] 이어 운영난을 겪고 있던 당시 진주 유일의 유아교육기관 진주유치원의 구제에 적극 임하였다.

진주유치원은 1921년 吳景杓, 千命玉 등 유지 청년들에 의해 설립되어 진주청년회의 후원과 자원봉사로 운영되었다. 그러나 원생 수의 증가로 1926년 말 무렵 심각한 경영난에 빠져있었다.[85] 이에 진주청년회

산되었다(국사편찬위원회 편, 『일제침략하한국삼십육년사』 8권, 60~61쪽).

81) 오히려 진주군내 大谷과 琴山面 소작조합 대표들이 가맹단체의 자격으로 참여하였다(「朝鮮社會團體中央協議會ニ關スル件」, 京鍾警高秘 제6915호, 『思想問題ニ關スリ調査書類』, 1926). 면 단위 농민단체들이 참석한 중앙회의에 불참하였다는 것은 1926년 청년단체의 활동이 얼마나 부진하였는지 짐작케 하는 사실이다.

82) 『동아일보』 1926년 10월 9일, 「晉州勞靑定總」.

83) 『동아일보』 1926년 12월 6일, 「一强黨發起 晉州靑年들이」.

84) 『동아일보』 1927년 2월 21일, 「錦繡江山의 晉州」. '뭇소리'는 1926년 2호를 마지막으로 발행이 중단된 상태였다(『조선일보』 1926년 8월 23일, 「晉靑壁新聞 第二號發行」).

는 유치원 연극회를 공연하여 후원금을 모집하고자 하였으나 그것이 풍기문란이라는 어이없는 이유로 경찰에 의해 좌절되고 말았다.[86] 그러자 지역인사들은 학부형 총회를 개최하고 개선의원을 선출하여 대책을 강구했다. 그 결과 기예조합에서 재조직된 진주 권번이 성금 천오백 원과 건물 일체를 기부하고 朴奎錫, 趙顯鏞, 徐相弼 등 유지들이 매월 경비를 부담하는 회생 책이 마련되었다.[87] 진주청년회는 1927년 5월 26일 임시총회에서 청년회관을 유치원에 임대하는 건을 상정하여 만장일치로 가결시켰다.[88] 이처럼 진주유치원 구제운동은 지역의 유지 자산가, 청년단체, 심지어 기생 조합인 진주 권번까지 다양한 집단이 참여하였다. 진주청년회는 유치원의 설립과 운영에 깊이 관여했고 회생운동을 이끌어 성과를 거두었다.

이러한 과정을 거쳐 진주청년회는 1927년 중반 무렵 지역청년운동을 재편하고 활로를 열었다. 진주청련 결성 후 야기되었던 분열과 침체에 대해 반성하고 연 초부터 일관되게 운동의 쇄신을 추구한 결과였다. 동시에 진주청년회가 지역에서 차지한 위상과 영향력이 당시까지도 건재하였기에 가능한 일이었다. 1923년을 기점으로 지주, 자본가 인사들은 청년단체에서 이탈하여 관변단체로 옮겨갔다. 하지만 직업적 활동가로 분류할 수 있는 잔류 구성원들은 진주노동공제회와 사립일신고보 설립운동 등에 직, 간접적으로 참여[89]하며 대중성을 이어갔다. 그리고 언급한 동우사, 일강당과 같은 사상단체를 통해 지역사회운동의

---

85) 『중외일보』 1927년 5월 23일, 「曙光이 비친 晋州幼稚園」.
86) 『중외일보』 1926년 12월 13일, 「유치원 연극회를 경찰이 돌연금지 이유는 풍기문란이라고」.
87) 『중외일보』 1927년 5월 23일, 「曙光이 비친 晋州幼稚園」.
88) 『중외일보』 1927년 5월 30일, 「晋州靑年臨總」.
89) 김중섭, 「일제 식민통치와 주민교육운동-진주지역을 중심으로-」, 『한국사회사학회 논문집』 47, 1995.

96   일제하 진주지역의 민족운동과 진주사회

이념화 작업도 병행했다.

청년연맹의 결성은 지역청년운동이 사회주의로 사상적 통일을 이루고 그 세력이 가시적으로 등장함을 의미한다. 진주청련 역시 동일한 배경에서 탄생했지만 활동은 기대에 미치지 못했다. 물론 같은 시기에 조직된 진주 노총과 진주여청이 꾸준한 움직임을 보이지만 혁신단체로서 진주청련의 이러한 부진은 1925~1926년 동안 지역청년운동을 침체상태로 몰고 간 요인이었다.

진주청년회는 이러한 상황에서 구성원이 지닌 대중성과 명망을 바탕으로 청년단체들을 재편하고 진로를 모색한 것이다. 그리하여 1927년 가을 진주지역 청년단체들은 진주청년회를 중심으로 다시 통합하려는 움직임을 보이고 이는 다음해 진주청년동맹의 조직으로 귀결되었다.

2. 진주청년동맹의 결성과 지도부

1927년 10월, 당시까지 지역에서 개별적으로 활동하던 진주노동청년회, 진주상업청년회,[90] 사이오칠단(四二五七團)[91] 등의 단체가 '합동'이라는 명목으로 진주청년회에 흡수되었다. 10월 8일 진주청년회관에서 열린 연합 간담회에서 위 단체 대표 15인이 진주청년운동의 '단일화'를 선포했다.[92]

이날 사회를 맡은 金贊成은 '목적과 의식이 동일한' 청년단체가 혼재함은 선상의 혼란만 야기하는 것이니 이 기회에 단일체를 조직하자 제

---

90) 상업청년의 친목과 단합을 목적으로 진주에서 1925년 11월 19일 창립되었다(『조선일보』1925년 11월 19일, 「晋州商業靑年會 十九日創立」).
91) 단기 4257년, 즉 1924년 결성된 진주의 청년체육단체이다.
92) 『동아일보』1927년 10월 12일, 「三團體解體後 晋州靑年會에 合同」.

안하였다.[93] 이 제의는 만장일치로 통과되어 기존 단체의 해산과 '합동'에 관한 아래의 결의문이 공포되었다.

一. 우리는 晋州靑年團體의 合同을 기함.
二. 四二五七, 勞動靑年, 商業靑年 三 단체를 해단하여 진주청년회에 합동하고 合同總會에서 일체를 의결하기로 함.
三. 各 個體團體는 각자 解體하고 合同總會에서 解體를 선언하고 합동하기로 함
四. 合同總會는 10월 16일 오후 2시 진주청년회관에서 개최하기로 함.[94]

단일화 운동은 조선청년총동맹의 '신운동 방침'을 진주지역에서 실천하는 과정이었다.[95] '목적과 의식이 동일하다'는 표현과 같이 사회주의 성향의 단체들이었다.

단일화가 성사된 후 진주청년회는 문화운동에서 벗어나 대중 정치투쟁으로의 '전선적 확대'를 시도했다. 먼저 경찰의 압력에도 불구하고 공판중인 '제2차 공산당사건'의 변호인에게 격려문을 발송했다.[96] 이해 연말 촉발된 중국 官憲의 在滿同胞 탄압에 대한 진주지역 저항운동도 진주청년회가 주도한 것이었다.[97]

진주청년회는 12월 10일 개최된 위원회에서 '中國官憲의 在滿同胞

93) 『조선일보』 1927년 10월 12일, 「晋州靑年團體 合同委員會開催」.
94) 『동아일보』 1927년 10월 12일, 「三團體解體後 晋州靑年會에 合同」.
95) 안건호·박혜란, 「1920년대 중후반 청년운동과 조선청년총동맹」, 『한국근현대청년운동사』, 풀빛, 1995, 110~111쪽.
96) 『조선일보』 1927년 10월 26일, 「朝鮮共産黨公判弟十八日 晋州靑年會도 격려문 발송」.
97) 三矢協定 後 장작림 군벌정권이 자행한 동포탄압에 대한 저항운동은 1927년 평양을 위시한 관서지방을 중심으로 전개되었다. 지역 사회단체들이 동맹을 결성하여 在京 중국 영사관, 북경 길림성 정부에 항의문을 전달하고 위원을 현지에 파견하여 실태를 조사하였다(『중외일보』 1927년 12월 14일, 「同胞를 迫害함은 滿洲官憲의 橫暴」).

壓迫에 관한 건'을 상정시켰다. 다음날 회관에서 각 사회단체가 참여한 간담회를 가지고 아래의 결의 사항을 발표했다.

> 一. 우리는 在滿同胞의 壓迫에 對하야 中國官憲에 抗爭하기로 함.
> 二. 吉林, 奉天, 各省長, 東京駐在 中國公使와 京城 中國 總領事 及 張作霖에게 抗議文을 送發할 일.[98]

이어 김찬성 외 3명을 항의문 송무위원으로 임명하였다. 그리고 즉석에서 '재만동포옹호 진주동맹'을 결성하고 12월 14일 옹호동맹대회를 개최하기로 결정했다. 이 모임에는 진주청년회, 진주노동공제회, 진주군농민연맹, 진주기자단, 여자청년회, 형평사, 인쇄공조합, 양화직공조합 등 총 8개 단체의 대표가 참석하였다.[99] 이는 진주의 사회운동단체와 직능단체가 총결집하여 역량을 과시한 경우로 볼 수 있다. 또 지역과제나 현안을 뛰어넘어 민족문제로 관심의 폭을 넓혔다는 의미도 지닌다. 이러한 행사를 진주청년회가 주도했다는 것은 당시 지역사회에서 同會의 위상을 짐작케 하는 사실이다. 특히 핵심 구성원 다수가 중복되었던 진주노동공제회가 제2차 공산당 사건 이후 침체에 빠진 반면 진주청년회는 부진을 극복하고 단일화를 이뤄 1927년 진주지역 사회운동을 선도해가는 저력을 보인다.

그리하여 이 해 말부터 진주청년회를 발전적으로 해체하고 그 조직을 바탕으로 진주청년동맹을 결성하려는 움직임이 시작되었다.[100] 다

---

98) 『중외일보』 1927년 12월 14일, 「在滿同胞擁護 晋州同盟組織」.

99) 『중외일보』 1927년 12월 14일, 「在滿同胞擁護 晋州同盟組織」.

100) 1927년 9월 개최된 조선청년총동맹 제3년 제1회 중앙집행위원회 간담회에 진주 대표 金然浩가 위원 자격으로 참여하였다. 진주군 청년동맹의 결성은 이 시점부터 추진된 것으로 보인다(「朝鮮靑年總同盟 第三年第一回 中央執行委員會懇談會開催 ニ關スル件」, 京鍾警高秘 제9710호, 『思想問題ニ關スル 調査書類』, 1927, 국사편찬

음 해인 1928년 1월 11일 진주청년회 주최로 열린 진주 사회운동가 신년간담회에서 현안인 도서관 건립과 진주사회단체협의회의 재건 문제가 논의되었다. 그런데 순진주군을 망라한 이 간담회에 농민, 노동운동 관계자가 한 명도 참석하지 않은 사실이 주목된다.[101] 정확한 이유는 알 수 없으나 진주청년동맹의 결성 분위기에 상응하여 진주노동연맹과 농민연맹의 조직 움직임이 이 시점부터 모색된 것이 아닌가 한다.

다음날인 1월 12일 개최된 위원회에서 진주청년회는 1월 29일 소집되는 임시총회에서 동회를 해체하고 진주청년동맹을 창립할 것을 의결했다.[102] 즉 1927년 진주유치원구제운동에서부터 단일화운동, 재만동포옹호 진주동맹의 조직으로 이어지는 일련의 과정을 거치며 진주청년동맹의 결성이 순조롭게 이루어진 것이다.

마침내 1월 29일 진주청년회관에서 30여 명의 회원과 방청객이 참석한 가운데 진주청년동맹(이하 진주청맹) 창립대회가 개최되었다.[103] 대회에서 임시의장에 김연호가 선출되었고 정창세와 하동희가 서기로 피선되었다. 이어 3개의 강령과 9대 정책이 발표되었다.[104] 알려진 대로 이는 조선청년총동맹이 1927년 개정한 '신강령'과 '신정책'을 그대로 채택한 것이었다. 또 집행위원의 토의에 따라 의결된 8개의 결의사항이 공포되었다. 이것은 선언적 의미가 강한 강령과 정책에 비해 보다 구체적인 행동방침을 나타내고 있다. 내용을 간략히 살펴보면 다음과 같다.

먼저 조직에 관해서는 신운동 규약과 같이 직업, 성별, 계층 등 모든

위원회).

101) 『조선일보』 1928년 1월 15일, 「晋州靑年會臨時總會召集」.
102) 『중외일보』 1928년 1월 16일, 「靑年團體 同盟組織準備 來二十九日大會」.
103) 『동아일보』 1928년 2월 1일, 「晋州靑年同盟創立大會開催」.
104) 『조선일보』 1928년 2월 1일, 「晋州靑年同盟一月二十九日創立」.

분산적 요소를 통일한 단일 청년단의 완성을 강조했다. 다만 기초조직인 반과 지부에 관한 언급은 발견되지 않는다. 또 청년의 교양의식 고조를 위해 연극회, 강연회, 독서실 설치사업이 의결되었다. 그리고 청총에 즉각 가입할 것과 당시 금지되었던 경남청년연맹의 집회 자유를 획득할 것을 결의했다. 또 대부분의 지역 청맹과 같이 신간회에 대한 절대적 지지를 표명하고 민족유일당의 완성을 기대하였다. 그리고 신 파벌 타도와 朝鮮福本主義 배격을 주창했다. 물론 이는 1927년 민족협동전선의 원칙과 내용을 둘러싸고 벌어졌던 사회주의 분파(서울청년회 구파와 일월회) 간의 갈등에 영향 받은 것이었다. 마지막으로 진주청맹은 당시까지 존속하던 이른바 '地方熱 團體'에 대한 청산 의지를 밝혔다. 진주청맹은 '嶺南親睦會' '湖南同友會' '五星俱樂部' 등 실명을 거론하면서 이들을 배격할 것을 강조했다. 또 운동가로서 이들 단체에 접근하거나 가담하는 인사를 공개하고 운동선상에서 추방할 것이라 경고하였다.[105]

전체적으로 이 결의사항 역시 '신운동 방침'의 기조에 근거하여 채택된 것이었다. 더불어 경북지방 등 일부 지역 단체에서 제기하였던 민족협동전선의 문제를[106] 진주청맹이 동일하게 제기하였다는 것은 중앙의 대립 양상이 지역까지 파급되었음을 알려주는 또 하나의 사례라 하겠다.

살펴본 대로 진주청맹의 결성 경로는 당시 군, 부 청년동맹의 일반적인 창립과정과 다른 양상을 보이고 있다. 즉 청년연맹 혹은 각 청년단체의 일괄 해체- 청년동맹의 성립이라는 여타 지역의 등식과 달리 진주

---

105) 『조선일보』 1928년 2월 1일, 「晋州靑年同盟一月二十九日創立」.

105) 『조선일보』 1928년 2월 1일, 「晋州靑年同盟一月二十九日創立」.
106) 김일수, 「1920년대 경북지역 청년운동」, 『한국근현대청년운동사』, 풀빛, 1995, 301~304쪽.

청년회를 중심으로 한 통합-진주청년회 해체- 청년동맹 결성의 수순을 보이는 것이다. 이는 지역운동사에서 가진 전통이나 구성원의 범위에 있어 당시까지도 진주청년회의 영향력이 압도적이었고 상대적으로 진주청년연맹의 위상이 미약했기 때문이었다.

더불어 진주청맹의 결성 과정에는 타지에서 산견되는 유지, 혹은 민족주의 세력과의 충돌을 발견할 수 없다. 거의 비슷한 시기 진주농민조합 역시 사회주의 세력이 장악하고 있었다.[107] 즉 진주청년회, 진주청년동맹으로 이어지는 청년운동 계열과 진주노동공제회, 진주농민조합으로 이어지는 노동운동의 갈래를 통해 지역사회운동의 주도권이 순조롭게 사회주의자들에게 돌아간 것이다.

창립 후 진주청맹은 1928년 2월 1일 제1회 집행위원회를 열고 위원의 업무를 분장하였다. 위원장에 金然浩가 선출되었고 상무위원은 서무부에 金好宗 · 柳德天, 재무부에 鄭昌世 · 賓泰紋, 교양부에 崔敦 · 河東熙, 조직선전부에 河振 · 姜斗錫, 조사통계부에 金基泰 · 事斗三, 소년부에 郭慶文 · 金尙宇가 각기 보임되었다.[108]

위원장 김연호는 1926년 동아일보 진주지국 기자로 입사했고 이후 同友社에서 조우제, 강상호 등과 함께 활동했다.[109] 뒤늦게 합류하였지만 진주청년회의 핵심으로 활약하며 同會의 해체와 청년동맹의 결성을 주도했다. 그는 광복 후에도 진주에서 활동하여 진주기자회 위원장과 남로당 진주지부 간부를 지냈다.[110]

유덕천은 1920년대 중반 이후 진주청년회의 대표적인 이론가이자 논

---

107) 오미일, 「1920년대 진주지역 농민운동」, 『진주농민운동의 역사적 조명』, 역사비평사, 2003, 126쪽.
108) 『조선일보』 1928년 2월 5일, 「晋州靑盟執行委員會」.
109) 『중외일보』 1926년 12월 6일, 「晋州 思想團體 同友會의 革新」.
110) 『자유신문』 1947년 3월 21일, 「南勞黨 晋州支部」.

객이었다. 언급한 대로 계급투쟁론 등을 강연하다가 여러 차례 강연회 현장에서 체포되었다. 광복 후 정치인으로 변신하여 1950년대 진주에서 두 차례에 걸쳐 야당 후보로 총선에 출마했다.[111]

김호종은 진주청년회에서의 행적과 이력을 확실히 알 수 없다. 진주청년동맹과 함께 진주농민조합의 지도부로 활동했다. 1931년 진주지역에 혁명적 농민조합의 결성을 시도하다가 구속되었다.[112] 정창세는 진주 출신으로 니혼(日本)대학을 중퇴하고 청년운동을 시작으로 지역에서 활동한 인물이다. 1927년 신간회 진주지회 초대 간사를 역임했다. 진주청맹 해체 후 경기도에서 조선공산당 전위동맹 조직에 관여하다 체포되었다.[113]

빈태문은 1906년 진주 출생으로 이후 진주농민조합과 조선공산당 재건 국내공작위원회에서 활약하다 피체되었다. 최돈은 진주청맹에서의 활동이 가장 왕성했던 인물 중 하나이다. 후술할 조선청총 경남연맹 제1회 대회를 진주에서 개최하였고 대회 직후 출판법 위반으로 검거되었다. 출옥 후 그는 진주산업진흥사라는 공예품 제작사를 진주에 설립하여 운영하였다.[114] 광복 후 진주에서 거주하였던 그는 요주의 인물로 경찰의 감시 대상이었다. 1947년 11월 무허가 집회 혐의로 진주경찰서에 강제 구인 되어 심한 고문을 받았고 이 사실이 언론에 보도되었다.[115]

하진은 재만동포옹호 진주동맹 발기인으로 활동하였고, 김연호에 이

111) 『동아일보』 1957년 10월 31일, 「選擧無效訴訟提起 柳德天氏」.
112) 『동아일보』 1931년 5월 25일, 「晉州農組委員長 金好宗押送」.
113) 「秘密結社朝鮮共産黨京畿道前衛同盟會檢擧二關スル件」, 京鍾警高秘 제52895호, 1930, 『思想二關スル情報』, 1932.9.2, 국사편찬위원회.
114) 『중외일보』 1930년 1월 11일, 「工藝振興目標의 晉州産業振興社」.
115) 『자유신문』 1947년 11월 15일, 「拷問으로 重傷, 晉州署의 不祥事」.

어 진주청맹위원장을 지냈다. 그는 간부 중에서 경찰의 주목을 가장 많이 받은 인물이었다. 하동청년동맹사건과 진주학생시위운동에 연루되어 두 차례 구속되었다.[116] 강두석은 1892년 진주 출생으로 진주재외학생친목회 집행위원을 거쳐 진주청총에 합류하였다. 이후 신간회 지회에서 활동하였고 진주농민조합 위원장을 지냈다. 1920년대 후반 진주의 대표적인 활동가였다. 1932년 역시 혁명적 농민조합 건설을 시도하다가 검거되어 1년형을 선고받았다.[117]

김기태는 진주청총 가입 후 진주노동연맹에 중복 활동하였으며 신간회 진주지회 상무위원을 지냈다. 그 역시 최돈과 함께 조선 청총 경남대회 후 출판법 위반으로 구속되었다. 1930년부터 위원장 하진을 대신하여 진주 청총 대표로 중앙의 부, 군 회의에 참석했다.[118] 김상우는 진주 청맹 소년부에서 줄곧 활동하였다. 청맹 해체 후에는 진주노총 집행위원을 거쳐[119] 1932년 조선중앙일보 진주지국 기자로 변신했다.

위의 인물은 강두석을 포함해 대개 20대 중반의 신진들이었다. 진주청년동맹을 기반으로 지역사회운동에 투신한 활동가들이다. 진주청년회 초기부터 활약한 사회주의자들은 전면에 나타나지 않는다. 이는 물론 연령제한이 일차적 이유지만 제2차 조공사건으로 거물급 간부들이 검거되었던 영향도 있었을 것이다. 하지만 청맹의 조직과 이후의 운영과정에서 이들이 차지했던 비중은 여전히 컸다. 초기 진주지역 사회주의자 중에서는 일정한 재력과 학력을 갖춘 자산가들이 많았다.

3 · 1운동 이후 이들은 진주청년회, 진주노동공제회 등의 활동으로

---

116) 『동아일보』 1929년 11월 29일, 「晋靑委員長 河振氏 被檢」.
117) 『중앙일보』 1933년 2월 27일, 「晋州赤色農祖 最高三年 求刑」
118) 「靑總府代表者二關スル件」, 京鍾警高秘 제7363호, 『思想二關スル情報綴第6冊』, 1930, 국사편찬위원회.
119) 『중외일보』 1931년 6월 12일, 「晋州勞總定期大會」.

인지도를 높이고 대중적 역량을 쌓아갔다. 진주청년회 해산 후 일선에서 물러나는 모습을 보이지만 청총 신지도부가 구성되고 활동방침이 정립되는 과정에서 이들이 행사한 영향력은 압도적이었다. 이는 비슷한 시기에 결성된 진주농민조합의 경우도 마찬가지였을 것으로 생각된다. 초기 사회주의자들이 지역에서 유지했던 사회경제적 배경은 1920년대 진주에서 사회주의 운동이 순조롭게 착근할 수 있던 이유 중 하나이다.

3. 진주청년동맹의 활동

1928년 1월 조직된 진주청년동맹은 1931년 해소될 때까지 통일적 청년운동을 전개했다. 진주 청맹의 활동은 지부설립, 타 사회단체와의 공동전선 형성, 학생운동의 지도, 선전교양활동 등으로 나누어 볼 수 있다.

진주청맹은 결성 당시 지부설립에 관한 사항을 공식적으로 천명하지는 않았다. 그러나 창립 후 진주(면)지부의 설립을 즉각 결정하고 2월 9일 설립대회를 개최했다.[120] 그런데 100여 명의 회원이 소집된 이날 회의는 의안과 일정을 둘러싸고 회원 간에 치열한 논쟁이 벌어졌다. 또 결의안 다수가 경찰에 의해 삭제되는 사태를 겪었다. 동시에 진주청맹 정기대회 기일을 두고 회원들의 반대가 속출하는 등 내홍을 겪었다.

결국 매년 1월 대회를 개최하는 것으로 결정하고 경제, 정치, 사회적 요구의 3가지 토의사항을 통과시킨 후 폐회되었다.[121] 진주 지부는 이후 조직을 10구로 나누고 위원 3인을 선출하여 南鮮축구대회에 출전하는 등 1928년 후반까지 활동을 이어갔다.[122] 진주에 이어 동년 8월 14일

---

120) 『동아일보』 1928년 2월 12일, 「晋州靑年同盟晋州支部設立」.
121) 『동아일보』 1928년 2월 12일, 「晋州靑年同盟晋州支部設立」.

에는 반성(면) 지부가 역시 창립되었다.[123] 진주청맹과 지부가 조직되는 과정에 당시 경찰이 노골적인 탄압을 보인 흔적은 없다. 하지만 창립과 함께 추진했던 벽신문의 간행을 불허하고[124] 지회의 결의안 일부를 삭제하는 등 감시와 검열의 움직임은 처음부터 보이고 있었다.

지부 설치와 함께 진주청맹은 타 사회단체와의 공동전선 형성에 주력했다. 1929년 3월 경성 천도교 기념관에서 열린 근우회 경성지회 정기대회에 투쟁 독려 축문을 보냈다.[125] 지역에서는 신간회와 연대하여 같은 해 4월 시민체육대회를 개최하였다.[126] 창립 직후인 1928년 3월 10일에는 청맹, 신간, 노동, 농민회 위원 35인이 연석회의를 열어 지역 현안을 토의했다. 여기서 논의된 안건은 극빈 사회운동자의 최저생활 보장에서 전기료 인하와 같은 일상이익, 그리고 노동 · 농민단체의 회관 건립문제에 이르는 포괄적인 사항이었다.[127]

이 중 사회운동가 생계대책을 위해 한 달 뒤 각 사회단체의 발의로 濟難會가 만들어졌다. 그리고 인쇄공장, 활동사진반 등 회의 부대사업을 통해 빈곤 사회운동가들의 생활을 지원한다는 계획까지 수립되었다.[128] 그러나 제난회는 창립 보름도 지나지 않은 3월 24일, 위원장 장두관이 구금되고 사무실을 압수, 수색당한 뒤 경찰의 압력으로 해산되고 말았다.[129]

---

122) 『동아일보』 1928년 10월 23일, 「晋州靑年支部」.
123) 『조선일보』 1929년 8월 14일, 「晋靑班城支部設立大會開催」.
124) 『조선일보』 1928년 2월 5일, 「晋州靑年同盟'뭇소리'續刊」.
125) 「槿友會 京城支會 定期大會二關スル件」, 京鍾警高秘 제3506호, 『思想問題二關スル調査書類』, 1929, 국사편찬위원회.
126) 『동아일보』 1929년 4월 7일, 「晋州市民大會 新幹會晋州支會와晋州靑年同盟兩團體聯合主催」.
127) 『중외일보』 1928년 3월 13일, 「四團體委員聯席重大決議」.
128) 『중외일보』 1928년 3월 15일, 「社會運動者生活保障機關 濟難會를 創設」.
129) 『중외일보』 1928년 4월 11일, 「當局의 强勸으로 晋州濟難會解體」.

또한 진주청맹은 1928년 4월 29일 조선 청총 경남연맹 제1회 대회를 동맹회관에서 주최했다.[130] 이 대회는 개최 전부터 시작된 경찰의 감시와 간섭으로 개회 자체가 불투명한 상황이었다. 앞서 4월 8일 진주청맹은 임시대회를 열어 연맹대회 준비와 조직 정비에 관한 내용을 점검했다. 여기서 논란이 있었던 기독청년의 가입문제는 당분간 유보하기로 했으며 여성, 청년형평단체는 조속히 가입시키기로 결정했다. 또 무산아동 무료치료소 설치와 진주향교 재산처리문제 등 지역 현안이 토의되었다.[131]

이어 4월 13일 경성에서 열린 청총 확대위원 간담회에 김계영을 파견하여 개최 준비를 협의했다.[132] 청총 경남도연맹대회는 경찰의 엄중 경계 속에 진행되어 총 8개의 의안과 행동강령이 발표되었다.[133] 그러나 일주일 뒤 진주경찰서는 통과된 의안의 배부를 문제 삼아 도 연맹 간부 수 명을 검거하고 의안 인쇄본을 압수했다. 피검된 인사들은 진주청맹을 비롯한 도내 각 군청맹의 임원들이었다. 진주청맹은 체포를 면한 지역 간부들을 소집하여 대책을 강구했다.[134] 이처럼 당시 경찰은 합법적 영역에서 진주청맹의 조직과 지부 설치를 용인하면서도 그 동향에 대해서는 주시와 방해를 계속했던 것이다. 그리하여 1928년 8월에 와서는 항례적인 支會의 정기총회마저 모호한 이유로 금지시키기에 이른다.[135]

---

130) 『중외일보』 1928년 5월 3일, 「朝鮮靑總慶南道聯盟大會」.
131) 『중외일보』 1928년 4월 11일, 「朝鮮靑總慶南道聯盟大會」; 『조선일보』 1928년 4월 14일, 「晉州靑年同盟臨時大會開催」.
132) 「朝鮮靑年總同盟擴大委員懇談會二關スル件」, 京鍾警高秘 제4687호, 『思想問題二關スル調査書類』, 1929.
133) 『동아일보』 1928년 5월 2일, 「慶南道靑聯第1回大會」.
134) 『중외일보』 1928년 5월 15일, 「慶南道聯盟各地幹部를檢擧」.
135) 『중외일보』 1928년 8월 22일, 「晉州靑盟定總禁止」.

이와 함께 진주청맹은 당시 청년운동의 과제 중 하나였던 학생운동의 지도에 적극 임했다. 우선 1928년 8월 3일 경성과 동경에 거주하는 진주학생들의 학우대회를 개최했다. 학우회를 在京과 在東京으로 분리하여 각기 임원을 선출하고 정기 체육대회를 실시하는 등의 사업계획이 토의되었다. 내용 중에는 학우회와 지역사회의 연계, 도서관 설립에 관한 건 등이 포함되어 있다.136) 같은 달 12일에도 진주청맹을 비롯한 근우회, 농민조합, 형평사, 신간회 등 각 단체의 대표가 학우간담회를 개최하여 학생들에게 지역사회운동의 현황과 과제를 전달했다.137)

이로 인해 1930년 1월 17일, 광주학생운동의 여파로 진주에서 학생시위운동이 폭발하자 진주청맹은 경찰에 의해 즉각 배후로 지목되었다.138) 이 날 학생운동은 오전 9시 진주고등보통학교와 일신여고보생 500여 명이 만세를 부르며 시위를 단행하는 것으로 촉발되었다. 이어 진주제일, 제이공립보통학교 시원학교, 양잠전습소 학생들이 연쇄적으로 가담하여 규모가 확산되었다.139) 운동의 양상은 이후 동맹휴학, 격문살포의 형태로 전환되었는데 당국은 시위발발 단계부터 진주청맹을 주목했던 것으로 보인다.

1월 17일 시위를 진압하고 '진주학생동맹' 명의의 격문을 압수한 뒤 경찰은 진주청맹위원장 하진과 유덕천, 강위경 3명을 구속했다.140) 당일 학생 검거가 한 건도 없었음에 비해 청맹 간부 3인을 전격 체포하였

---

136) 『중외일보』 1928년 8월 7일, 「在外晉州學友大會開催」.
137) 『중외일보』 1928년 8월 19일, 「晋州學友懇談會」.
138) 진주지역은 광주학생운동 이전인 1927년부터 동맹휴학을 이용한 학생운동이 시작되었다. 특히 1928년 7월 진주고등보통학교와 진주농업학교가 단행한 연맹 맹휴는 항일 학생운동사에서 주목할 만한 사례였다는 평가가 있다(鄭世鉉, 『抗日學生民族運動史研究』, 一志社, 1975, 270쪽).
139) 진주시사편찬위원회 편, 『진주시사』 상, 904~905쪽.
140) 『중외일보』 1930년 1월 19일, 「晋州學生同盟名義로 檄文을 多數撒布」.

다는 것은 학생시위운동에서 진주청맹의 역할을 진주경찰서가 어떤 시각으로 파악하였는지 알려주는 사실이다.[141] 이어 1931년 2월 17일 진주농업학교가 전체 학년 맹휴에 돌입했을 때도 청맹위원장 신태민을 비롯한 위원 4명이 검거되었다.[142]

1930년 진주학생운동을 진주청맹이 지도했거나 조종했다는 명확한 증거는 없다. 그러나 언급한 대로 청맹은 학우회 조직과 지속적으로 접촉하여 이들에게 사회주의 사상을 전파하고 학습시켰다. 또 재외학생회 조직을 꾸준히 관리하여 그들과 지역학생들 사이의 매개 역할을 하였다. 같은 해 3월에는 진주고보생들이 격문을 살포하며 '진주학생동맹'이라는 명칭을 사용했다.[143] 이러한 정황에 따라 일제는 학생운동 초기부터 진주청맹을 주목하고 철저한 수사를 가했던 것이다.

청년단체들은 1926년 후반부터 교육과 선전 교양활동의 일환으로 기관지 회보 및 벽신문, 산신문을 발행했다. 이들은 정치, 경제, 사회에 걸친 다양한 문제들을 회원과 일반대중에게 쉽게 이해시키기 위한 수단이었다.[144] 진주청맹은 출범과 함께 벽신문의 간행을 계획했으나 허가를 받지 못했다. 이에 청맹은 과거 진주청년회가 제작하였던 '뭇소리'를 속간해 기관지로 대신하기로 하고 발행을 기획했다.[145] 그러나 이 계획마저 2월 12일 청맹위원회에서 발간 중지가 결정되어 수포로 돌아가고 말았다.[146] 벽신문 발행을 불허했던 당국의 방해가 기관지까지

---

141) 그러나 이들 3명은 검사국으로 이송된 후 전원 불기소 처분을 받고 2월 20일 석방되었다(『중외일보』 1930년 2월 24일, 「晋州學生事件 首謀 六名起訴」). 수사 당국은 진주 청맹과 학생 운동 간의 관련 증거를 찾지 못한 것이다.
142) 『동아일보』 1931년 3월 3일, 「晋州活動 七名을 檢擧」.
143) 『중외일보』 1930년 1월 19일, 「晋州學生同盟名義로 檄文을 多數撒布」.
144) 박철하, 『청년운동』, 독립기념관 한국독립운동연구소, 2009, 90쪽.
145) 『조선일보』 1928년 2월 5일, 「晋州靑年同盟 '뭇소리' 續刊」.
146) 『조선일보』 1928년 2월 16일, 「晋州靑年同盟第四委員會」.

이어진 것으로 보인다.

이처럼 진주청맹이 전개했던 선전 교양활동은 시작부터 제약을 받았다. 타 지역에서 활발했던 야학회, 독서회, 강연회 등의 활동이 두드러지지 않았던 이유도 그 때문이 아닌가 한다. 하지만 그 같은 조건에서도 진주청맹은 운동회,[147] 웅변대회,[148] 외국어 강습회[149] 등 청년을 대상으로 한 교양활동을 산발적으로 추진했다. 이에 따른 경찰의 방해도 가중되어 일상적인 임원 야유회마저 금지되고[150] 1929년 11월에는 일반집회뿐 아니라 소년소녀 懸賞 동화대회까지도 불허되기에 이른다.[151] 또 회관사용 문제로 성명을 내었던 김기태, 박영환 등 간부들이 출판법 위반으로 체포되기도 했다.[152] 임시대회에서 결정되어 1930년 12월 6일 열리기로 한 강연회 역시 '안녕 질서를 문란케 할 우려'가 있다는 이유로 금지되는 등 진주청맹에 대한 당국의 탄압은 1930년 후반에 와서 극점에 이르게 된다.[153]

공개적인 활동이 사실상 불가능한 상황에서 경남 도연맹이 조선 청총의 해소를 결의하자 진주청총은 이를 즉각 수용했다. 경남 지역에서도 김해와 밀양이 초기 반대 의사를 표명한 것과 달리 진주는 시종 도연맹의 해소론을 지지하는 입장이었다. 경남도청맹은 1931년 2월 조선청총의 해소와 신간회 본부 분규에 관한 문제를 토의하였다.[154]

147) 『중외일보』 1929년 4월 15일, 「晉州市民運動大會 來二十一日에」.
148) 『중외일보』 1929년 7월 14일, 「懸賞雄辯大會」.
149) 『중외일보』 1929년 10월 19일, 「晉州靑盟에서 露語講習會開催」.
150) 『중외일보』 1929년 10월 13일, 「晉州靑盟主催 園遊會禁止」.
151) 『조선일보』 1929년 11월 26일, 「治安妨害라고 童話大會禁止 진주에서」.
152) 『조선일보』 1930년 10월 8일, 「出版違反으로 幹部를取調」.
153) 1931년 1월 29일 계획하였던 창립 3주년 기념식마저 진주 경찰서 고등계의 지시로 금지되는 등 사실상 이 시기에 오면 활동 자체가 불가능한 상황이 된다(『동아일보』 1931년 2월 3일, 「靑盟記念式禁止」).
154) 『동아일보』 1931년 2월 10일, 「慶南道靑盟緊急委員會」.

다음날 회의에서 발표된 해소 결의안은 알려진 대로 "非무산 계급집단으로서 청총의 無가망성"을 지적하고 "노동, 농민층으로 합류와 最좌익적 투쟁"을 강조한 이른바 '전투적 해소론'을 내용으로 하고 있었다.[155] 이를 토대로 경남도청맹은 지역청맹의 해소운동을 지도했고 진주청맹은 즉시 해소를 결정한 것이다.[156] 이에 따라 1931년 4월 진주농민조합에 청년부가 설치되고[157] 진주청맹의 조직과 활동은 종료되었다.

Ⅳ. 맺음말

3·1운동 직후 등장한 진주지역 청년단체들은 청년운동의 전국적 확산과 더불어 지역에서 대중운동을 전개했다. 진주의 청년운동은 대략 세 단계의 흐름을 거치며 추진되었다.

먼저 1920년 등장한 청년단체들이 진주청년회를 중심으로 문화계몽운동을 전개한 1920~1923년까지를 제1기로 볼 수 있다. 이 시기에는 面단위 청년결사와 종교계열 단체들이 활발히 결성되었다. 그 중 몇몇 선도적인 단체는 약세 단체의 인력과 부서를 흡수하거나 병합하는 방식으로 세를 신장시켰다. 진주청년구락부와 광진체육회를 통합한 진주청년회가 대표적인 예다. 이 단체는 1921년 4월 위원제로 조직을 변환시키는데 이는 진주뿐 아니라 전국적인 차원에서도 가장 빠른 시도였다. 그리고 진주청년친목회와 같이 대한민국 임정과 연계된 단체도 존재했다. 이 역시 초기 청년운동사에서 흔치않게 발견되는 경우다.

---

155) 『동아일보』 1931년 2월 14일, 「靑年總同盟 解消를決議」.
156) 『동아일보』 1931년 3월 27일, 「靑總解消決議」.
157) 『동아일보』 1931년 4월 10일, 「晋州農組新任委員會」.

진주지역 청년운동은 1924년을 전후로 새로운 국면에 들어선다. 이 시기는 도청 이전 반대운동을 시작으로 하는 주민운동이 지역에서 역동적으로 전개되는 시점이었다. 청년단체들은 지역 현안에 적극 개입하여 대중적 역량을 강화했다. 한편 '同友社'와 같은 사상 연구기관을 설립하여 이념화 작업도 병행했다.

지역사회의 고조된 열기와 사상단체를 동력으로 청년운동에서 사회주의 세력이 표면에 나타난다. 군, 부 청년연맹의 결성 움직임에 연동해 진주청년연맹, 진주노동청년회, 진주여자청년회와 같은 사회주의 청년단체들이 등장한 것이다. 사회주의 진영이 운동의 주도권을 장악한 시점을 이 시기로 볼 수 있다. 하지만 이러한 변화에도 불구하고 이듬해인 1926년에 와서 진주지역 청년운동은 오히려 침체되는 양상을 보인다.

이는 선도 단체인 진주청년연맹이 당시 지도자 사이에 내재했다는 감정대립, 제2차 조선공산당 사건으로 인한 핵심인사들의 피검 등의 내, 외적인 문제로 통일적인 활동을 진행하지 못했기 때문이었다. 이에 진주청년회의 주도로 지역 청년운동의 재기를 모색하는 움직임이 1927년 초에 시작되었다. 이 시점부터를 진주지역 청년운동의 제 3기로 규정할 수 있다.

운동의 질적 전환을 선포한 진주청년회는 적극적인 대외활동과 함께 '단일화'를 명분으로 사회주의 단체들을 흡수했다. 이후 이 사업의 성공과 군, 단일 청년동맹의 결성 방침에 따라 진주청년회의 해체와 진주청년동맹의 결성이 순조롭게 이루어졌다. 즉 청년연맹 해체, 청년동맹 조직이라는 일반적 경로와 달리 진주청년회로의 통합과 해체과정을 거쳐 청년동맹이 성립되는 예외적 경우를 보여주는 것이다. 특히 이러한 혁신의 과정에서 민족주의 세력이나 유지들과의 충돌, 혹은 갈

등의 흔적이 별반 보이지 않는다. 여기에는 일본과 가깝고 유학생의 왕래가 잦아 사회주의 수용이 유리했다는 지역의 이점도 작용한 것으로 보인다.

진주청년동맹은 이후 혼선 없이 郡단일 동맹으로서의 역할을 충실히 수행하였다. 창립 초부터 일제의 감시와 검열이 지속되는 상황에서도 面지부를 설치하고 신간회를 비롯한 타 단체와 공동전선을 형성하여 지역사회운동을 전개하였다. 간담회와 학우대회를 통해 학생운동을 지도하고 학생들의 의식 함양에 치중하였다. 그로 인해 1930년 진주학생운동이 폭발하자 진주청맹은 배후로 지목되어 간부 다수가 검거되었다. 다만 독서회, 강연회 등의 선전교양 활동이 두드러지지 않는데, 이는 기관지 발행부터 시작된 당국의 방해와 탄압이 일반집회에까지 가중되었기 때문이었다. 예컨대 懸賞 동화대회 같은 교양활동은 물론 일상적인 임원 야유회조차 불허되었고 성명서 발표까지 위법처리되었다. 간헐적으로 운동회, 강습회 등을 개최했지만 1930년 후반에 와서는 공개적인 활동이 거의 불가능한 국면에 이르게 된다.

이러한 상황에서 진주청맹은 경남 도연맹이 조선청총의 해소를 결의하자 이를 즉각 수용했다. 그리고 지역 농민조합과 연대하여 자체조직의 해소 작업에 착수했다. 이에 따라 1931년 3월 진주 농민조합에 청년부가 설치됨으로 진주청맹의 조직과 활동은 종료되었다.

살펴본 대로 3·1운동 이후 등장한 진주지역 청년단체들은 부침을 거듭하며 1920년대 지역청년운동을 이어갔다. 문화운동에서 출발해 사회주의 수용 후 운동의 질적인 전환이 이루어졌다. 일시적으로 침체의 양상을 보인적은 있으나 비교적 세대, 계층 간의 알력 없이 중앙의 정세와 지역 현안에 따라 조직을 변천시키며 활동했다. 초기에는 진주청년회, 후기에는 진주청년동맹이 중심이었다. 청년운동은 인물과 방향,

노선 모든 면에서 진주지역 민족운동을 선도했다. 전체 지역청년운동 사에서도 모범적인 사례였다 할 수 있을 것이다.

제4장
진주지역 천도교의 성장과 민족운동

Ⅰ. 머리말

한국민족운동사에서 천도교의 역할은 컸다. 동학에서 재편된 천도교단은 19세기 후반 이래의 역사적 과제였던 민족문제의 선봉에 섰다. 20세기 초 문명개화운동과 실력양성운동을 거치며 축적된 역량은 3·1운동에서 절정을 이룬다. 민족운동의 고조기였던 1920년대에는 문화운동과 소년운동을 주도했다. 부문운동과 민족협동전선에서도 중요한 역할을 수행했다. 민족운동전선이 분화되는 과정에서 타협적 세력과 비타협적 세력으로 노선을 둘러싸고 신, 구파로 양분되기도 했지만 어떤 지점에서도 민족문제를 회피하거나 외면한 적이 없다.

천도교에 대한 연구는 관련 자료가 발굴되고 근·현대사 연구의 시각과 방법이 확장되는 1990년대 초반부터 집중되었다. 그 성과는 2000년대 와서 연구자들의 저술로 정리되어 일제하 천도교가 추진하였던 민족운동에 관한 많은 업적이 발표되었다.[1] 그러나 지역사로서

---

1) 개별 논문은 생략하고 주요 저서만 소개하면 다음과 같다. 천도교청년회중앙본부, 『天道敎靑年會八十年史』, 2000 ; 조규태, 『천도교의 문화운동론과 문화운동』, 국학자료원, 2006 ; 조규태, 『천도교의 민족운동 연구』, 선인, 2006 ; 김정인, 『천도교 근대민족운동 연구』, 한울, 2009 ; 황선희, 『동학·천도교 역사의 재조명』, 모시는사람

의 천도교, 즉 지역교구의 성립과 활동에 관한 연구는 그다지 활발하게 이루어지지 않았다. 이는 천도교의 교세가 이북지역에 강했다는 사실과 함께 지방교구의 경우 주로 3·1운동의 역할에 관심을 두었기 때문이 아닌가 한다.[2] 따라서 3·1운동에서 일정한 역량을 보이지 못한 교단은 연구대상으로 주목받기 어려웠던 것으로, 이 글에서 다루고자 하는 진주의 천도교가 여기에 속하는 사례로 보인다. 이곳의 천도교가 3·1운동에서 능동적인 모습을 보이지 못한 것은 사실이다. 하지만 그 점만을 지적해 진주 지역사에서 천도교가 지니는 의미를 축소시킬 수는 없다고 생각한다.[3]

동학에서 발전한 진주지역 천도교는 민회운동을 거쳐 1906년 경남 유일의 대교구로 성립되었다. 지역 동학의 1세대들이 주도했던 진주 대교구는 열악한 조건하에도 교단을 정비하고 임원을 구성하여 교맥을 이어갔다. 만족할 만한 교세의 신장은 이루지 못했으나, 1910년대 유지되었던 교구의 기반 위에 3·1운동을 거칠 수 있었다. 그리고 민족운동의 시대인 1920년대에 와서 잠재력을 폭발하며 지역사회운동의 전

들, 2009 ; 이동초, 『천도교 민족운동의 새로운 이해』, 모시는사람들, 2010 ; 성주현, 『식민지시기 종교와 민족운동』, 선인, 2012 ; 『근대 신청년과 신문화운동』, 모시는 사람들, 2019.

2) 이남 지방의 천도교에 대한 연구는 수원, 경기지역이 두드러진다. 성주현, 「1920년 대 경기지역의 천도교와 청년동맹 활동」, 『경기사학』4, 2000 ; 조성운, 「일제하 수 원지역 天道敎의 성장과 민족운동」, 『京畿史論』4·5 합집, 2001 ; 조규태, 「일제하 경기도지역 천도교의 민족운동」, 『일제하 경기도지역 종교계의 민족운동』, 경기문 화재단, 2001.

3) 이 지역 천도교의 활동은 이를 분석한 단일 논문도 없지만 시, 도가 발간한 향토사 서에서도 소홀히 다루어 졌다. 1988년 편찬된 "慶尙南道史"는 경남의 천도교에 관해 진주에 대교구가 설립되었으나 일진회로 인해 그 세가 크지 않았다는 사실만 간략 히 적시하였다(慶尙南道史編纂委員會, 『慶尙南道史』, 1988, 2865쪽). "晋州市史"에는 불교, 기독교, 원불교 등 諸종교의 진주 전래과정이 소략하나마 기술되어 있다. 그 러나 진주의 천도교에 대해서는 전혀 언급이 없다(晋州市史編纂委員會, 『晋州市史』 下, 1994, 314~320쪽).

면에 등장한다.

3·1운동으로 제고된 영향력과 역량을 바탕으로 진주지역 천도교는 성장을 거듭했다. 행동의 전위대인 청년단체를 연이어 신속히 조직했다. 지역의 신진 활동가들이 가담하여 교구에 활력을 불어넣고 체질을 개선시켰다. 2세대 교인을 중심으로 지도부의 세대교체도 이루어졌다. 신장된 교세를 기반으로 교단과 교인들은 민족운동을 선도하고 추진했다.

1920년대 진주지역의 문화운동은 상당부분 천도교에 의해서 수용, 전파되었다. 소년운동의 요람인 지역에서 천도교는 '소년을 위한' 어린이 운동을 실천했다. 천도교 지도자들에 의해 진주의 '어린애'들은 '어린이'로 거듭날 수 있었다. 사회주의 진영이 장악한 청년·노동·농민 운동에서 천도교인들은 개인적으로 참여하여 고군분투했다. 따라서 진주지역 천도교단의 성립과 변천, 그들이 전개하였던 민족운동의 내용을 분석하는 것은 지역 천도교사뿐 아니라 진주지역 민족운동사의 지평을 넓히는 데도 의미 있는 시도라 생각된다. 이러한 점에 유념하여 다음의 순서로 진주지역 천도교의 활동을 살펴보고자 한다.

먼저 진주지역에 동학이 전래되는 경위와 시점에 관해 기존 연구[4]의 바탕에서 약간의 새로운 견해를 제시해 보았다. 두 번째, 민회운동이 진주지역에서 전개되는 양상을 추적하고 이를 거쳐 천도교 진주교구가 성립되는 과정을 밝혀 보았다. 더불어 1910년대 진주대교구에 봉직했던 임원을 발굴하여 그 구성을 알아보았다. 세 번째, 3·1운동에서 진주지역 천도교의 역할과 한계를 설명하고 그 원인을 찾아보았다. 마

---

4) 진주지역 동학의 활동에 관해서는 김준형, 「서부경남지역의 동학군 봉기와 지배층의 대응」, 『慶尙史學』 7·8, 1992과 이 논문을 보완한 김준형, 「진주 인근에서의 동학군 봉기」, 『진주 농민운동의 역사적 조명』, 역사비평사, 2003이 있다.

지막으로 3·1운동 이후 진주지역 천도교의 성장과 그들이 추진했던 대중운동의 내용을 정리하였다. 이상을 통해 일제강점기 진주지역 천도교가 추진하였던 민족운동의 실체를 밝히고 그 위상을 자리매김 하고자 한다.

II. 진주지역 동학의 전래

진주지역에 동학이 전래된 과정을 살필 수 있는 명확한 자료는 없다. 보은집회 당시 진주접에서 참여했다는 기록을[5] 토대로 1893년 이전 교단이 만들어졌을 것이라 추정할 뿐이다. 하지만 "진주는 富豪가 많고 일반인의 氣槪도 높아 동학당 봉기 때는 책원지가 되었다"는 회고[6]가 있어 그 세가 만만치 않았음을 짐작케 한다. 그런데 1862년 진주 접변의 固城에 접소가 설치되어 성한서가 접주로 임명된 사실이 있다.[7] 진주가 위치한 경남서부지방은 이 시점에 동학의 초기 조직이 만들어진 것으로 보인다. 그러나 진주지역으로 교세가 확장되지는 못하였다. 같은 시기 폭발한 진주농민항쟁의 여파로 관의 감시가 강화되는 상황에서 더 이상의 파급을 기대하기는 어려웠을 것이다. 이후 이 지역 동학은 백낙도에 의해 진주 서쪽의 德山을 중심으로 세력을 형성하게 된다.[8]

덕산에 동학이 전파된 경위에 대해서는 두 가지 설이 있다. 첫째는 이곳에 동학을 직접 전도한 인물을 최제우로 보고 백낙도도 1862년 최

---

5) 國史編纂委員會 編, 『東學亂記錄』 上, 探求堂, 1971, 125쪽.
6) 勝田伊助, 「革新期の晋州を語る」, 『晋州大觀』, 1940, 15쪽.
7) 天道教史編纂委員會 編, 『天道教百年略史』 上券, 미래문화사, 1981, 96쪽.
8) 『주한일본공사관기록』 1, 68쪽, 京第36號, (15) 東學黨近況探問記, 1894년 6월 13일.

제우에게 도통을 전수받아 동학 촌을 건설한 것으로 파악하는 견해이다.[9] 이는 최제우가 1862년 잠행하였던 남원 隱寂菴이[10] 덕산과 지리적으로 가깝다는 사실과 백낙도가 "學于濟愚"했다는 栢谷誌의 기록[11]에 따른 것으로 보인다.

덕산에서 함양, 운봉을 거쳐 남원으로 이어지는 노선은 서부경남에서 호남으로 연결되는 주요 교통로였다. 고래로 이 길을 통해 양 지역의 교류와 이동이 활발했던 것은 사실이다. 하지만 1862년 최제우의 남원 행은 관의 주목을 벗어나기 위한 은거의 성격이 강했다. 은적암이라는 방명을 자작한 바와 같이 그는 여기서 8개월 동안 수도에 전념하였다. 그리고 그 과정은 '故鄕徒弟'한 사람도 아는 자 없었다.[12]는 표현처럼 비밀스러운 것이었다. 따라서 남원에서 그가 덕산으로 포교활동을 전개했다고 보기는 어렵다.[13] 여기에 1862년 당시 9세였던 백낙도의 연령(1853년생)을 감안하면 더욱 현실성이 없다 하겠다. 그러므로 '學于濟愚'의 '濟愚'는 자연인을 지칭하는 것이 아닌, '濟愚之學' 즉 동학을 의미하는 것으로 이해함이 옳을 듯하다.

때문에 덕산의 포교에 관해서는 두 번째 근거, 즉 백낙도가 '1892년 전라도 장수의 유해룡으로 부터 전수받고 포덕에 종사하여 덕산, 진주에 동학을 전파하였다'는 증언[14]이 보다 신빙성이 있는 것이다. 다만

---

9) 이윤갑, 「1894년 경상도지역의 동학농민전쟁」, 『동학농민혁명의 지역적 전개와 사회변동』, 새길, 1992, 149쪽.

10) 이돈화, 『천도교창건사』, 천도교중앙종리원, 1933, 29~34쪽.

11) 김준형, 「서부경남지역의 동학군 봉기와 지배층의 대응」, 8쪽.

12) 이돈화, 『천도교창건사』, 32쪽.

13) 다만 오지영은 은적암의 避禍가 전라도 포덕의 시작이며, 이 기간 동안 최제우가 여러 명의 제자에게 도통을 전수했다고 기록하였다. 하지만 그 역시 이를 傳說이라 전제하였고 포교지역도 무주, 남원, 담양에 국한되었다(오지영, 『東學史』, 1939, 亞細亞文化社, 1973, 32쪽).

14) 묵암 강화집 편찬위원회 편, 『묵암 신용구 강화집, 글로 어찌 기록하며』, 신인간사,

1892년은 덕산이 아니고 진주에 접소가 설치된 시점으로 생각된다. 덕산은 적어도 1870년 이전까지는 동학 세력이 존재하지 않았던 것으로 보인다. 그 같은 사실은 李弼濟가 1870년 이곳에서 시도했던 '晋州作變'의 과정에서 확인된다.

이필제와 동학의 관계, 그리고 1871년 '영해란'의 성격에 관해서는 다양한 견해가 있다. 교조신원이 부차적인 목적이었다 해도 영해란은 이필제가 동학의 조직과 세력을 동원하여 추진하였음이 분명하다. 그 과정에서 최시형과도 충분한 숙의를 거쳤다.[15] 하지만 불과 1년 전 그가 덕산에서 시도한 '진주작변'의 경우, 동학과의 연관성을 발견할 수 없다. 자택을 모의처로 제공한 정홍철은 물론, 성하담, 양영렬, 정만식 등 공모자 중에서 동학과 관련된 인물은 나타나지 않는다. 이들의 추국과정에서 동학은 언급되지 않았다. 진주작변은 '光陽亂'을 본보기로 이필제와 진주 인근의 몰락 지식인들이 계획한 병란이었다.[16] 이는 1870년을 전후한 시점까지 진주, 덕산 지역에 동학이 뿌리내리지 못하였다는 사실을 입증한다.

따라서 덕산에 동학 세력이 형성된 시기는 경전이 간행되어 교세가 전국적으로 회복되는 1860년대 중반 무렵으로 보아야 할 것이다. 동학의 경전은 최제우 순도 후 최시형과 제자들에 의해 문자화 되었다.[17] 이후 이를 복사, 교정하는 노력을 거쳐 1883년 2월과 5월, 충청도 목천에서 간행을 보게 된다. 경전의 간행에 탄력 받아 교세의 확장이 순조롭게 이루어진다.[18] 포교 초기 고성에 정착했던 경남 서부지역의 동학

2000, 477쪽.

15) 「崔先生文集道源記書」, 『東學思想研究資料集』 壹, 아세아문화사, 1979, 211~220쪽.
16) 윤대원, 「李弼濟亂의 硏究」, 『한국사론』 16, 1987, 157쪽.
17) 「天道敎會史草稿」, 『東學思想研究資料集』 壹, 411쪽.
18) 조성운, 「海月 崔時亨의 道統傳授와 初期布敎活動」, 『동학연구』 7, 한국동학학회,

은 공백기를 거쳐 교세가 회복되는 1880년대 중반, 덕산에서 세력을 이룬 것으로 보인다. 그리고 신용구의 증언과 같이 그 과정에는 전라좌도, 남접의 영향이 컸을 것이다. 동학의 수용과 농민운동의 전개과정에서 남해안의 경상우도와 전라좌도는 거의 같은 권역이었기 때문이다. 여기에 산중이 깊으면서도 토지가 비옥하고 덕천강이 조류하는 덕산의 입지도 교인들이 은거하기에 적합한 조건이었다.[19] 이후, 오지에서 형성되어 군현으로 전파되는 양상과 같이 덕산의 동학도 관아가 있는 진주로 전래되어 1890년 이후 진주에 접소가 설치된 것이다.

이 지역 동학의 중심인물 백낙도는 수원이 본관이며 고조 대에 경기도 양주에서 진주 남쪽 사천으로 이주했다.[20] 뒤에 일족은 덕산으로 이거하였고, 그는 이곳에서 동학의 세를 확장했다. 진주로의 포교도 백낙도가 주도한 것으로 보인다. 1894년 농민운동 당시 그가 지역에서 직접 기포한 것은 아니었다. 그러나 동학군의 활동이 본격화되는 4월에 덕산 지역도 관군의 대대적인 토벌이 가해졌다. 그 과정에서 백낙도는 덕유에서 체포되어 효수되었다.[21] 그가 처형된 후 봉기하였던 진주의 손은석, 단성의 임말룡, 사천의 윤치수 등은 백낙도로부터 직, 간접적으로 전수받은 동학의 지도자들이었다.[22]

백낙도와 동학의 관계는 그의 가문이 19세기 이후 덕산에 입향한 '新班'이었다는 사실과 연관 지어 생각할 수 있다. 세종실록지리지에 따르

2000, 14쪽.

19) 德山은 본래 산청군 삼장면의 한 마을 이름이었으나 조선 중기 이후 삼장, 시천 면을 통틀어 덕산, 혹은 덕산동이라 하였다(山淸郡誌編纂委員會, 『山淸郡誌』 下, 2006, 862쪽). 일제가 동학의 또 다른 거점으로 지목한 沙月은 덕산에서 북동쪽으로 떨어진 당시 단성현 원림 면에 소속된 마을이었다(『山淸郡誌』 下, 876쪽).

20) 김준형, 「진주 인근에서의 동학군 봉기」, 『진주 농민운동의 역사적 조명』, 73쪽.

21) 『주한일본공사관기록』 1, 發第 130, 131호, 6월 3일자 東學亂에 관한 速報, 1894년 6월 3일.

22) 이돈화, 「甲午運動」, 『천도교창건사』, 68쪽.

면 고려조까지 덕산이 포함된 당시 江城縣의 토성은 文, 宋, 呂, 李씨였다. 조선전기에 와서 避禍, 退官 등의 정치적 이유로 경주 김씨, 창녕 조씨, 밀양 박씨 등이 이곳으로 이주했다.[23] 덕산에서 말년을 보낸 남명 조식 사후, 지역 사림들은 덕천서원을 세우고 학파를 형성하여 중앙 정계에까지 영향력을 행사했다. 즉 고려조 분정된 토성가문과 조선전기 입향한 이주 성씨, 그리고 남명학파로 이어진 재지사족들이 조선후기 이 지역의 향촌세력을 이루고 있었던 것이다.

이들 '舊班'에 비해, 1800년대 중반 사천을 거쳐 덕산에 정착한 백낙도의 가계는 전형적인 '신반'으로 볼 수 있다. 앞서 언급한 '영해란'의 경우, 유력 가문의 서얼로 구성된 지역의 신반들이 동학의 평등사상에 영향 받아 주도했다는 사실이 밝혀진 바 있다.[24] 백낙도의 서얼 여부는 알 수 없으나 그의 일족이 동학을 수용하고 전파하는 과정은 향촌 사회에서 신분상승을 추구한 신향세력의 동향과 연결하여 이해할 수 있을 것이다.

1894년 동학농민운동이 폭발하자 경남서부 지역의 교인들도 이에 가담하였다. 진주의 교도들은 9월 2일(음력) "晉州初次掛榜"을 걸어 각 리의 이장들에게 평거 광탄진으로 집결할 것을 명하였다.[25] 이어 9월 10일에는 이임과 동장들에게 "再次私通"을 보내 농민들을 復興大牛峙(하동 금남, 인용자)로 동원할 것을 요구했다.[26] 같은 날에는 충경대도소의 이름으로 괘방을 내어 별도의 대회 소집을 시도하였다.[27] 이 대회는 당시 교도들에게 우호적이었던 진주 병사 민준호[28]의 교체 소식이 전

23) 『山淸郡誌』 上, 212~219쪽.
24) 장영민, 「1871년 寧海 東學亂」, 『韓國學報』 13, 1987, 111~117쪽.
25) 『주한일본공사관기록』 1, 139쪽, 晉州初次掛榜, 1894년 9월 30일.
26) 『주한일본공사관기록』 1, 140쪽, 再次私通, 1894년 10월 8일.
27) 『주한일본공사관기록』 1, 140쪽, 東學徒 掛榜, 1894년 10월 8일.

해지자 그 부당성을 호소하고 유임을 끌어낼 목적으로 준비되었다. 하지만 대회 후 동학교도들이 진주에서 직접 무력행동에 돌입하지는 않았다. 읍폐를 교정한다는 명목으로 민가를 부수고 동헌에 침입하는 행동을 보이지만 관은 이를 "行悖"의 수준으로 보았다.[29]

재차사통에서 부흥대우치, 즉 지금의 하동군 금남으로 집결할 것을 지시한 것으로 보아 진주의 교도들은 처음부터 하동 농민군과의 연대를 계획했던 것으로 보인다. 하동은 金仁培가 지휘하는 광양, 순천의 동학군에 의해 9월 2일 이미 점령된 상태였다.[30] 그리하여 9월 17일 하동에서 진격한 농민군 수천이 진주에 입성하였고 다음 날 김인배의 병력도 도착하였다. 이를 전후하여 남해, 고성, 사천 등지에서 다발적으로 봉기하는 등 경남서부지역의 농민항쟁은 절정을 이루게 된다.

한편, 이 지역에서 동학군의 활동이 본격화되자 정부는 池錫永을 토호사로 임명하여 일본군과 함께 진압하도록 조치하였다. 일제는 하동이 함락된 후 지역 정찰을 강화하고 병력 파견을 준비하고 있었다.[31] 결국 10월 14일, 부산을 출발한 일본군 3개 소대와 幕丁 150명은 대구에서 파견된 관군과 합류하여 고승산성에 집결해 있던 진주 동학군 400여 명을 초토했다. 이 전투로 진주의 동학군은 재기불능의 타격을 입었다. 하지만 잔존한 농민들은 영학당, 활빈당 등의 조직에 가입하여 대한제국 시기까지 여러 형태로 경남서부지역에서 봉기했다.[32]

28) 민준호는 여흥 민씨로 무과에 급제한 후 방어사와 경리청 영관을 지내고 1894년 정월 진주병사로 부임하였다. 그는 9월 8일 평거 광탄진 군중대회를 진압하지 않았고 하동부사의 원병 요청을 외면하는 등 농민군에게 동조하는 모습을 보이다가 해임되었다(이이화, 『발굴 동학농민전쟁인물열전』, 한겨레신문사, 1994년, 116~117쪽).
29) 김준형, 앞의 논문, 82쪽.
30) 黃玹, 「梧下記聞」, 『東學農民戰爭史料大系』 1, 驪江出版社, 1994, 217쪽.
31) 『주한일본공사관기록』 1, 第197號, (11) 東學匪徒의 河東攻擊에 따른 巡査·兵力派遣問題, 1894년 10월 12일.
32) 『東學革命百周年紀念論叢』 下, 東學革命100周年紀念事業會, 1994, 41~42쪽.

Ⅲ. 천도교 진주교구의 성립과 추이

1. 교구의 성립과 임원 구성

1894년 농민운동이 실패하고 2세 교주 최시형이 처형됨으로 위기를 맞았던 동학은 이후 孫秉熙의 활약으로 재건되는 모습을 보인다. 손병희는 김연국, 손천민 등 자신과 반목했던 두령들을 영입하여 세력을 확충하였다. 이어 1900년 7월, 법대도주에 추대되어 교권을 장악하게 된다.33) 1904년 노일 전쟁이 발발하자 동경에 체류 중이던 손병희는 국내 동학교인들에게 문명개화운동으로의 노선전환을 명하였다. 그리고 자신은 보국안민의 이른바, '삼책'을 제시하였고 단발 실시도 하달했다.34)

이러한 운동의 추진을 위해서는 일정한 조직체, 즉 민회의 결성이 요구되었다. 이에 같은 해 7월 박인호, 홍병기, 이종훈, 엄주동, 나용환 등이 서울 모화관 산방에 모여 中立會라는 이름의 동학단체를 탄생시켰다.35) 이후 손병희는 일본에서 이 단체의 명칭을 進步會로 고치고 회의 취지, 강령, 규칙을 전송했다. 또 이용구에게 권한을 위임하여 운영을 주관하게 하였다. 진보회는 1904년 8월 29일 서울과 지방에서 개회를 선포하고 활동에 돌입했다.

이러한 흐름 속에서 진주지역도 1904년 9월부터 진보회 결성을 위한 움직임이 나타난다. 먼저 이 지역의 교인들은 진보회의 통문을 소개하여 그 취지를 알리고 회원모집에 이용했던 것 같다.36) 1904년 9월 25일

---

33) 『義菴孫秉熙先生傳記』, 義菴孫秉熙先生紀念事業會, 1967, 132~152쪽.
34) 이돈화, 『천도교창건사』, 43~44쪽.
35) 天道敎史編纂委員會 編, 『天道敎百年略史』, 346쪽.
36) 『황성신문』 1904년 9월 23일, 「晉州東徒」.

진주와 하동의 교도들이 집단으로 향교에 통문을 배부하고 군민을 설득한 후 자진 해산하였다.[37] 10월 초, 진주군 평거면에서는 동학 접주를 자처한 이관서가 역시 면민에게 통문을 배포하다가 체포되었다.[38]

이 같은 시도를 거쳐 늦어도 1904년 10월 초순에는 진주지역에 진보회가 조직된 것으로 보인다. 그리하여 10월 11일, 진보회 진주지회의 첫 집회가 이루어지게 된다. 진주 객사 앞에서 회원 백여 명이 집결한 이 대회는 그러나 관헌의 출동에 따라 즉각 해산되고 말았다. 이에 회원들은 객사 10리 밖에 본부를 설치하고 집회를 재개했으나 이 역시 "丙丁巡檢"에 의해 "逐送"되고 말았다.[39] 민회 활동에 대한 교인들의 의지와 이를 제지하고자 하는 관의 각축이 첨예하게 진행된 것이다. 일제 관헌문서에 나오는 당시 진주군 진보회의 구성은 다음과 같다.[40]

進步會 慶尙南道 晋州郡

會長　朴忠一　　士人	平議員　前主事　一人
副會長 韓鎭鎬　士人	同　　農人　士人
評議員　　　士人 四人	
一進會役員 總計 四十九人	進步會 役員　總計 八百八十四人
內　前官吏　　二十一人	內　前官吏　　二十二人
進士　　二人	前進士　　四人

37) 『대한매일신보』 1904년 9월 27일, 「진주동학」. 이 기사에는 이들이 전파한 통문이 일진회의 것으로 나와 있으나 정황으로 보아 진보회 통문이 틀림없다. 당시 신문 기사와 일제의 보고서에는 진보회와 일진회를 혼동한 경우가 많았다(성주현, 「자료해제」, 『갑진개화운동자료집』, 천도교중앙총부, 2005, 16쪽. 이하 『자료집』).
38) 『대한매일신보』 1904년 10월 8일, 「晋州郡報」.
39) 『황성신문』 1904년 10월 14일, 「晋州東會」.
40) 『주한일본공사관기록』 21, 韓駐參第五九八號, (34) 一進會現況에 관한 調査報告, 1904년 11월 22일.

士人　　　二十六人　　　　　　士人　　　四百三人

進步會 慶尙南道 晋州郡 會員合　一千四百人

　위 자료에 따르면 진주지회는 영남지역에 설립된 진보회의 유일한
지회이다. 따라서 1,400명이라는 회원 수는 진주군이 아니라 경남지역
전체의 인원으로 보아야 할 것이다. 회장 박충일은 경남 두령출신으로
鄭汝島와 함께 진보회 결성을 주도한 지역의 대표적인 동학 지도자였
다.[41] 회장에 오른 후 그는 정치 개선과 민의 생명, 재산 보호를 요청
하는 상서를 여러 번 제출했다.[42]

　한편, 진보회 운동과 같이하여 진주지역에서 일진회의 움직임도 나
타난다. 객사 대회에 앞선 10월 초, 일진회원을 자처하는 수백 명이 진
주에서 단발시위 운동을 전개하였다.[43] 며칠 후 이들은 당시 진주군수
의 탐학, 불법을 고발하는 통문을 작성하고 재차 집회를 열어 세를 과
시하였다.[44] 진보회의 등장에 즈음하여 지역에서 일진회의 활동도 시
작된 것이다. 그리하여 10월 22일, 양 단체가 통합되자 진주지역 회원
의 상당수가 일진회에 흡수, 합류한 것으로 보인다. 따라서 1905년 초
에는 진주와 인근 고성지방에서 일진회원들의 집회와 시위가 두드러
지게 나타난다.[45]

　같은 해 중, 후반에는 일진회 중앙본부와 지회가 모두 진주에 학교를
설립하여[46] 지역사회에 대한 영향력을 확대시켰다. 이 과정에 회원 일

---

41) 『황성신문』 1904년 11월 21일, 「捉審東會」.
42) 『황성신문』 1904년 1월 11일, 「上政府書」.
43) 「대한매일신보」, 1904년 10월 11일, 『자료집』, 27쪽.
44) 「대한매일신보」, 1904년 10월 20일, 『자료집』, 31쪽.
45) 『황성신문』 1905년 2월 21일, 「晋府進會」.
46) 일진회 중앙본부는 경남에서 유일하게 진주에 보통학교를 설립하였으며 학생 수는
　　35명이었다(『황성신문』 1905년 10월 5일, 「一進設教數」). 진주군 일진회도 1905년

부가 잡세 문제를 거론하거나 관헌을 구타하는 등의 행동을 보이지만 관은 대체로 설득, 혹은 방관하는 태도로 일관했다.[47] 오히려 민간에서 주로 폭행을 통한 反일진회 운동이 나타난다. 3월 30일 倡義會라는 단체가 진주 君子亭에서 집회 중이던 일진회원들을 습격하는 사건이 발생했다.[48] 일진회 지부의 자위단 활동도 이러한 상황과 연관 있는 것이다.[49]

1905년 12월 1일, 동학은 천도교로 교명을 바꾸고 교단을 구성하였다. 다음 해인 1906년 2월, 72개의 대교구를 책정하고 교령을 선정하였다. 여기에 진주출신 전희순이 50 대교구의 교령으로 임명되었다.[50] 천도교는 이어 일진회 세력을 축출하고 72 대교구를 기초로 동년 12월 6일, 23개의 지역 대교구를 설립하였다. 이때 진주는 영남에서 유일하게 대교구가 설치되어 전희순이 교구장으로 龍桂天이 대리에 보임되었다.[51] 따라서 진주지역 천도교단이 공식적으로 성립된 시점도 이때로부터 보아야 할 것이다.

초대 교구장 전희순은 진주 대접주 출신으로 동학군의 9월 기포 때 곤양, 덕산에서 활약했던 인물이다.[52] 동학의 민회운동이 시작되자 그는 박충일과 함께 경남지역 두령으로 참여하였다. 여기에는 이들 외에도 고승당산 전투에 참여하였던 경남서부지역의 동학 주역들이 대거

9월 학교를 건립하고 金吉煥을 교사로 초빙하였다(『황성신문』 1905년 9월 14일, 「晋會設校」).

47) 『황성신문』 1905년 6월 22일, 「晋州報告」.
48) 『주한일본공사관기록』, 26 公第六號, (5) 晋州一進會ノ動靜續報ノ件, 1905년 4월 10일.
49) 『주한일본공사관기록』, 26, 231쪽, (33) 自衛團組織狀況 調査委員報告 件, 1907년 12월 5일.
50) 李東初 編著, 『天道教會 宗令存案』, 모시는 사람들, 2005, 40쪽. 이 자료에는 全希淳으로 나오는데 '希'는 '熙'의 誤記로 보인다.
51) 李東初 編著, 『天道教會 宗令存案』, 104~105쪽.
52) 天道教史編纂委員會 編, 『天道教百年略史』 上卷, 257쪽.

가담하였다. 그러나 진보회 진주지회가 결성되고, 이후 일진회와 통합되는 과정에는 박충일의 세력이 중심이 된 것으로 보인다. 전희순과 동료들의 역할은 전면에 나타나지 않는다. 이는 아마도 진보회를 흡수한 후 일진회가 보여준 친일노선에 대한 반발이나 불만에 기인한 것으로 보인다.

결국 교명을 바꾸고 일진회와 결별한 1906년 후반, 진주지역 천도교는 전희순을 중심으로 교단을 결성하고 조직을 정비하였다. 그리하여 敎區長 휘하에 共宣員, 金融員, 典制員, 議事員 등의 교직이 배치되었다. 1908년부터 3·1운동 직전까지 활동한 진주교구의 주요 인물은 아래와 같다.

〈표 1〉 3·1운동 이전 진주교구의 임원 일람표[53]

敎區長	김상정(1908), 김학두(1909), 전희순(1911), 강필만(1913), 전희순(1914 대교구장 겸임), 신광우(1916), 전희순(1918)
議事員	황태익(1914), 강필만(1915), 김응욱(1916), 김교경(1918)
金融員	최상룡(1909), 진희수(1910), 전기진(1911), 장태한(1912), 김용식(1915), 백낙중(1916)
典制員	윤치수(1910), 이규범(1911), 강필만(1912), 강달영(1915), 김용식(1916)
講道員	김창규(1910), 강필만(1911), 이규범(1911), 박규일(1915)
傳敎師	윤만수(1916), 이광로(1917), 전대규(1917), 심영일(1917), 김석찬(1917), 김재수(1917), 정한규(1917), 조창희(1917), 김용식(1918), 강영혁(1918), 이봉구(1918), 백수기(1918)
巡廻敎師	최상관(1916), 박동남(1916)
書記	박태홍(1917)

* 괄호는 임명 연도

위 인물 중 전희순은 3차례에 걸쳐 교구장을 역임하며 교단을 이끌

---

53) 天道敎中央總部, 『天道敎會月報』 1~99, 『中央摠部彙報』, 1910~1918년.

어 갔다. 1914년 7월, 천도교는 지역 대교구를 35개로 확대하고 관할 교구를 편성했다. 이에 따라 진주와 함께 울산, 함양, 마산, 고성, 사천, 합천, 통영의 교구와 전교실이 진주대교구에 소속되었다. 당시도 전희순은 대교구장과 진주군 교구장을 겸임하며 경남 천도교의 지도적 인물로 부상하였다.[54]

전희순에 이어 1910년대 진주 천도교단에서 두드러진 활약을 보이는 인물은 강필만이다. 그는 1911년 강도원을 시작으로 공선원, 전제원을 거쳐 1913년 교구장에 임명되었다. 이임 후에도 의사원, 공선원 등으로 직분에 구애 없이 교구에 헌신하였다. 역시 1914년 8월, 천도교 중앙총부는 교단의 중요사항을 의결하고 교인의 의사를 수렴하기 위해 叢仁院 議事員제를 실시하였다. 여기에 진주는 황태익을 지역대표로 처음 파송하였다.[55] 이후 강필만, 김교경, 김동욱 등이 의사원으로 활동하며 교인의 여론을 대변했다.

위의 임원에서 1904년 진보회 지회 결성에 참여한 인사는 전희순, 김상정, 강필만, 박동남, 김기선, 김학두, 황태익, 박규일, 전대규, 최상관, 윤치수, 이광로, 진희수, 김석찬, 최상용 등 15명이다. 이 중 전희순, 김상정, 윤치수는 1894년 농민운동에 참여한 지역 동학의 1세대였다. 같은 세대로 진보회까지 동행하였던 손은석, 정용태는 박충일과 함께 일진회에 잔류하여 시천교에 몸담게 된다.[56] 이례적인 경우는 1916년 대

---

54) 天道敎中央總部, 「宗令公宣」, 『天道敎會月報』 48호, 1914년, 36~40쪽(이하 『月報』).
55) 「叢仁院議事員」, 『月報』 50호, 1914년, 39쪽.
56) 손은석은 지역 교도들을 대거 일진회에 가입시켰다가 1907년 두령 62인과 함께 손병희에 의해 제명되었다(『慶尙南道史』下, 2865쪽). 남해 접주 출신의 정용태 역시 일진회에 가담하여 1909년 경남 지부장에 올랐다(『慶南日報』 1909년 11월 5일, 「祝辭」). 모두 남해 출신인 이들의 영향으로 남해면 야촌리에 있던 동학교회가 시천교당으로 바뀌었다. 남해 시천교인들이 매주 여기에서 시일식을 봉행하면서 여생을 마쳤다 한다(天道敎南海敎史編纂委員會, 『天道敎南海敎史』, 2001, 186~187쪽).

교구장에 임명된 신광우다. 그는 1904년 일진회 경남지부장에 선임된 인물로 진보회에는 관여한 사실이 없다. 이후 천도교로 돌아와 중앙총부 교리당 건축위원을 거쳐[57] 진주대교구장을 역임했다.[58] 한편 진주교구의 순회교사는 1918년까지 총 14명이 활동하였는데, 확인되는 인물은 최상관과 박동남 뿐이다. 같은 시점에 임명된 전교사는 총 52명이며 여전교사 2명이 포함되어 있다.

이처럼 교단이 정비되고 인적구성이 이루어짐에도 불구하고 이 시기 진주교구가 교리 강습소를 운영했다는 기록이 발견되지 않는다. 당시 군 단위 교구들이 설립한 강습소가 1912년까지 거의 700여 개에 달했던 점을 감안하면, 대교구가 있었던 진주지역에 전문 강습소가 설치되지 않았다는 사실은 이해하기 어렵다.[59] 전교실도 1914년 琴山面 속사리에 유일하게 건립된 것이 확인된다. 금산면은 진주군에서도 교세가 비교적 성했던 지역으로, 전교실은 이 곳 교인 27명이 자비로 설립하였다.[60] 당시 교세가 강한 지역에 리 단위로 전교실이 운영되었음을 비교하면 이 역시 부진함을 면치 못한 것이다.

진주지역 천도교는 동학의 전래와 1894년 농민항쟁, 그리고 20세기 초 민회운동의 경험을 거쳐 1906년 교단의 성립을 보았다. 이후 대교구로 확대되어 1914년에는 7개의 군 교구를 관할하는 경남교단의 거점으로 성장했다. 그 과정에서 교구 조직을 정비하고 교직을 확충하며 세

---

57) 『황성신문』 1908년 7월 12일, 「吾敎敎區堂繼續開工日字」.
58) 신광우는 충북 보은이 고향으로 북접에서 활동한 인물이다. 충청도 출신인 그가 일진회 경남 지부장을 거쳐 천도교 진주대교구장까지 이르게 된 경위는 정확히 알 수 없다. 1920년 8월, 63세로 환원하였다(「還元一束」, 『月報』 121호 1920, 374쪽).
59) 진주교구에서 공식적으로 운영한 교리강습소는 1921년에 등장한다. 그나마 유지 교인이 설립한 노동야학 건물을 강습소로 병용한 것이었다. 이에 대해서는 후술한다.
60) 「晉州郡琴山面東莎里傳敎室設立」, 『月報』 57호, 1914년, 45~46쪽. 이외 1916년 진주군 평거면 교인 金珍奎가 자택 아래채를 전교실로 기부하였다는 기록이 있으나 이를 '건립'으로 보기는 어려울 것이다(「지방소식」, 『月報』 70호, 1916년, 23쪽).

력 확장을 기하였다. 그러나 일반강습소는 물론 교리강습소, 전교실 등 포교조직을 이용한 교육전도 사업은 침체를 벗어나지 못하였다. 한일 병합 직후 확대된 시천교 세력도 진주 천도교의 성장을 저해한 요소였다.[61] 따라서 기대했던 만큼의 교세신장은 1910년대 진주교구에서 이루어지지 않았다. 그 결과는 다음에 언급할 3·1운동에서의 역할로 나타나게 된다.

2. 진주 3·1운동과 천도교

경남지방의 3·1운동은 1919년 3월 11일 부산시위운동을 시작으로 폭발했다. 진주는 이미 3월 10일 시내에 격문이 살포되어 진주경찰서가 철야 경계에 돌입하는 등[62] 긴장이 고조되는 상황이었다. 3월 14일 인근 의령 읍내에서 시위가 발생하자 일제는 대구에서 군대를 출동시켜 진주 근방의 감시를 강화했다. 진주에는 3월 25일 병력을 증파할 계획이었다.[63] 즉 격문이 배포된 3월 10일부터 운동 분위기를 감지한 일제는 인근에서 시위가 발생하자 진압군을 배치시키는 한편, 진주도 곧 만세운동이 전개될 것을 예측하고 신속히 대응한 것이다.[64]

그러나 진주의 만세운동은 일제의 예상보다 빠른 3월 18일, 읍내 3개 구역에서 나뉘어 시작되었다. 이 날 오후에는 시위대 300명이 진주 경찰서로 집결하여 무력행동에 돌입하려다 파견대와 경찰에 의해 강제

---

61) 김준형, 「진주지역 3·1운동의 배경」, 『진주 3·1운동과 근대사회발전』, 북코리아, 2019, 116쪽.
62) 『每日申報』 1919년 3월 4일, 「晉州 밤을 새워 경비」.
63) 『每日申報』 1919년 3월 16일, 「慶南軍隊出動 진주 형세 불온」.
64) 김희주, 「"每日申報"에 비친 경남 서부지역의 3·1운동과 일제의 대응」, 『江右文化研究』 1집, 2005, 133쪽.

해산되었다.[65] 경찰은 참여 군중의 수를 3,000으로 추산하였고 이 중 86명을 체포했다.[66]

하지만 진주의 시위운동은 다음 날인 3월 19일 더욱 공격적인 양상으로 재현되었다. 8,000명으로 늘어난 시위 군중에는 걸인, 기생까지 가담하여 참여층이 확대되었다. 시위대는 당일도 진주 경찰서를 타격 목표로 정하고 진격하였다. 이에 파견 수비대와 경찰이 즉각 진압에 나서자 군중은 다시 투석으로 대항하는 등[67] 이 날 시위는 시종 폭력적인 양상으로 전개되었다. 당일 시민, 학생을 합산하여 100여 명 이상이 구금되었는데, 주도 인물은 당시 대부분 체포된 것으로 보인다.[68]

그러나 이어진 3월 20일과 21일 그리고 4월 초까지 자연 발생적인 만세운동은 계속되었다. 시위는 진주 외곽까지 확산되어 군중이 진주 삼천포 간의 국도를 차단하는 사태까지 발생했다. 이로 인해 진주 사천간의 교통과 통신이 두절되기도 하였다.[69] 4월 18일에는 공판이 열린 진주 법원에서 구속자 석방을 요구하며 주민들이 시위를 열다가 일경의 발포로 3명이 희생되었다. 진주군의 만세운동은 4월 중순에 와서 종료되었다. 이후에는 일제도 부상자 치료를 비롯한 민심 수습에 주력했다.[70]

그런데 간략히 살펴본 위 진주지역의 3·1운동에서 천도교의 역할이나 활동은 그다지 두드러지게 나타나지 않는다. 시위 주모자로 실형을 받은 24명 중 진주교구와 직접 관련을 맺은 인물은 1915년 전제원을 지낸 강달영 뿐이다. 3월 11일 진주 읍내에 살포된 독립선언서와 격문을

---

65) 『韓國民族運動史料』, 3·1운동편 1, 국회도서관, 1977, 50쪽.

66) 『每日申報』 1919년 3월 20일, 「晋州 형세 더욱 불온」.

67) 『3·1獨立運動實錄』, 3·1동지회, 1985, 60쪽.

68) 진주지역 3·1운동의 주도 인물에 관해서는 김중섭, 「일제하 3·1운동과 지역사회운동의 발전-진주지역을 중심으로-」, 『한국사회학』 30, 1996 참조.

69) 김중섭, 「일제하 3·1운동과 지역사회운동의 발전-진주지역을 중심으로-」, 363쪽.

70) 김희주, 「『每日申報』에 비친 경남 서부지역의 3·1운동과 일제의 대응」, 135쪽.

천도교에서 제작했다는 기록[71]이 있으나 근거는 불분명하다. 다만 이 강우, 金在華 등 주요인사들이 모의단계에 천도교인 변상태를 진주에서 여러 차례 접촉한 사실은 있다.[72] 하지만 교단이 조직적으로 만세운동에 영향을 준 흔적은 역시 나타나지 않는다. 교인 개인 차원에서의 참여는 있었으나, 그것이 세력화 되는 단계에는 이르지 못한 것이다. 이러한 양상은 진주가 위치한 경남서부지역의 3·1운동에서 공통적으로 발견된다. 당시 일제가 파악한 이 지역 3·1운동의 상황은 〈표 2〉와 같다.

<표 2> 경남서부지역 3·1운동의 상황과 참여 층[73]

월. 일	지명	시위 횟수	참여 인원	참여층	검거 인원
3.14	사천군곤양면 의령군의령읍		2,000	學, 普	15
3.15	의령군의령읍 거창군거창읍	2	1,000 150	學, 普 普	3
3.16	의령군지정면		100	普	
3.18	진주군진주읍 합천군삼가면		4,000	耶, 天, 普, 學 普	105 23
3.21	진주군진주면 산청군단성면 합천군초계면	2	1,000 880 3,300	耶, 普 普 普, 耶	8 3 14
3.22	거창군가서면 합천군묘산면	2	2,000 80	普 普	13
3.22	고성군고성면 산청군 산청		2,000	普 普	2
3.23	합천군묘산면 합천군삼가면	2 2	90	普 學, 普	18 22

71) 李炳憲, 『三一運動秘史』, 時事時報社出版局, 1959, 935쪽.
72) 卞志燮, 『慶南獨立運動小史』, 1966, 187쪽.
73) 『韓國民族運動史料』, 3·1운동편 1, 387~394쪽.

월. 일	지명	시위 횟수	참여 인원	참여층	검거 인원
3.25	진주군문산면 사천군삼천포		400 500	普, 耶, 學 學, 普	4 56
3.26	사천군삼천포	2	100	普	2
3.28	함양군 시장		2,000	學, 普	8
3.29	진주군반성면 하동군 시장	2	100	普	3
3.30	고성군회화면		500	耶, 天, 學, 普	8
3.31	합천군가야면 함양군 안의		150 1,500	學, 普 普	4 9
4. 1	고성군고성읍		80	耶, 天, 普	7
4. 2	함양군 시장		2,000	普	4
4. 3	진주군반성면 산청군시천면	2	400 80	耶, 普 普	3
4. 3	산청군삼장면 고성군영오면		100 100	普 普	2
4. 4	합천군가야면		300	普	
4.18	진주군 읍내	4	2,000	普	

* 참여 층에서 學은 학생, 耶는 기독교, 天은 천도교, 普는 일반 주민

〈표 2〉에 의하면 진주는 3월 18일 최초 시위에만 천도교인들이 가담한 것으로 나타난다. 기독교인의 참여는 이후 두 차례 시위에서 발견된다. 진주 인근인 경남서부지역의 군 단위 만세운동에서도 천도교의 비중은 크지 않았음을 알 수 있다. 다만 고성군의 경우는 예외다. 언급한 대로 고성은 1862년 이미 접소가 설치되었을 정도로 동학의 전래가 빨랐다. 1900년대 초에는 민회의 움직임도 고성지역에 여러 차례 발견된다. 경남서부지역의 3·1운동에서 천도교의 참여가 가장 두드러진 곳이 고성이었음이 위 표에서도 확인되는 것이다. 3·1운동 이후 고성의 천도교인들은 진주교인과 함께 이른바 '경남결사대'라는 비밀결사를 조직하여 일제 고관 암살을 모의하기도 하였다.[74] 당시 이들이 회

합한 장소도 고성군 구만면의 산중이었다.

대교구가 설치되었던 진주지역에서 천도교가 뚜렷한 역할을 수행하지 못했던 이유는 다음과 같이 설명할 수 있다.

무엇보다 인적자원, 즉 교인의 수가 절대 부족했다는 사실이다. 물론 1910년대 국내 천도교인의 80% 이상은 평안, 황해, 함경지역에 집중되어 있었다.[75] 여기에 35 대교구 중 20개가 이 지방에 위치할 정도로 당시 천도교는 서북지방에 편중되어 있었다. 하지만 한강 이남에서도 경남의 교단은 특히 약세였다. 한 통계에 따르면 1916년 7월, 경남의 천도교인 수는 7,714명으로, 13도 중 경북을 제외하고 최하위에 있다.[76]

이에 따라 일제도 3·1운동에서 이 지역 천도교인들의 활동은 미미했다 분석하고, 그 원인으로 교세 자체의 미약을 지적한 바 있다.[77] 하지만 만세운동 당시 일제가 천도교의 동향을 주시했던 것은 사실이고, 그들의 정보 보고서에도 3·1운동을 전후한 울산, 삼천포, 고성지역 천도교인들의 동정이 예시되어 있다.[78] 그러나 정작 경남교단의 중심이었던 진주교구의 동태에 대해서는 언급이 없는 것이다.

오히려 일제는 진주지역 3·1운동에서 호주 장로파 기독교의 역할에 주목했다. 3월 18일 읍내시위도 기독교 부속병원(배돈 병원)과 학교(광림학교) 생도들이 주도한 것으로 파악하였다.[79] 지역 교인의 정체 원인으로는 전도 사업의 부진과, 시천교의 영향 그리고 재지토호세력의 영향력이 지배적이었던 지리산 내륙권의 향촌구조 등을 지적할 수 있

---

74) 『동아일보』 1920년 6월 5일, 「總督及政務摠監暗殺團逮捕」.
75) 김정인, 『천도교 근대민족운동 연구』, 한울, 2009, 88쪽.
76) 충북은 12,238 충남은 16,219이며 전남도 5만 명 이상으로 파악되어 있다(김정인, 위의 책, 90쪽).
77) 독립운동사편찬위원회 편, 『독립운동사자료집』 6집, 603~610쪽.
78) 『독립운동사자료집』 6집, 611~612쪽.
79) 『독립운동사자료집』 6집, 608쪽.

다. 이 중 교육 전도 활동의 부진이 가장 큰 요인이 아닌가 한다.

천도교의 교육사업은 교육진흥에 대한 교단의 일관된 의지, 그리고 교육을 민지 개발과 지역 공동체 발전의 우선 수단으로 인식하였던 당시의 사회 분위기를 배경으로 한다. 진주지역도 대한제국 시기부터 사립학교와 야학을 통한 근대교육이 발흥했다.[80] 이들 학교는 주로 지역유지와 관공리, 종교기관을 설립주체로 하였다. 여건에 따라 서당을 개량하거나 관청 재산을 이용하는 등 기존 자원을 활용한 경우도 있었다.[81]

이러한 교육운동의 과정에 지역 천도교단과 교인들이 관여한 흔적은 보이지 않는다. 1910년대 천도교의 핵심 사업이었던 실력양성운동이 진주지역에서는 침체되었던 것이다. 원인은 당시 진주교구 구성원들이 유지했던 사회적인 배경에서 찾을 수 있다. 1910년대 진주 교단 간부들의 직업과 교육 정도, 자산 수준 등을 정확히 파악 할 수는 없다. 하지만 대한제국 시기부터 진주지역 교육 계몽운동을 주도하였던, 이른바 '유지신사층'에 해당되는 인물은 거의 발견되지 않는다. 대한협회 진주지회 부회장 출신으로 교구의 전제원, 공선원을 지낸 이규범이 유일한 정도이다.[82] 강달영, 박태홍도 3·1운동 이후 지역사회의 전면에 등장하는 인사들이다. 대부분 구학 이수자들에 소농, 자영업자가 주류를 이룬 것으로 생각된다. 일제도 경남지역의 천도교세가 약한 이유로 교인들의 사회적 여건을 지적한 바 있다.[83] 진주 3·1운동을 주도한 인사 중에 자산가와 그 자제들이 많았음을[84] 고려하면, 이와 같은 사회경

---

80) 김형목, 「3·1운동 이전 진주지역의 야학운동」, 『숭실사학』 22, 2009, 44쪽.
81) 김중섭, 「일제 식민통치와 주민교육운동-진주지역을 중심으로-」, 『한국사회사학회 논문집』 47, 1995, 250쪽.
82) 『경남일보』 1909년 11월 6일, 「隨聞瑣錄」. 金相鼎도 회원 명단에 있으나 역할이 있었던 것으로 보이지 않는다(「支會會員」, 『大韓協會會報』 11호, 1909, 64쪽).
83) 『독립운동사자료집』 6집, 610쪽.
84) 『매일신보』 1919년 4월 26일, 「晉州騷擾犯에 財産家가 多數」.

제적인 배경을 가지고 당시 천도교가 지역에서 존재감을 나타내기는 어려웠을 것이다.

경남지방의 3·1운동은 분산적으로 전개되었지만 지역단위의 가능한 범위에서 운동의 조직화가 모색되었다.[85] 그러한 범위 중의 하나가 종교계였다. 그러나 진주의 천도교는 언급한 요인들로 인해 3·1운동에서 조직화 또는 세력화되는 모습을 보이지 못하였다. 대신 교인의 여건에 따라 개별적으로, 혹은 타 단체나 지역과 연대하는 방식으로 기여하였다. 이는 당시 영남지방 천도교단에 공통적으로 발견되는 현상이다.[86] 하지만 그로 인해 교단의 피해가 크지 않았다는 사실이 1920년대 진주 천도교가 약동할 수 있었던 조건이 된 것이 아닌가 한다.

3. 3·1운동 이후의 성장과 변천

1) 청년단체의 조직과 교세신장

3·1운동 이후 진주천도교는 청년단체를 기반으로 활동을 재개했다. 청년단체는 만세운동을 주도했던 천도교가 이어진 탄압과 내부의 위기를 돌파하기 위해 만든 전위조직이었다. 청년층을 전면으로 교단을 재생하고 민족운동을 주도하여 미래를 기약한다는 의지가 담겨있었다. 출발은 1919년 9월 2일 설립된 '천도교청년교리강연부(이하 교리강연부)'였다.[87]

교리강연부는 결성과 함께 12월 까지 총 7개의 지부를 설치했는데 여기에 진주가 포함되어 있다. 이 교리강연부진주지부(이하 진주지부)

---

85) 정연태, 「경남 지방의 3·1운동」, 『3·1민족해방운동연구』, 청년사, 1989, 390쪽.
86) 이정은, 「경상도지방 천도교인의 3·1운동」, 『신인간』 585호, 1999, 76쪽.
87) 『月報』 114, 「敎理講硏部一斑」, 1920, 47~48쪽.

가 3·1운동 이후 진주지역 천도교를 약동하게 만든 원류였다. 7개 지부의 현황은 다음과 같다.[88)]

평안도- 진남포(31명), 강동군(154명), 강동군 삼면(25명), 박천군(20명)
함경도- 정평군(28명)
충청도- 청주군(35명)
경상도- 진주군(79명)

나타난 대로 이북지역이 대다수였고 한강 이남은 청주와 진주 2개소 뿐이다. 이들 지역에 지부가 조기 설치된 배경이나 기준은 알 수 없다. 모두 일본인의 진출이 활발한 도회지였다는 지적이 있지만 그 점만을 이유로 보기는 어렵다. 특히 교세가 성했던 평안도, 손병희의 고향이었던 청주와 달리 진주는 접점이 잘 드러나지 않는다. 그러나 79명이라는 적지 않은 부원으로 구성된 진주지부는 천도교청년단체의 효시로 향후 이 지역 천도교가 문화계몽운동을 추진할 수 있는 터전을 마련했다. 지부간부들은 例會를 운영하며 강연반에 소속되어 강연활동을 전개했다. 내용은 아래와 같다.

〈표 3〉 교리강연부진주지부의 강연활동과 내용

일시	강연자	제목	내용
1919. 12	金永善	人乃天	理論보다 着手로 布德天下 成立
1919. 12	朴台俊	人乃天	破壞와 建設로 人天主義 實行
1920. 01	金容植	向我設位	向我設位의 根源은 人乃天
1920. 02	朴台俊	天道敎之靑年	靑年의 猛省, 覺悟, 反省

88) 『月報』 112, 「快히敎理講硏部에應하라」, 1919, 41쪽.

강연자 중 김용식은 1910년대 진주교구의 전제원과 전교사를 지낸 중진이었다. 김영선은 3·1운동 이후 신용구와 함께 진주 종리원 이끌어간 핵심 인사다. 박태준은 진주지역 교인 중에서 강연, 기고 등의 대외활동이 가장 활발했던 이론가이자 논객이었다. 지부를 대표한 이들의 강론에는 교리 해석과 함께 진주의 천도교가 전개할 활동 방향이 내재되어 있다.

김영선은 강연에 앞서 진주지부 제1예회의 경과를 간략히 보고했다. 이어 그는 '世界의 新氣運에 따라 踐行의 책임이 중대하며---- 理論만 有하고 着手가 없으면 布德天下는 成立하기 어려운 것'[89]이라 하여 실천의 중요성을 역설했다. 그가 강조한 '踐行'과 '着手'는 교리 연구와 전도에 머무는 것이 아닌 사회적 역할과 참여를 의미하는 것으로 보인다. 신문화 신사회 건설이라는 시대적 명제에 부응하여 이제 진주의 천도교도 사회활동과 민족운동의 전선에 동참할 것을 촉구하는 것이다.

같은 주제로 강연한 박태준은 개조 정신과 천도교의 연결성을 설파했다. 그는 '理性'과 '心靈'을 가진 인간이 '破壞와 建設'을 통해 만물을 지배하고, 그 人事의 無形이 '天理'인 것으로 天理人事의 竝行一致가 人天主義라 하였다.[90] 파괴를 전제한 건설은 억압의 舊세계에서 자유의 新세계로 나아간다는 개조사상의 원리이다. 박태준은 그것을 人天主義와 결부시킴으로 세계개조의 정신에 천도교가 부합 됨을 밝힌 것이다. 또 다른 강연에서 그는 천도교뿐 아니라 사회와 민족의 진로를 견인할 중추로서 청년의 책무를 강조했다. '自立'과 '事實'과 '平等'이 천도교의 이상이며, 보편을 추구하는 천도교의 道法은 시비와 공론으로 이루어 질 수 없는 것[91]이라 하여 청년의 개혁의식과 사회적 역할을 강

---

89) 『月報』 112, 「敎理講硏部一斑」, 1919, 37쪽.
90) 위의 책, 39쪽.

변했다.

3·1운동의 여진이 있는 제약된 상황에서 행한 이들의 강연에는 진주지역 천도교의 지향점과 활동상이 예고되어있다. 신사조를 수용하고 청년층을 중핵으로 교구를 활성화하여 민족운동에 임하겠다는 의지와 청사진이 읽히는 것이다. 이러한 목표는 1920년대 와서 상당부분 실현되었다. 강연활동 외에도 진주지부는 자체에서 교리강습회를 실시했을 것으로 생각되나 자료는 전하지 않는다. 청년, 학생 교인으로 구성된 79명의 부원들은 진주천도교가 미래를 전망하며 육성한 자원이었다.

천도교교리강연부 본부는 1920년 4월 25일 간부 회의를 거쳐 천도교청년회로 확대, 개편되었다. 교리 연구에서 나아가 조선의 '신문화운동'과 사업을 본격적으로 추진하기 위한 목적이었다. 천도교청년회도 결성과 함께 지회 조직에 착수했다. 특이한 점은 중앙의 개정에 앞서 지방지회가 먼저 설립되는 사례가 있었다는 사실이다. 진주의 경우가 이에 해당한다. 1920년 4월 21일 천도교청년회진주지회가 특별강연회를 주최한 것으로 보아 중앙에 앞서 개편이 이루어진 것이다.[92] 교리강연부의 조기 설치에도 나타나듯이 3·1운동 이후 진주지역 천도교의 조직 개편은 속도감 있게 진행되었다.

천도교청년회 진주지회는 지역에서 진주천도교청년회(이하 청년회)로 명명되어 활동했다. 초대 회장 김의진과 후임 박태준 외 간부 명단은 전하지 않는다.[93] 3·1운동 이후 교단에 등장하는 고경인, 강영호, 천명옥, 김영식, 사회주의 운동을 병행했던 박태홍 등 당대의 활동가들

91) 『月報』 114, 「敎理講硏部一斑」, 1920, 47~48쪽.
92) 『月報』 117, 「地方靑年會特別講演」, 1920, 114쪽.
93) 『동아일보』 1920년 8월 6일, 「天道敎講演會」.

이 가담했을 것으로 생각된다. 산하 부서는 체육부만 확인된다. 강연회와 문화 예술 공연 등을 추진한 사실로 보아 포덕부, 지육부, 음악부 등의 기구도 존재했을 것이다.

교리강연부와 천도교청년회를 통해 형성된 청년층에 대한 중앙총부의 기대는 각별했다. 1920년 4월, 언급한 특별강연회를 위해 사흘간 진주를 방문하고 귀경한 이돈화는 다음과 같은 소회를 남겼다.[94]

> 晉州에 오게 된 목적은 天道敎의 布德天下를 위하여 경남의 鄕會되는 이 진주에서 天道敎 宣傳을 하려함이다. 진주의 靑年이야 말로 우리 敎의 모범적 청년이다. 꼭같은 年齡 꼭같은 마음 꼭같은 活動 꼭같은 信仰으로 우리 敎의 前途를 위해 獻身하는 것을 볼 때 나는 限定없는 느낌이 龍潭의 물같이 솟아난다.

이러한 감회가 진주의 청년에게만 국한되는 것은 아니겠지만, 이돈화의 기대대로 진주천도교청년회는 이후 문화운동을 주도하며 1920년대 진주지역 천도교의 성장에 기여했다.

한편 중앙의 천도교단 내부에서는 1921년부터 갈등과 분화의 조짐이 나타나기 시작한다. 이듬해에 오면 문화운동에 대한 반성과 비판론이 제기된다. 이에 대응하여 천도교를 중심으로 민족문제를 해결하자는 '중심세력론'이 등장했다.[95] 1923년 4월 종리사 선거에서 최린과 그의 측근인 이돈화, 정광조, 권동진 등이 당선되어 타협적 인사들이 교단을 장악하게 된다. 세력의 분기와 교체는 청년단체의 개정으로 이어졌다. 천도교청년회가 1923년 9월 천도교청년당으로 개편된 것이다. 교리와 문화의 선전이 아닌 주의와 목적을 실현시켜 천도교를 표준으로 민족

---

94) 『月報』 117, 「水陸三千里」, 1920, 84쪽.
95) 김정인, 「1910~25년간 天道敎 勢力의 동향과 민족운동」, 『한국사론』 32, 1994.

운동을 전개하겠다는 취지였다.96) 이에 따라 진주천도교청년회도 천
도교청년당 진주지부로 전환되었다. 1924년 1월 4일 열린 진주시민대
회 발기회에 참가한 것으로 보아 시기는 1923년 말로 생각된다.97)

1925년 6월 제2차 분규로 신, 구파가 각각의 종리원을 구성하면서 천
도교단은 분리되었다. 구파는 천도교청년당과도 결별하여 1926년 4월
천도교청년동맹을 결성했다. 이후 양 세력은 경쟁적으로 지부 설립과
재편에 착수한다. 신파가 주류인 진주교구도 기존 조직을 정비하여
1926년 12월 10일 '천도교청년당 진주군지부'를 공식 출범시켰다. 구성
은 다음과 같다.98)

    * 천도교청년당 진주군지부
      조직: 포덕 67, 12월 10일
      임원: 신용구, 박유일, 김영선
      역대임원: 대표 - 김영선, 백영희, 부대표 - 김영식, 박태홍
      상무 - 김영식, 권봉근, 박태홍, 강영호, 김의진, 천명옥, 이영조, 김영선

신용구, 김영선 등 당시 진주 종리원 간부들이 역시 임원을 맡았다.
역대 임원은 그동안 청년단체를 이끌어온 핵심교인을 소개한 것으로
보인다.

교리강연부로 시동된 천도교 청년단체의 조직과 활동은 천도교청년
당 진주군지부의 등장으로 완결되었다. 이들은 3·1운동 이후 진주지

96) 성주현, 『천도교청년당(1923~1939) 연구』, 한양대하교대학원 박사학위논문, 2009, 47쪽.
97) 『동아일보』 1924년 1월 8일, 「晋州市民大會는」. 천도교청년당 지부조직이 1년 동안
    10여 개, 그것도 대부분 관서 지역에 집중되었던 사실을 감안하면(『月報』 171, 「天
    道敎靑年黨의 過去一年을 回顧하면서」, 1924, 14쪽) 진주의 경우는 역시 이례적이고
    신속했다. 당시 진주교구의 실권을 쥐고 신파의 지도급 인물로 부상하던 신용구의
    역할이 컸으리라 생각된다.
98) 조기간, 「天道敎靑年黨小史」, 1934 ; 『東學思想資料集』 3, 아세아문화사, 1978, 118쪽.

역 천도교가 교세를 확장하고 영향력을 확대하는 과정에 큰 역할을 했다. 소속 교인 상당수는 지역의 사회운동을 주도했던 활동가들이었다. 이들의 활약으로 천도교는 1920년대 식민지 진주의 민족운동에서 지형을 형성할 수 있었다.

2) 지도부의 변천

3·1 이후 일제는 회유와 각종 기만책으로 천도교를 교란시켰다. 그에 따라 잠시지만 천도교에 대한 사회인식이 악화되고 교인의 이탈이 속출하는 등 어려움을 겪어야 했다. 이에 천도교단은 1921년 신유년을 맞아 대대적인 포교활동(辛酉布德)을 전개하며 위기를 극복해 갔다. 진주교구도 이러한 흐름에 벗어나지 않았을 것이다.

따라서 3·1운동 이후 거의 일 년 간 나타나지 않았던 지도부의 구성이 1920년 말부터 이루어지기 시작한다. 1920년대 진주지역 천도교의 임원 현황은 아래와 같다.

〈표 4〉 1920년대 천도교진주교구 임원 일람표

년도	1920년	1921년	1922년	1923년	1924년
진주 교구 종리원	신용구(제) 백낙중(순) 이영조(금) 박태홍(서) 김의진(순) 신용구(강)	최상규(전) 박태준(강) 고경인(전) 김상정(교) 백수기(공) 강기수(전) 박태홍(전) 정재범(전) 김석의(공) 신용구(전)	전희순(포) 황태익(포) 신용구(구종)	김응욱(의) 황태익(의) 김상정(의) 박태홍(의) 최봉권(의) 신용구(종) 박태홍(종) 김영선(종)	이영조(종)

교-교구장, 제-전제원, 금-금융원, 강-강도원, 공-공선원, 전-전교사, 종-종리사, 구종- 구종법사, 의-의사원, 포-포덕사, 순-순회교사, 서-서기 출처-천도교회월보

진주교구의 임원 인사는 1920년 말부터 가동되어 1921년 가장 활발히 이루어졌다. 이 시기에 입교자가 증가하고 교세가 급격히 신장되어 간 것이다. 김의진, 고경인, 정재범 등의 소장 활동가들이 교직을 맡아 전면에 등장하는 것도 같은 시점이다. 다만 강달영의 동향은 발견되지 않는다. 3·1운동 이후 사회주의로 무장한 그는 교단과는 거리를 둔 것으로 보인다.[99]

임원 변동에서 주목되는 것은 전희순의 퇴진과 신용구의 부상으로 드러나는 진주교구의 세대교체이다. 진주대교구의 초대 교구장이었던 전희순은 1918년 세 번째 교구장에 임명되어 3·1운동을 거쳤다. 이후에도 직위를 유지했던 그는 1921년 의원면직되어 자리를 내려놓았다.[100] 그 뒤 종호사, 포교사로 활동하며 교구에 헌신했으나 지도적인 위치에서는 물러난 것이다. 반면 1914년 입교하여 3·1운동 이전까지 무명이었던 신용구는 1920년 전제원을 시작으로[101] 보직을 연임하며 진주교단의 실세로 약진했다.

1922년 연원제의 폐지와 분권화를 골자로 하는 혁신운동이 격화되자 신용구는 이를 배경으로 진주교단을 개편하였다. 그의 사회로 동년 3월 5일 교구 성화실에서 열린 종의회 선거는 진주천도교의 주류 교체가 이루어지는 현장이었다. 폐지된 교구장을 대신할 핵심 보직인 종법사, 종무사, 종리사에 신용구, 박태홍, 하준천이 각각 당선되었다. 직전 교구

99) 그러나 강달영과 천도교의 관계가 단절된 것은 아니었다. 천도교 구파는 1920년대 중반부터 사회주의와의 제휴를 시도했고 그 결과물이 6·10만세운동과 신간회였다. 구파가 교섭한 대표적인 사회주의자가 화요계의 핵심이자 제2차 조선공산당 책임비서였던 강달영이다. 강달영도 천도교와 함께 민족통일당 결성을 구상했다고 진술한 바 있다(김준엽·김창순 공편,『한국공산주의운동사』2, 고려대학교 아세아문제연구소, 1986, 453~457쪽). 천도교의 조직과 생리에 밝았던 그의 교인이력이 작용했을 것이다.
100) 『月報』 129, 「中央摠部彙報」, 1921, 103쪽.
101) 『月報』 124, 「中央摠部彙報」, 1920, 110쪽.

장인 전희순, 김상정은 종호사로 선임되어 일선에서 물러난다.[102]

신용구는 같은 해 6월, 교주 박인호의 사퇴 후 천도교 전체 사무를 관장했던 42인 대표위원에 선출되어[103] 중앙 교단에도 두각을 나타낸다. 그 뒤 천도교청년당 영남대표와 상무 종법사를 거쳤고 1937년 도령에 보임되어 신파의 지도급 인물로 성장했다.[104] 신용구와 함께 진주 교단의 핵심이었던 박태홍, 김영선, 이영조도 모두 신파에 해당되는 인사들이다. 당연히 이들이 끌고 간 진주교구도 신파가 주류였으며 교단 조직도 종리원 체제로 운영되었다.[105]

1922년을 정점으로 진주천도교는 지도부의 세대교체와 노선정립이 이루어졌다. 신용구를 필두로 하는 2세대의 입성과 신파의 교권 장악이 그것이다. 구파의 근거지였던 한강 이남에서 경남은 신파가 득세할 수 있었던 이유도 진주교구 때문이었다. 청년조직의 연이은 결성과 지도세력의 교체로 3·1운동 이후 진주천도교는 면모를 일신할 수 있었다. 확대된 교세와 영향력을 바탕으로 교단과 교인들은 지역사회운동과 민족운동에 활발히 참여했다.

---

102) 『동아일보』 1922년 3월 15일, 「晋州天道敎의 新面目」.

103) 『月報』, 7월 임시호, 「中央總部彙報」, 1922, 99쪽.

104) 묵암 강화집 편찬위원회 편, 『묵암 신용구 강화집, 글로 어찌 기록하며』, 신인간사, 2000, 474쪽. 1937년 중일전쟁이 발발하고 천도교 신파가 친일 활동에 들어가자 신용구도 이에 동참할 수밖에 없었다. 1938년 전시통 제기구인 국민정신총동원조선연맹이 결성되자 신파의 대표로 참여했다(민족문제연구소, 『친일인명사전』 2, 2009, 382쪽). 하지만 최린, 조기간 등 신파의 여타 간부에 비해 신용구의 친일 행위는 소극적이었으며 두드러지지도 않았다.

105) 1932년 당시 진주 종리원 구성은 다음과 같다. 종리사- 김영식, 부령- 전경식, 김의진, 천명옥, 차두삼, 서명석, 박태홍, 권봉근, 강영호, 백영희, 이영조, 심영일, 오동현, 김상용, 박영회, 김도용, 정영규, 진환수, 강종래(『月報』 253, 「地方宗理院職員選遞」, 1932, 55쪽).

Ⅳ. 진주지역 천도교의 민족운동

1. 문화운동

일제치하에서 천도교가 의욕적으로 추진한 민족운동은 문화운동이었다. 인간의 정신적 가치를 변혁하여 사회의 개혁을 달성한다는 것이 문화운동의 목표다. 천도교가 주창한 신사상의 수립, 신인간의 형성, 민족개조는 모두 이 운동의 주지에 속하는 것이다. 인간의 변혁을 중시하기에 강연과 강습소·학교교육을 포함한 교육계몽활동이 주요한 내용이었다.[106]

이러한 흐름에 동반해 진주지역 천도교의 문화운동도 속도감 있게 진행되었다. 먼저 주목되는 것은 3·1운동 직후 진주대교구가 설치, 운영한 부인야학교다. 1919년 7월 전희순, 신용구, 백낙중 등 교구인사들이 발기하여 설립되었다. 교인 '老少婦女'들을 대상으로 교리강구와 '실천적 新知德'을 교수했다 한다. 3과로 편성된 교과목은 다음과 같다.[107]

1. 교과- 종지, 목적, 강령, 계명, 교사 등 천도교의 진수
2. 언행- 사제, 군신, 부자, 부부, 형제, 장유, 붕우 등에 관한 언어와 행동
3. 과학- 조선어, 가정학, 교육학, 위생, 기타 교통, 공중, 개인, 동 식물 등 일반 보통의 지식

수업은 매일 오후 한 교실에 모여 강의와 문답으로 진행되었다. 과

---

106) 조규태, 『천도교의 문화운동론과 문화운동』, 국학자료원, 2006, 167쪽.
107) 『月報』 111, 「晉州大敎區의 婦人夜學部設立」, 1919, 70쪽.

목은 나타난 대로 교리와 윤리교육, 그리고 일반보통의 지식이라 명시된 정규 학교의 과정으로 이루어져 있다. 필수과목인 조선어, 즉 한글은 당연히 채택되었지만 당시 야학이 중시했던 일본어[108]는 배제되었다. 진주대교구의 부인야학교는 다음의 두 가지 면에서 의미를 지닌다.

첫째, 천도교의 문화운동이 발동되기 전인 1919년 7월 신속 개설되었다는 점이다. 중앙총부도 이 야학이 가지는 선도적인 의미를 높이 평가했다. 축하와 함께 13도 교구 도처에서 진주와 같은 '實跡'이 '蜂起'하고 이어질 것을 기원했다.[109] 두 번째는 3·1운동 이전은 발견하기 어려웠던 진주교구의 실력양성운동이 천도교의 주 계몽대상인 여성층을 상대로 전격 실시되었다는 사실이다. 진주지역은 대한제국기부터 남녀공동야학이 운영되는 등 근대여성교육에 대한 관심이 남달랐다.[110] 1910년대에도 유지·기생들에 의해 여자야학과 강습소가 꾸준히 설치되었다. 그러나 천도교가 설립, 운용한 경우는 찾아볼 수 없다. 그런 면에서 부인야학교의 개설은 3·1운동 이후 이 지역 천도교의 변화를 예시하는 사실이라 하겠다.

그러나 역시 진주지역 천도교의 문화운동을 주도했던 것은 진진천도교청년회였다. 청년회는 주로 강연활동을 통해 포교와 문화운동을 전개했다. 현황은 다음 〈표 5〉와 같다.

---

108) 대한제국기 부터 정규 학교는 물론 야학에도 일본어는 매우 중요한 과목이었다. 일본어 능통자는 사회적으로 우대받는 분위기였다. 당시 경남 도청소재지로 일본인의 유입이 많았던 진주도 일어 교육이 비중 있게 이루어졌다(김형목, 「3·1운동 이전 진주지역의 야학운동」, 『숭실사학』 22, 2009, 49쪽).

109) 『月報』 111, 「晋州大教區의 婦人夜學部設立」, 1919, 70쪽.

110) 김형목, 『대한제국기 야학운동』, 경인문화사, 2005, 169쪽.

<표 5> 1920년대 진주지역 천도교의 강연회 현황

일시	강연자	주제	사회	장소	청중 수
1920 4.22	이돈화 김의진 박태준	현대사조와 천도교 청년 '조선적 독자사상의 발휘'에서 '인생과 종교로' 변경		대안동 동경정	1,000여 명
1920 8.1~8.2	박사직 박태준 박사직	분기점에 입한 오인 파괴와 개조 암야의 월	진주천도교 청년회장 김의진	대안동 동경정	1,000여 명
1921 3.15	강진수 신용구	신앙의 고금 인생문제를 해결할 인내천주의		산청보통 학교	
1921 6.22	정일섭 박달성	동정의 감 당면의 문제와 요구의 인물	천도교청년 회 특파원 김의진	진주제1공 립보통학 교 강당	1,000여 명
1924 5.13	이돈화 조기홍	신인간 개조의 도정에 입하여 당을 알고저		진주청년 회관	

강연회는 본부 임원과 진주교구의 주요 인사들이 연강 하는 합동강연의 형식이었다. 1920년의 강연은 언급한대로 중앙조직이 결성되기 3일 전 개최된 특별강연회였다. 당일 박태준은 민족문제를 제기하려다 경찰의 제지로 현장에서 주제를 바꿔야 했다.[111] 같은 해 8월의 강연은 중앙총부와 연대하여 기획된 순회강연회였다. 본부의 박사직이 내진하여 박태준과 함께 열변을 토했다.[112] 개조사상에 정통했던 이들의 강연 내용은 천도교를 통한 사회개조 문제에 집중되었을 것이다. 1921년 3월의 강연회는 신용구의 고향 산청에서 개최되었다.[113] 진주

---

111) 『月報』 117, 「水陸三千里」, 1920, 85쪽. 천도교뿐 아니라 당시 지역의 강연회는 당국의 사전 승인을 받아야만 개최가 가능했다. 그리고 반드시 현지 경찰이 임석했다. 이들에 의해 강연 주제가 바뀌거나 강연회 자체가 중단, 해산되는 경우가 빈번했다.
112) 『동아일보』 1920년 8월 6일, 「天道敎講演會」.
113) 『동아일보』 1921년 3월 24일, 「天道敎靑年會講演」.

교구 강사들만 참여했으며 주제는 교리강론에 한정되었다. 6월 22일에는 일본유학생으로 구성된 천도교청년회동경지회순강단(동경순강단)이 방문했다. 이들은 진주를 시작으로 6월 말까지 경남서부지역을 순회하며 강연활동을 펼쳤다.[114] 초청강연뿐 아니라 진주천도교청년회는 통영과 같은 인근 교구에 전도 강연을 행하기도 했다.[115] 회장 김의진은 경성천도교청년회 지방순강단에 선발되어 전국 순회강연에 참여했다.[116]

교리에 근본 하여 신사회 건설을 제시한 진주천도교의 강연활동은 큰 반향을 일으켰다. 진주의 강연회는 매번 1,000여 명 이상의 청중이 모여 열기를 띠었다. 진주제1공립보통학교에서 열린 동경순강단 강연은 '미처 입장을 못한 인파가 인산인해를 이루는 미증유의 대성황'[117]을 보였다. 동경순강단이 돌아간 후에도 청년회는 재동경 동우회연극단, 통영청년활동사진대 등을 초청하여 진주의 신문화 운동을 선도했다.[118]

개인의 수양, 즉 지·덕·체를 중시했던 천도교는 스포츠 활동에도 관심을 기울였다. 산하에 체육부를 두었던 진주천도교청년회는 1922년 11월 30일 축구단을 창단했다. 초대단장은 김영호가 맡았다. 천도교청년회관에서 열린 창립총회 현장에서 50여 명이 입회했다 한다.[119] 천도교가 발간했던 잡지 "개벽"도 1920년 말 진주에 분매소가 설치되어 유통되었다. 이 역시 지역민의 신문화 이해에 큰 도움을 주었을 것이다.

114) 『月報』 131, 「天道教青年會東京支會巡廻講演狀況」, 1921, 102쪽.
115) 『동아일보』 1921년 3월 13일, 「天道教員傳道講演」.
116) 『동아일보』 1921년 5월 7일, 「天道教青年會總會」.
117) 『동아일보』 1921년 6월 28일, 「天道學生巡講一行」.
118) 『동아일보』 1921년 7월 21일, 「青年活動團來晉」.
119) 『조선일보』 1922년 12월 16일, 「天道教蹴球團組織」.

문화운동에 조응하여 유지교인들에 의한 교육사업도 나타난다. 1920년 4월, 진주군 지수면 승내리의 유지 허진구[120]는 사재를 출연해 교사를 신축하고 노동야학교를 설립했다. 당시 진주 읍내와 인근의 금산, 이반성 등에서 노동야학이 운영 중이었으나 천도교인이 개인적으로 개설한 사례는 처음이다. 허진구는 이 야학에 문중 奴僕의 자제 수십 명을 선제적으로 입학시켰는데 촌락 내에서 반발이 심했다 한다. 그럼에도 지원자가 증가하고 특히 여학생의 수가 늘자 그는 지역 유지들과 합심하여 별도의 여학교를 건립했다.[121] 따라서 지수면에서는 천도교인에 의해 남녀노동야학이 각각 운영된 것이다. 허진구는 야학 校舍를 교리강습소로도 활용했던 것 같다. 1921년 진주교구에서 운용했다는 교리강습소는 이 노동야학을 의미하는 것으로 보인다.[122] 동향의 지주 구용서 역시 입교 후 토지 50평을 기부하여 전교실을 건립했다.[123]

반·상의 구분이 잔존했던 향리에서 지주층이었던 이들은 자산을 헌납하여 교리를 전수하고 사회적 약자를 계도했다. 천도교의 종지와 문화운동의 주지를 실천하고 수범한 것이다. 이 역시 3·1운동 이후 진주지역 천도교의 성장을 확인할 수 있는 사례다.

진주천도교의 문화운동은 1923년 이후 침체되는 양상을 보인다. 이 시점에 중앙의 문화운동이 사실상 막을 내리고 진주에서도 사회주의운동이 주류로 등장하면서 입지가 좁아진 것이다. 그러나 청년단체가

---

120) 허진구는 시대일보 진주지국 기자를 지내며 무산자 신문을 발행하는 등 언론인이자 교육 전문가로 활동했다(『시대일보』 1925년 12월 6일,「晉州에도 無産新聞支局」;『조선중앙일보』 1936년 5월 14일,「晉州教育問題座談會」). 광복 후 부산신문 진주총국장으로 재직하다가 1948년 사망했다.
121) 『月報』 129,「晉州勞動夜學校盛況」, 1920, 102쪽.
122) 『月報』 137,「教理講習狀況」, 1922, 19쪽.
123) 『월보』 137,「具氏美績」, 1922, 102~103쪽.

주도했던 천도교의 문화운동은 지역 주민들의 사회인식과 개혁의식에 큰 영향을 끼쳤다. 3·1운동 이후 진주지역에 분출했던 근대문명사회로의 열망은 신인간, 신사회를 주지로 하는 천도교의 문화운동이 상당 부분 선도한 것이었다.

2. 소년운동

진주천도교의 소년운동을 살피기에 앞서 1920년 결성된 진주소년회가 한국소년운동사에서 가지는 위상을 점검할 필요가 있다. 아울러 천도교소년회 및 소년운동과의 관계도 정리되어야 하겠다.

알려진 대로 '少年'[124]을 명칭한 단체는 3·1운동 직후 지방에서 먼저 만들어졌다. 안변, 왜관 등에서 소년회가 조직되었고 원산에도 '소년단'이라는 이름을 가진 결사가 등장했다.[125] 이들을 제치고 진주소년회가 국내 최초의 소년단체로 인정받는 이유는 3·1운동 기념만세운동이라는 '소년에 의한' 독립운동을 구체적으로 시도했기 때문이다. 총 8명이 실형을 받은 이 사건은 공판과정이 상세히 보도되어[126] 조선 전역에 '진주'와 '소년회'라는 이름을 각인시켰다. '사회적 회합의 성질을 띠인 최초의 소년단체'라는 평가가 나온 이유도 그 때문이다.

하지만 운동의 성격은 분리해서 생각할 필요가 있다. 천도교에 의해

---

124) '소년'은 전통사회에서는 '노년'에 대비되는 젊은이를 지칭했다. 개화기에도 소년은 20~30대의 연령층인 젊은이와 구별되지 않았다(이기훈, 「일제하 청년담론 연구」, 서울대학교대학원 국사학과 박사학위논문, 2005). 20세기 초 일본을 통해 '청년(young man)'의 개념이 들어오자 미성년, 즉 20세 이하의 연령층으로 고정되었다. 이후 천도교에 의해 1920년대 '어린이'라는 신조어로 정착되었다.

125) 신재홍, 「日帝治下에서의 韓國少年運動考」, 『史學研究』 33, 1981, 95쪽.

126) 『동아일보』 1921년 6월 24일, 「晋州少年會의 公判」 ; 『동아일보』 1921년 6월 26일, 「晋州少年判決」.

본격화된 소년운동도 큰 틀에서는 민족운동이며 독립운동의 일환이었다. 그러나 구체적인 목표와 내용은 어린이를 대상으로 한 아동인권운동이자 민족보존 방략이었다.[127] 1921년 결성된 천도교소년회는 지·덕·체를 겸비한 쾌활한 소년을 만드는 것을 목표로 했다.[128] 비밀결사로 조직된 진주소년회가 아동인권을 지향한 단체가 아니었음은 분명하다. 16~21세인 회원의 연령도 어린이나 소년이라기보다 청년·학생에 가깝다.

진주소년회의 의미를 높이 평가했던 천도교도 이러한 면에서 관계 설정에 고민이 있었던 것으로 보인다. 방정환과 함께 천도교 소년운동의 지도자였던 김기전[129]의 경우가 대표적이다. 진주소년회에 자극받아 '소년회운동'을 시작했다고 밝혔던 그도 아래의 글에서는 다른 언급을 하고 있다.[130]

그것은(진주소년회, 인용자) 惑種行爲를 하기 위하야 일시적으로 설립함에 불과함이요 신문지의 보도에 의하면 회원 각자가 그 회의 본래의 사명을 자각하고 상당한 조직과 의의있는 밑에서 그리한 것이라 하기는 어렵습니다. 고로 엄격히 말하면 우리 조선에는 아직도 진정한 소년의 모듬이라고는 없었다고 볼 수 잇습니다.

---

127) 김정인, 「1920년대 천도교 소년운동의 이론과 실천」, 『한국민족운동사연구』 73, 2012, 165쪽.

128) 천도교청년회중앙본부, 『천도교청년회80년사』, 2000, 301쪽.

129) 小春 김기전은 1920년대 소년운동의 이론과 실천에 큰 영향을 끼친 인물이다. 유학 중인 방정환을 대신해 천도교소년회의 창립을 주도했고 초대 총재를 맡았다. 당시 소년운동의 역할에서 그는 이론가, 방정환은 행동가로 규정되었다. 김기전은 1923년 2월 개벽사 주간 자격으로 진주를 방문해 신용구, 박태홍 등 교구 간부들과 면담하고 侍日예식도 참석했다. 이때도 그는 진주천도교소년회 회원들을 따로 만나 격려와 당부를 보냈다 한다(『개벽』 34, 「우리의 족적-경성에서 함양까지」, 1923).

130) 妙香山人, 「天道敎少年會의 設立과 其波紋」, 『월보』 131, 1921, 15쪽. 묘향산인은 김기전의 필명이다.

이러한 이면의 평가는 진주소년회의 존재를 인정하면서도 성격과 규모 등은 천도교의 소년운동과 구분하기 위한 의도에서 나온 것으로 보인다. 또한 독립운동 단체였던 진주소년회와 거리를 둠으로 일제의 감시로부터 천도교소년회를 보호하기 위한 목적도 있었을 것이다. 하지만 이후 어린이날이 제정되고 소년운동이 확산되면서 진주소년회는 항상 이 운동의 '원점'으로 설정되었다. 어린이날을 소개하는 기사는 늘 유래를 진주에서 찾으며 행사를 보도했는데 이는 광복 후에도 마찬가지였다.[131]

소년단체의 태생지이자 요람이었던 진주에서 천도교는 충실히 역할을 수행했다. 1923년 2월 4일 진주천도교소년회가 창립되면서 공식적인 활동이 개시되었다. 동회는 소년의 지·덕·체 발달과 정신향상, 인격수양을 목적으로 밝혔다. 이를 위해 산하에 유락부, 담론부, 학육부 등의 부서를 설치했다.[132] 회원 수는 남녀 300여 명이었으며 가입연령은 7~17세로 생각된다.[133]

천도교소년회가 발족됨에 따라 진주 최초의 어린이날 행사가 1923년 5월 1일 개최되었다. 시가행진은 경찰의 불허로 무산되었으나 지도자와 회원들은 오후 3시 기념식을 가진 후 준비한 전단지를 가가호호에 배부했다.[134] 저녁에는 특별강연과 축하연회가 열렸다. 이날 배포된 전단은 진주의 기성세대에게 어린이의 인격과 인권존중을 호소하는 선전물이었다.

진주천도교소년회의 창립과 어린이날을 통해 1923년 진주에 최초의

---

131) 『부녀일보』 1947년 5월 1일, 「어린이날의 由來」.
132) 『동아일보』 1923년 2월 12일, 「天道敎少年會設立」.
133) 천도교소년회의 공식적인 가입 연령은 7~16세였으나 지역에 따라 조금씩 차이가 났다. 당시 진주의 상한은 17세였다(『동아일보』 1922년 8월 22일, 「少年蹴球大會」).
134) 『동아일보』 1923년 5월 1일, 「地方各地에 八萬枚」.

'어린이'가 등장했다. 과거의 '童蒙'이나 '어린애'가 아닌 미래의 동량인 인격체로서 진주의 '少年'과 '어린이'가 탄생한 것이다. 이 어린이를 위한 대중운동이 소년운동이라는 이름으로 진주에서 활발히 전개되었다. 중심에는 늘 천도교가 있었다.

진주천도교소년회는 소년을 대상으로 웅변, 가극, 동화대회를 개최했고 간부들은 심사위원으로 참여했다.[135] 회원들은 소년가극단을 만들어 어린이날 기념공연을 하기도 했다.[136] 천도교소년회는 스포츠 활동도 중시했다. 축구 열기가 높았던 진주는 1922년부터 매년 소년축구대회를 개최했다. 00소년단이라는 이름으로 각 클럽 축구단 7~8팀이 참가해 각축을 벌였다. 천도교는 '칼날', '수평'소년단 등의 축구부를 출전시켰다.[137] 야영활동도 신체단련과 체험학습으로 중요시했다. 간부들 인솔하에 나동면 독산리와 같은 근교에서 2~3일간 실시되었다.[138] 진주의 소년회 임원들은 1923년 7월 경성 천도교회관에서 '소년지도자대회'에 참석하여 소년운동의 미래를 논의했다.[139]

개벽사에서 발간해 당시 소년운동에 큰 영향을 주었던 잡지 '어린이'의 진주지사도 이 무렵 설립되었다. 여기서 어린이날 행사를 주관하기도 했다. 기념식, 선전지 배포, 축하 연회를 내용으로 하는 진주의 어린이날 행사는 1926년까지 순조롭게 진행되었다. 1924년 행사는 시가행진도 허용되었다. 메이데이와 겹친 5월 1일, 타 단체의 행렬은 금지되고 오직 천도교 소년회의 간부와 회원들만이 악대를 앞세우고 진주 시가를 행진했다.[140]

---

135) 『조선일보』 1924년 8월 13일, 「少年懸賞雄辯大會」.
136) 『개벽』 35, 「육호통신」, 1923.
137) 『동아일보』 1923년 4월 13일, 「晋州少年蹴球大會」.
138) 『동아일보』 1923년 8월 16일, 「天道少年野營試行」.
139) 『동아일보』 1923년 7월 25일, 「어린이 引導는 어찌하면 좋을까」.

그러나 지역사회운동에 대한 감시가 강화되는 1927년부터 어려움을 겪게 된다. 이해 진주경찰서는 별다른 이유 없이 어린이날 집회를 불허했다.[141] 이듬해에는 불온단체 색출을 명분으로 진주유치원을 수색하고 어린이날 전단지 수천 장을 압수했다.[142] 1929년에는 청년, 노동 단체들의 집회를 금지하고 간부들을 각종 명목으로 구속했다. 동시에 어린이가 참가하는 현상동화대회마저 치안을 이유로 불허하는 발악적 통제를 가한다.[143] 그러한 과정에서 진주의 소년운동도 위축될 수밖에 없었다.

소년운동은 천도교가 계층·계급·성별에 주목하면서 가장 먼저 만든 부문운동이었다.[144] 그 요람인 진주에서 교인들은 사명감을 가지고 '소년을 위한' 어린이운동을 성실히 추진했다.

3. 경남결사대의 의열투쟁

천도교의 행동노선은 기본적으로 비폭력이었다. 이는 3·1운동 이후 국내의 모든 민족운동에 관철되었다. 진주도 마찬가지였다. 그러나 유일하게 무장투쟁을 시도한 사례가 있는데 그것이 이른바 경남결사대에 의한 '조선총독 암살미수사건'이다.

경남결사대는 1920년 3월 9일 진주 옥봉리에서 교인 황태익이 7명의 단원으로 조직한 비밀결사다. 결성 후 경남 일대(고성, 창원, 사천, 산청, 함안, 의령, 합천)의 유지들에게 지원을 호소하고 상해 임정과도 연

---

140) 『시대일보』 1924년 5월 4일, 「記念行列盛況」.
141) 『중외일보』 1927년 5월 9일, 「어린이날 晉州서는 금지」.
142) 『조선일보』 1928년 5월 7일, 「어린이날의 宣傳紙까지 押收」.
143) 『조선일보』 1929년 11월 26일, 「治安妨害라고 童話大會禁止」.
144) 김정인, 『천도교 근대 민족운동 연구』, 한울, 2009, 128쪽.

락을 취했다 한다. 이들은 4월 초 조선총독 齊藤 實의 진주 순시를 기해 암살 거사를 모의했으나 엄중한 경호로 인해 포기했다.[145]

결사대는 이후 부산 築港式 축하회에 정무총감과 고관들이 참석한다는 정보를 입수하고 역시 결행을 준비했다. 황태익은 단원을 부산으로 보내 사전 준비를 지시하고 자신은 고성군 구만면 산중에서 김의진, 박태준과 회합하다가 진주경찰서에 의해 체포되었다. 소지하고 있던 단원 명부와 규약, 항일서적들도 현장에서 압수되었다. 검거된 인사는 黃泰益, 姜在淳, 朴台俊, 金義鎭, 黃鎬益, 姜大規, 盧聖和, 盧應凡 등 8명이다.[146] 경찰은 이들이 천도교인임을 공표했으나 교단 전체로 수사를 확대시키지는 않았다.

V. 맺음말

경남서부지역의 동학은 1880년대 중반 덕산에서 세력을 형성하여 진주로 전파되었다. 1890년 이후 접소가 설치된 것으로 생각되는 진주의 동학은 교조신원과 농민운동을 거쳐 1900년대 초 민회운동에 참여하게 된다. 1904년 진보회의 결성에는 전희순, 김상정, 윤치수, 손은석 등 진주 인근의 동학 지도자들이 경남지역 두령 자격으로 참여했다. 진주의 동학은 이후 진보회 지회의 결성, 시천교와의 갈등 등 부침을 겪은 뒤 1906년 12월 천도교 진주대교구로 성립되었다. 이어 1914년에는 7개의 지역교구를 관할하는 경남의 거점 교단으로 자리 잡았다.

이곳에 대교구가 설치된 것은 교계의 상황과 함께 당시까지도 진주

---

145) 『동아일보』 1920년 6월 5일, 「總督暗殺團逮捕」.
146) 『매일신보』 1920년 6월 5일, 「所謂慶南決死隊는 其實 山賊의 一群」.

가 도청 소재지로 경남의 중심지였다는 점도 고려된 것으로 보인다. 이후 시천교로 떠난 일부를 제외하고 3·1운동까지 진주대교구는 고승당산 전투, 갑진개화운동 등을 거친 지역 동학의 1세대들이 이끌어 가게 된다. 그리고 중심인물은 전희순이었다.

1910년대 진주교구는 교단을 정비하고 교맥을 이어갔으나 기대만큼의 신장은 이루지 못했다. 그 결과 3·1운동에서 조직적인 움직임을 보이지 못했다. 하지만 그로 인해 교단의 피해가 크지 않았다는 사실이 이후 진주 천도교가 약동할 수 있었던 요인으로 작용했다. 3·1운동을 거친 후 교세의 신장을 이루고 민족운동에 역동적으로 참여하게 된다.

1920년대 진주지역 천도교의 민족운동을 견인한 세력은 청년단체였다. 1919년 말에 설치된 교리강연부진주지부와 이를 확대시킨 진주천도교청년회는 이 지역 천도교의 행동기지였다. 교리강연부의 임원들은 미래자원인 79명의 부원을 육성하며 예회와 강론을 통해 진주 교구의 위상을 알렸다. 1920년 4월 결성된 진주천도교청년회에는 당대의 청년 활동가들이 입회하여 교단에 활력을 불어넣었다. 이 단체로 인해 진주 천도교는 지역의 사회운동과 민족운동에서 지형을 형성할 수 있었다. 이어 1926년 천도교청년당 지부의 결성에 이르기까지 청년단체의 조직과 활동은 선제적이고 속도감 있게 추진되었다.

3·1운동 이후 교구 임원의 개편과 세대교체도 이루어졌다. 전희순으로 대표되는 동학 출신의 1세대들이 퇴진하고 신용구를 필두로 하는 신파 2세대 인사들이 부상한 것이다. 신유포덕이 이루어진 1921년에는 교인이 증가하고 임원이 보강되는 등 급격한 교세의 신장을 보인다.

확대된 교세와 영향력을 바탕으로 진주 천도교는 지역의 문화운동을 선도했다. 1919년 7월 부인야학교의 설립을 시작으로 강연, 문화, 예술, 스포츠 활동 등의 신문화운동을 전개했다. 중앙의 이론가와 지부

간부들이 참여한 합동 강연회는 신문명, 신사조의 전도장이었다. 주민들은 이를 통해 교리와 함께 개조사상과 같은 문화운동의 논리를 수용할 수 있었다. 천도교가 발행한 잡지 "개벽"과 "어린이"도 분매소를 통해 진주에 유통되었다. 이 역시 천도교 사상과 문화운동론의 이해에 큰 도움을 주었을 것이다. 이러한 흐름에 상응해 유지교인들의 교육계몽사업도 등장한다.

소년단체의 독립운동이 처음으로 일어났던 진주에서 천도교는 사명감을 가지고 소년운동을 실천했다. 천도교소년회의 결성과 어린이날을 통해 1923년 진주 최초의 '어린이'가 탄생했다. 이들을 민족의 대들보로 키우고자 교인 지도자들은 열과 성을 다했다. 지 · 덕 · 체를 겸비한 미래의 동량을 만들기 위한 소년운동이 1920년대 후반까지 활발히 전개되었다.

진주의 천도교는 대교구 설립 후 열악한 여건에서도 교단을 유지하고 도통을 이어갔다. 그 기반 위에 3 · 1운동 이후 청년단체가 조직되고 활동가들이 참여했다. 이들은 교리의 수양과 함께 실천을 통해 지역의 변화와 민족의 진로를 모색했다. 그에 따라 진주지역 천도교의 활동지평은 확장되었고 지역사회운동에서도 뚜렷한 족적을 남길 수 있었다.

제5장
진주지역의 사회주의운동과 조선공산당 재건운동

Ⅰ. 머리말

3·1운동을 제외한 일제하 진주지역의 민족운동사연구는 대략 두 갈 래의 방향에서 진행되었다. 첫째는 '사회운동'이라는 관점에서 특정한 편향을 두지 않고 1920년대 지역민의 사회활동을 포괄적으로 분석한 경우이다.[1] 이는 사회운동의 해석을 통해 지역사회의 변동과 구성원 이 지향했던 사회의 성격을 설명하려는 의도로 이해된다. 두 번째는 같은 시기 추진된 각종 부문 운동의 내용을 추적하여 진주지역 대중운 동의 실체를 규명하고자 한 시도다. 사회운동보다는 민족운동, 민족해 방운동이라는 시각에서 주도층의 노선과 활동상을 파악한 것이다. 초 기 연구는 농민운동에 집중되었으나 최근에는 청년, 종교운동으로 확 대되었다.[2]

---

1) 김중섭·유낙근, 「1920년대 초 사회운동의 동향: 진주지역을 중심으로」, 『현상과 인 식』10, 1986 ; 김중섭, 「일제식민통치와 주민교육운동—진주지역을 중심으로」, 『한국사회사학회논문집』47, 문학과지성사, 1995 ; 「일제하 경남도청 이전과 주 민저항운동」, 『경남문화연구』18, 1996 ; 「일제하 지역 사회 운동과 근대 사회 발전: 진주지역을 중심으로」, 『현상과 인식』29, 2005.
2) 정연심, 「1920년대 晉州勞動共濟會의 조직과 농민운동」, 『釜大史學』제21집, 1997 ; 오미일, 「1920년대 진주지역 농민운동」, 『진주농민운동의 역사적 조명』, 역사비평

경향과 관계없이 이러한 성과들은 식민지시기 지역공동체의 의식변화와 실천투쟁의 양상을 밝힘으로 진주지역운동사의 외연을 확장했다는 의미를 지닌다. 그러나 3·1운동 이후 전개된 국내 민족운동의 가장 핵심적인 동력, 즉 사회주의 이념과 세력의 진출이라는 관점에서 이 지역 민족운동사를 파악하는 시도는 없었다. 농민운동을 필두로 하는 대중부문운동에서 사회주의자들의 역할을 인정하면서도 이를 사회주의운동으로 직결하기를 주저하는 경우도 발견된다.[3]

민족운동이든 사회운동이든 진주지역 운동세력의 활동과 궤적은 사회주의 사상의 수용과 실천이라는 국면에서 재조명되어야 한다. 사회주의는 3·1운동 이후 언론을 통해 파급되어 민족주의자들과 지식청년들에게 지적 세례를 주었다. 지역의 부문운동에도 자극을 주어 '개조'와 '문명화'에 매몰되었던 청년운동과 노동·농민·여성운동에 '혁신'의 열풍을 불러왔다. 백정의 인권운동에서 출발한 형평운동도 사회주의의 영향으로 1920년대 중반에는 계급운동의 성격을 띠게 된다.

3·1운동 직후 등장한 진주의 사회주의자들은 부침을 겪으면서도 자신들이 택한 이념을 지역공간에서 꾸준히 실험하였다. 운동은 1930년대 초 조선공산당 재건운동으로 종결될 때까지 합법, 비합법적 영역을 망라하여 추진되었다. 주도층은 고착된 지배체제하에서 지역 경찰로 대표되는 일본 제국주의와 끊임없이 대척했다. 식민지 진주에서 반제

사, 2003 ; 김희주, 「1920년대 진주지역의 청년운동과 진주청년동맹」, 『한국민족운동사연구』 72, 2012 ; 「일제하 진주지역 天道敎의 문화운동」, 『東國史學』 제55집, 2013.

3) 진주노동공제회 지도자들의 이념을 단일적으로 볼 수 없기에 동회의 농민운동을 사회주의 운동으로 보기 어렵다는 견해가 있다(김중섭, 「1920년대 지역 사회운동과 농민운동-진주 지역을 중심으로」, 『현상과 인식』 32, 2008, 73쪽). 하지만 이 단체의 주활동이 계급문제가 투영된 소작투쟁이었고 이를 주도한 인사들이 당시는 물론 이후에도 사회주의 노선으로 일관하였다는 점에서 사회주의 운동이라 규정하는데 무리가 없을 것이다.

민족운동세력을 발굴한다면 이들 외에는 대안이 없다. 사회주의는 일제하 진주지역 민족운동의 자양이자 동력이었다. 세력과 활동에 대한 정밀한 분석이 요구된다.

이 같은 문제의식을 가지고 지금부터 일제 진주지역에서 전개된 사회주의 운동과 조선공산당 재건운동을 검토해 보고자 한다. 먼저 이 지역 초기 사회주의자로 규정할 수 있는 인물들의 면모와 그들의 세력화 과정을 살펴보았다. 이후 사상단체, 야체이카 조직 등 합법, 비합법적 공간으로 영역이 확장되는 과정을 파악해 보았다. 다음으로 각종 부문운동에서 사회주의자들의 활동과 추이를 지금까지 잘 알려지지 않았거나 경시되었던 내용을 중심으로 소개하였다. 마지막으로 1930년대 초 진주지역에서 추진된 조선공산당 재건운동의 양상과 한계를 찾아보았다. 이상의 작업을 통해 일제하 진주지역 민족운동의 실체에 보다 접근할 수 있으리라 생각한다.

II. 진주지역 사회주의세력의 형성

1. 초기 사회주의세력의 등장

3·1운동을 거친 후 진주지역에도 사회주의 세력이 등장했다. 이곳에 사회주의 이념이 수용된 배경과 초기 활동가들의 면모를 파악하는 과정을 통해 이들 세력의 실체에 접근할 수 있을 것이다.

한국의 사회주의운동을 다룬 초기 연구는 사회주의가 국내에 진입한 시점을 1921년 말로 보고 있다.[4] 활동무대를 한국 본토로 옮기고자 한 코민테른의 의지, 대중투쟁으로의 전술적 전환, 양대 공산당(상해,

이르쿠츠크)에 대한 무망감 등의 요인이 복합적으로 작용하여 국내로의 중심 이동이 이루어졌다는 것이다.[5]

그에 따라 1922년 사회주의자는 민족주의 진영에서 분리되고 고려공산동맹, 무산자동지회 등의 초기 코뮤니스트 그룹이 출현하게 된다.[6] 이해 말 코민테른 집행위원회는 상해파와 이르쿠츠크파 공산당을 해산하고 직속으로 꼬르뷰로(고려국)를 설치하여 조선에서 통일당 건설을 추진하였다.[7] 이후 국내의 각 분파는 경쟁과 분열을 거치며 1925년 4월 조선공산당을 창건하고 코민테른의 승인을 받게 된다.

이러한 사회주의의 실제화는 지방에서도 별 차이 없이 진행된 것으로 이해되고 있다. 꼬르뷰로 국내부의 지역 야체이카가 건설되는 1923년 중반부터 양대 동맹(조선청년총동맹, 조선노농총동맹)이 결성된 1924년 초의 기간에 지역의 사회주의도 정체성을 드러내며 세력화되어간 것이다.[8]

이 시점에 조직되어 진주지역 사회주의의 대중화를 선도했던 단체가 진주노동공제회와 진주청년연맹이었다.[9] 양자의 핵심 인물은 이곳 사회주의 운동의 1세대이자 대중운동의 지도부였다. 이들의 신상과 이력을 살펴보는 것은 진주지역에 사회주의가 수용되고 세력화되는 과정을 밝히는 단서가 될 것이다. 1922년에서 1925년까지 양 단체에서 활동한 사회주의 성향의 주요 인물은 다음과 같다.[10]

---

4) 로버트 스칼라피노·이정식, 『한국공산주의운동사』 1, 돌베개, 1986, 98쪽.
5) 임경석, 『한국 사회주의의 기원』, 역사비평사, 2003, 555쪽.
6) 朝鮮總督府警務局, 『朝鮮治安狀況』, 1922, 470쪽.
7) 김준엽·김창순, 『한국공산주의운동사』 1권, 청계연구소, 1986, 402쪽.
8) 이재화·한홍구 편, 『한국민족해방운동사자료총서』 2권, 경원문화사, 1988, 259~261쪽.
9) 진주노동공제회와 진주청년연맹에 대해서는 정연심과 김희주의 앞의 논문 참고.
10) 물론 이들의 신상은 진주지역의 사회운동과 부문운동을 다룬 선행 연구를 통해 어느 정도 밝혀졌다. 그러나 지역의 초기 사회주의자라는 시각에서 그 면모를 파악한

<표 1> 진주지역 초기 사회주의자 인물표

성명	출생	학력	직업	관련단체 (1922~1925)	활동 추이
강달영	1886	진주도(공)립 보통학교	대서인	진주노동공제회	조선노농총동맹 중앙위원, 꼬르뷰로 국내부 진주야체이카 책임자, 제2차 조공책임비서
강대창	1896	한학 이수	상회 지배인	진주노동공제회	동아일보 진주지국장, 진주노동연맹 집행위원, 진주농민조합 집행위원, 신간회 진주지회 간사, '10.1' 항쟁사건으로 1949년 처형
고경인	1889	진주공립농업학교, 동경 중앙대 정치과 중퇴	교사	진주노동공제회, 진주청년연맹	조선일보 진주지국기자, 태평양 노동조합, 함흥적색노조
김기호				진주청년연맹	진주노동청년회 집행위원
김재홍	1887	한학 이수	여관업	진주노동공제회	진주노농연맹 농민부 집행위원, 조선노동연맹회 중앙위원, 조선공산당 경남도당 집행위원
조우제	1885		교사	진주노동공제회, 진주청년연맹	전조선민중운동자대회 준비위원, 진주농민조합 집행위원장, 경남적색교원 노조, 진주소비조합 발기인, 동우사
박태홍	1892	천도교교리원	농업	진주노동공제회, 진주청년연맹,	동우사, 조선공산당 경남도당위원, 신간회 진주지회장
이도영				진주노동공제회, 진주청년연맹	금산소작조합장
정준교	1880		광산업	진주노동공제회	동아일보 진주지국장, 동우사
남해룡 (남홍)	1894	진주공립농업학교	경남도청 고원	진주노동공제회	제2차조선공산당, 남해적색노조, 경남조공재건운동
박진환	1888		잡화상	진주노동공제회	동우사, 형평사 발기인, 진주노동연맹 집행위원, 신간회 진주지회 간사

시도는 없었다.

성명	출생	학력	직업	관련단체 (1922~1925)	활동 추이
김종명			농업	진주노동공제회	동우사
김찬성		진주제2보통 학교		진주청년연맹	형평사 발기인, 신간회 진주 지회 간사
허경용			농업	진주노동공제회	1932년 '진주학생협의회' 사건 으로 고문치사
강치열				진주노동공제회	신간회 진주지회 간사, 진주 노동연맹위원장, 진주농민조 합 조사위원,
강상 (경)호	1887	진주공립농업 학교	교사	진주노동공제회	동우사 발기인, 신간회 진주 지회 간사, 대동사 부위원장

위 인물들은 19세기 말에 출생하여 청년기에 지역에서 3·1운동을 체험했다. 이후 20~30대 중반의 연령에 각 단체에 소속되어 왕성한 활동을 전개한 진주지역 사회주의운동의 1세대였다. 도립보통학교, 공립농업학교 등 근대교육의 수혜자들도 있었지만 한학 이수 내지는 학력 확인이 안 되는 경우가 절반으로 특별히 지식층이라 보기는 어렵다.

직업도 농업과 자영업자가 대부분으로 경향성은 발견되지 않는다. 경제 수준은 일률적으로 파악할 수 없으나 중농 이상의 배경은 가진 것으로 보인다. 생활기반이 안정된 인물이 대부분이었다. 강상(경)호, 고경인, 남해룡은 당시 지역의 고등교육기관인 진주공립농업학교 출신이다. 이 중 강상(경)호는 정촌면 지주의 아들로 진주국채보상운동에 참여하였고 대한협회 지회원으로 활동했던 유지였다.[11] 강달영과 김찬성도 일정한 여력이 요구되는 도(공)립 보통학교를 졸업했다.[12] 한

---

11) 김희주, 「대한협회 진주지회의 결성과 활동」, 『역사와 교육』 제21집, 동국대학교 역사교과서연구소, 2015, 520~522쪽.
12) 강달영의 심문조서에는 그가 자신의 학력을 진주도립고등보통학교 4학년 졸업이라 진술했다고 나와 있다(김준엽·김창순 공편, 「강달영심문조서」, 『한국공산주의운동사 〈자료편 II〉, 고려대학교 아세아문제연구소, 1980, 118쪽). 하지만 이는 오류로

학 이수자들도 신교육을 받지 않은 것은 가풍에 따른 것이지 경제적인 이유는 아닌 것으로 생각된다. 상회 지배인(강대창), 여관업(김재홍), 광산업(정준교), 잡화상(박진환) 등의 자영업자는 물론 직업이 확인되지 않는 인물도 토지자산에 기반하여 생업에 구애받지 않고 사회운동에 투신한 것으로 보인다. 이들은 모두 사회주의 사조에 공감하고 그것을 실천하고자 한 진주지역의 초기 활동가들이었다.

이 중에서도 사회주의 이념을 최초로 수용해 대중운동에 실험한 핵심인물의 존재를 추적할 필요가 있다. 먼저 진주지역 3·1운동을 주도하고 실형을 받은 강달영, 강상호, 김재홍, 박진환, 정준교 등 5명이 주목된다. 이들은 김재홍을 제외하고 2심에서 비교적 중형인 징역 3년을 선고받았다. 강달영, 정준교, 박진환은 대구감옥에서 복역하고 1921년 3월 6일 만기 출소하였다. 출옥 후 같이 구속되었던 김재홍, 심두섭과 함께 지역 사회단체의 중심이었던 진주청년회에 전원 가입하였다. 이들이 합류함에 따라 복역자는 아니었지만 고경인, 박태홍, 남해룡과 같은 초기 사회주의자들도 이 무렵 동참하였다. 부호, 유지들이 주축이었던 진주청년회는 이들 그룹이 참여함에 따라 인적 판도에 변화를 보이게된다. 위원제로 전환을 골자로 하는 단체의 '革新'을 진주청년회가 비교적 조기에 성취할 수 있었던 것도 그러한 배경이 작용했기 때문이다. 다만 일정한 '결집화'를 이루었을 뿐 진주청년회를 통하여 사회주의 운동이 분출된 것은 아니었다.

진주지역에서 사회주의가 '세력화' 되어 표면적 활동이 전개되는 것

생각된다. 그가 졸업했다는 도립고등학교는 진주공립실업학교로 1910년 개교하여 이듬해 진주공(도)립농업학교(현 경남과학기술대학교)로 교명을 변경했다(勝田伊助, 『晉州大觀』, 1941, 177쪽). 1886년생인 그가 이 학교에 입학했다고 보기는 어려운 것이다. 아마도 1895년 설립된 진주공립소(보통)학교(현 진주중앙초등학교), 혹은 진주낙육학교를 다닌 것으로 보인다.

은 1922년 결성된 진주노동공제회를 통해서다. 진주노동공제회 지도부의 성향을 민족주의와 사회주의 계열로 양분하는 시각[13]도 있지만 구성비율과 활동 비중에서는 강달영을 중심으로 하는 후자의 세력이 우월했다. 동년 2월 19일 열린 발회식에서는 장영정, 이현중과 같은 유지, 부호들이 위원장과 의사장으로 추대되었다. 그러나 실제로 조직과 인선을 주도한 것은 대표 발기인이었던 강달영과 임시의장 조우제였다.[14] 남홍, 박진환, 박태홍, 정준교, 고경인, 강상호도 당시 임원으로 참여하였다. 이들 진주청년회 세력에 뒤이어 강대창, 허경용, 강치열과 같은 선명 노선의 인물들도 가입하여 진주노동공제회를 장악하게 된다. 이 중 박태홍과 고경인은 진주청년연맹의 집행위원으로 중복 활동했다.

요컨대 3·1운동 주도자들의 진주청년회 가세, 진주노동공제회의 조직과 활동, 사회주의 청년단체(진주청년연맹, 진주노동청년회)의 결성이라는 과정을 거치며 진주지역에서 초기 사회주의자들의 영역이 단계적으로 형성되어 간 것이다. 이들은 연령과 교육수준, 활동이력 등에서 '혈기의 청년', '민족주의 급진분자'[15]라는 국내 초기 사회주의자들의 범주를 벗어나지 않는다. 그렇다면 이들 그룹이 사회주의 신념을 수용하게 된 배경을 살펴볼 필요가 있다.

진주의 사회주의는 강달영이 대구 감옥에서 처음 받아들였으며 그가 출옥 후 진주청년회 회원들을 중심으로 확산시켰다는 증언이 있다.[16] 진주지역 사회주의 진영에서 강달영의 존재는 절대적이었지만

---

13) 오미일, 「1920년대 진주지역 농민운동」, 『진주 농민운동의 역사적 조명』, 역사비평사, 2003, 125~126쪽.
14) 『동아일보』 1922년 3월 1일, 「노동공제회진주지회」.
15) 『동아일보』 1927년 2월 19일, 「전환기에 직면한 조선신흥운동」.
16) 김중섭, 「1920년대 지역 사회운동과 농민운동—진주지역을 중심으로」, 『현상과 인

아무리 지역사회라 해도 이념의 수용과 전파가 감옥에서 이를 체득한 한 인물에 의해 전적으로 이루어졌다고 보기는 어렵다. 진주에도 3·1운동 이전, 즉 볼셰비키 혁명 이후 주로 서적을 통해 사회주의에 대한 정보와 관심을 가진 인사들이 있었을 것이다.[17] 동시에 3·1운동의 역량과 강달영과 같은 전위적인 활동가의 등장이 맞물려 사회주의 세력의 토대가 마련된 것이다. 여기에 1923년에 와서 중앙 사상단체의 지도와 강연회가 진주에도 집중되었다. CC당의 표면단체였던 토요회는 동년 여름 간부 李浩를 진주, 마산지역에 파견하여 세력증강을 기했다. 같은 해 8월에는 일본에서 결성된 北星會가 서울을 시작으로 전국 순회강연을 열었는데 진주도 포함되었다. 정우환, 김종범을 비롯하여 北原龍雄, 布旅辰治 등 일본인 이론가들까지 참여하여 지역에서 대규모의 강연회가 진행되었다.[18] 꼬르뷰로 국내부 진주야체이카의 건설도 이 같은 흐름에 동반하여 이루어진 것으로 보인다. 국내부가 조직된 1923년 5월부터 야체이카의 설치가 시작되었고, 진주는 사상단체의 포섭과 선전활동이 집중된 8월을 전후하여 구성을 보았을 것이다. 책임자 강달영 외 조직원의 명단은 전하지 않는다. 인근 마산의 예를 감안하면 5~6명 정도 관계한 것으로 생각된다.[19]

진주의 초기 사회주의 세력은 3·1운동을 주도한 지역의 청년 활동가로부터 태동하였다. 운동의 좌절과 투옥으로 이어지는 상황에서 이들은 사회주의에 대한 희망과 신념을 가지게 된 것으로 보인다. 출옥

식』 32, 2008, 72쪽.

17) '제1차 조선공산당 사건'으로 검거되었던 林元根은 초기 사회주의자들에게 영향을 미친 연구 서적으로 "사회주의연구", "유물사관연구", "사회조직과 사회혁명", "자본주의 경제학의 발달사" 등을 지목했다(김준엽·김창순 공편, 『한국공산주의운동사』 〈자료편 Ⅰ〉, 고려대학교 아세아문제연구소, 1979, 447쪽).

18) 『동아일보』 1923년 8월 5일, 「신인의 주의강연」.

19) 김준엽·김창순 공편, 「김낙준심문조서」, 『한국공산주의운동사』 〈자료편 Ⅰ〉, 14쪽.

후 이들은 지역의 대표적 사회단체인 진주청년회에 일제히 가입하여 지역사회의 전면에 등장하게 된다. 물론 이들의 참여가 진주청년회의 질적 변환을 가져온 것은 아니었다. 개인의 수양과 지역의 개조라는 본령은 변화가 없었다. 사회주의 세력이 결집되고 조직화되는 기점을 제공했다는 측면에 의미를 두어야 할 것이다.

그 효과는 1922년 진주노동공제회의 결성으로 나타나게 된다. 동회의 조직과 활동은 진주의 사회주의자들이 사회운동에 계급적 관점을 이식하는 가장 구체적인 작업이었다.[20] 이들은 소작인의 계급적 처지를 '무산자'로 인식하고 동년 9월 4일, '소작노동자대회'를 개최하였다.[21] 여기서 발표된 결의안은 당시 소작인들의 요구를 직접 반영한 것으로 이후 소작운동의 지침이 되었다.[22] 조선노동공제회에서 조선노동연맹회가 분리되었을 때 강달영, 박태홍, 김재홍이 임원으로 당연히 가담했다.[23]

진주노동공제회의 활동은 진주의 초기 사회주의자들이 자신이 선택한 이념을 지역에 적용한 실험이었다. 야체이카의 설치는 중앙당 건설 방침의 일환이었지만 지역 사회주의자들이 중앙과 접합한 최초의 경험이자 비합법적 운동의 출발이라는 의미가 있다. 물론 여기에는 1922년부터 '중립공산당'에 가입하여 중앙세력과 연결되어 있었던 강달영의 역할이 컸다.[24] 비합법적 지점에서의 움직임과 함께 공개영역에서의 활동도 요구되었을 것이다. 진주의 초기 사회주의자들은 1923

---

20) 金森襄作,「朝鮮農民組合史—1920年代の晋州, 順天ゑ中心にして」,『朝鮮史叢』5·6, 1982, 310쪽.
21) 朝鮮總督府警務局,『高等警察關係年表』, 1930, 103쪽.
22) 오미일,「1920년대 진주지역 농민운동」, 103쪽.
23)『동아일보』1923년 4월 29일,「勞動聯盟總會」.
24) 임경석,「강달영, 조선공산당 책임비서」,『역사비평』, 역사비평사, 2002 봄, 254~255쪽.

년 후반부터 사상단체를 운영하며 지역사회운동을 표면에서 지도한다.

2. 사상단체의 결성

사상단체는 중앙의 각 공산주의 그룹이 비밀결사를 만든 뒤 공개적으로 결성한 그들의 표현기관이었다. 1922~1924년 사이에 주로 조직되어 합법적 공간에서 사회운동을 지도했다. 지방 사회주의 그룹의 지도자들도 서울의 사상단체에 가입하여 활동했다.[25] 따라서 지방에도 중앙의 영향 아래 각 기의 단체들이 등장하게 된다.

이들은 사회주의 사상을 연구, 선전하면서 지역의 사회운동을 견인해 갔다. 경남서부지역은 진주, 고성, 삼천포, 하동 등지에 사상단체가 활동하였다. 진주를 제외하고 모두 1926년 이후 결성되었으며 화요회와 북풍회 세력으로 양분되어 있었다.[26]

진주는 1923년 초에 단체 조직이 시도된다. 이 해는 진주지역에 사회운동단체가 가장 활발하게 등장하는 시기였다. 당해에만 대략 20여 개의 사회단체가 출현했다.[27] 성격도 진주노동공제회의 하부조직에서 형평사, 종교단체, 관변 이익집단에 이르기까지 다양했다. 그러나 크게 보면 진주청년회, 진주노동공제회를 거치며 형성된 이념 지향적 활동

---

25) 박철하,「1920年代 社會主義 思想團體 研究」, 숭실대학교 대학원 사학과 박사학위 논문, 2003, 194쪽.

26) 박철하, 위의 논문, 311쪽.

27) 1923년 창립된 진주의 사회단체는 '진주 불교 진흥회', '천도교 진주 소년회', '진주 교육 다화회', '진양상우회', '진주각단연합회', '진주 상보회', '진주천주교 여자청년회', '진주면 민립대학발기회', '진주 금주단연회', '진주노동공제회 양화직공조합', '진주 부업 장려회', '형평사', '진주공존회', '보천보 소년회', '진주 제1공립보통학교 학부형회', '진주남진 수양단', '진주수양단', '진주노동공제회 자유노동조합', '진주 부인회', '진주 지주회' 등이다. 김중섭·유낙근,「1920년대 초 사회운동의 동향: 진주지역을 중심으로」,『현상과 인식』10, 1986, 25~28쪽.

가 세력과, 체제에 동화되어 식민지 현실에 안주해 가는 지주, 유력자의 집합으로 대별되는 양상이었다. 진주공존회, 진주노동공제회, 양화직공조합, 자유노동조합, 진주각단연합회 등을 전자로 들 수 있다. 진주상보회, 진주수양단, 진주지주회 등이 후자의 대표적인 경우다.

요컨대 1923년을 기점으로 지역의 사회운동 세력 간에 일정한 진영이 형성되었다고 볼 수 있는 것이다. 국내부 야체이카라는 비밀조직의 설치와 함께 이러한 세력재편이 진주에서 사상단체가 등장하는 배경이 되었다. 그리하여 1923년 9월 2일 진주지역 최초의 사회주의 사상단체인 '九二同盟會'가 결성되게 된다. 당시 지방에서는 '메이데이'와 '국제청년데이' 등 기념일을 기해 사상단체를 결성하는 경우가 많았다. 1923년 진주에서도 양 행사가 개최되었다. 진주노동공제회가 주최한 5월 1일 메이데이 행사는 당국의 불허로 시위행진은 무산되고 기념식과 강연회만 진행되었다.[28]

뒤이어 국제청년기념일인 9월의 첫째 토요일, 즉 9월 2일에 진주의 '무산자'들이 구이동맹회라는 단체를 창립했다. 진주 의곡에서 열린 창립총회는 회원 간의 토론회 개최를 의결하고 5명의 간사(김영호, 박순명, 이현한, 김환태, 천명옥)를 선출한 후 폐회했다.[29] 진주의 초기 사회주의자들은 임원 명단에 나타나지 않는다. 이미 요주의 인물로 감시와 사찰이 강화되는 상황에서 전면에 등장하기는 어려웠을 것이다. 그러나 조직 결성은 사실상 이들의 영향력 아래 이루어진 것으로 생각된다. 구이동맹회는 당국의 주목하에 뚜렷한 활동을 전개하지 못하고 한달여 뒤 강제 해산 되었다.[30] 진주경찰서는 서장 명의로 명령서를 하

---

28) 『동아일보』 1923년 5월 7일, 「진주의 메이데이」.
29) 『조선일보』 1923년 9월 6일, 「九二同盟會創立總會」.
30) 1923년 10월 진주경찰서는 관공서 폭파 기도라는 혐의로 강달영, 조우제, 김의진, 박태준, 강대창 등 요주의 인물 15인을 검거하였다. 조사과정에서 구이동맹회까지

달하고 해산의 조건과 방법까지 제시하는 이례적인 조치를 취했다.[31]

뒤이어 진주지역에서 사상단체의 정체성을 명확히 표방하고 등장한 단체가 '同友社'다. 1924년 10월 23일 결성된 동우사는 '무산계급의 지식계발'과 '신사상 연구'를 창립목적으로 공포하여 성격을 분명히 하였다.[32] 발기인은 조우제, 정준교, 박진환, 강대창, 강상호, 신현수 등이었다. '진주 사상계의 巨星'이라는 표현[33]과 같이 초기 사회주의 활동가와 명망가들이 전면에 포진했다. 다만 핵심인사 강달영, 김재홍의 이름이 보이지 않고 임원 대신 '책임사원'이라는 편제를 만들었다. 모두 당국의 주시에서 벗어나기 위한 의도라 생각된다.[34] 진주지역 사회주의자들의 면모와 동향은 이미 입수되어 있었다. 당시 정보기관도 동우사를 '左傾分子'의 단체로 파악하고 있는 상황이었다.[35] 동우사는 강령을 제정하지 않고 규칙만 통과시켰다고 하나 내용은 전하지 않는다. 대신 잡지(X광선) 간행, 도서부 설치, 강좌·강연회의 개최 등 공개 영역에서의 활동방침은 정확히 제시했다.

그러나 이러한 과업들은 지역에서 거의 실천되지 못하였다. 사상연

수사범위가 확대되었다. 폭파 계획은 허구로 드러나고 구이동맹회와의 관계도 입증하지 못하였으나 경찰은 강령이 과격하다는 이유로 간부 5명을 보안법 위반으로 구속하였다(『조선일보』 1923년 10월 25일, 「晋州의 大檢擧와 其內容」).

31) 『조선일보』 1923년 10월 26일, 「九二同盟會解散命令」.

32) 『조선일보』 1924년 10월 26일, 「同友社創立」.

33) 『동아일보』 1924년 10월 31일, 「진주유지의 同友社조직」.

34) 조선일보 지국장이었던 강달영은 동우사 창립 일주일 뒤인 11월 1일 박태홍, 김의진, 박태준, 김재홍과 함께 진주경찰서에 연행되었다. 강달영, 김재홍은 하루 뒤 풀려났으나 나머지 인사들은 상당 기간 조사를 받았다(『동아일보』 1924년 11월 6일, 「晋州事件」). 당시 알려진 혐의는 그 해 봄 이들이 진주읍 비봉동 李再順의 집에서 비밀리에 '공산당'을 조직하였고, 수년전 張德洙, 吳祥根으로 부터 자금과 서적을 지원받았다는 것이었다. 모두 사실 무근으로 드러났으나 지역 활동가들에 대한 당국의 감시가 어느 정도였는지 짐작케 하는 사실이다(『조선일보』 1924년 11월 9일, 「所聞뿐인 晋州事件」).

35) 朝鮮總督府警務局, 『高等警察關係年表』, 1929, 158쪽.

구와 선전수단으로 계획했던 기관지 발행은 무산된 것으로 보인다. 사회과학 강좌를 개설한 흔적도 없으며 도서부 외 다른 부서를 설치했다는 언급이 없다. '무산계급의 지식개발'에 해당되는 성과도 발견되지 않는다. 오히려 동우사는 당시 진주사회의 최대 현안이었던 경남도청 이전문제에 적극적인 태도를 보였다.

경남도청의 부산이전은 1920년 4월부터 언론을 통해 가능성이 보도되었다. 이에 진주는 4월 10일 시민대회를 시작으로 철시, 시위 등 조직적인 반대운동을 전개했다. 저항에 처한 총독부는 이전 의사가 없음을 공포하여 사태를 진정시켰다. 4년 뒤인 1924년 7월 이 문제가 다시 대두되자 지역유지들은 진정위원회를 구성하고 대응에 나섰다. 이들은 상경투쟁을 전개하여 정무총감으로부터 일단 철회 약속을 받아내게 된다.[36] 그러나 총독부는 내부적으로 이전을 결정하고 비밀리에 사업을 추진하고 있었다. 그러한 움직임은 가을부터 진주지역에 감지되고 있었다. 동우사는 창립 당일 오후 임시총회를 개최하여 진주의 '중대사건'을 토의하고 세 가지 사항의 대책을 결의했다.[37] 11월 1일 열린 총회에서 동우사는 중대사건 'ㅇㅇㅇㅇ(도청이전-인용자)'을 조사, 보고하고 진주 각 단체대표회의에 이 문제를 발제하기로 하였다. 사흘 뒤 열린 위원회에서도 역시 도청이전으로 생각되는 '중대사건'을 토의한 것으로 보도되었다.[38]

이처럼 출범과 함께 동우사가 당면했던 문제는 사상단체 본연의 영

---

36) 孫禎睦, 「慶南道廳 이전의 과정과 결과」, 『日帝强占期 都市化過程硏究』, 一志社, 1996, 517~521쪽.
37) 『동아일보』 1924년 10월 31일, 「진주유지의 同友社조직」.
38) 『동아일보』 1924년 11월 5일, 「同友社 임시총회개최」. 당시 언론은 기사에서 도청이전을 '중대사건', 'ㅇㅇㅇㅇ' 등 익명으로 처리하였다. 조선총독부가 공식적으로 부인하는 상황에서 실명으로 기사화하기는 부담스러웠을 것이다.

역이 아닌 당시 지역의 최대 현안, 즉 경남도청 이전 반대운동이었다. 이는 소속된 활동가 개인의 경우에도 마찬가지였다. 12월 8일, 예상대로 경남도청의 부산 이전이 공식 발표되자 진주는 즉각 반대운동에 돌입했다.[39] 거리시위, 등교거부, 철시, 납세거부 등 범주민 저항운동이 이듬해 1월까지 폭발하였다. 운동의 전개과정에서 일정한 지도부가 형성되었는데 지역의 초기 사회주의자들도 여기에 적극 참여했다.

12월 12일 구성된 이전방지 실행위원회에는 강달영, 박진환, 조우제, 신현수, 박태홍, 김재홍이 지방계원으로 참여했다.[40] 신현수, 박태홍, 강상호는 과격 행동으로 1925년 1월 10일 검거되었다. 초기에 참여하지 않았던 강대창, 김종홍, 고경인도 1925년 1월 22일의 반대운동 간담회에 모습을 드러내었다. 지역의 사회주의 핵심인사들이 관변지주, 거주 일인까지 망라된 반대운동 주도세력에 동참하는 양상을 보이는 것이다. 이는 물론 운동과정에서 이들이 가진 명망성과 영향력이 요구되었기 때문이었다. 동시에 계층, 성향, 진영, 심지어 지역민과 거류민을 망라한 범 주민차원에서 전개될 수밖에 없을 만큼 이 문제가 당시 진주의 폭발적 현안이었기 때문이었다.

따라서 창립과 함께 동우사도 본령의 활동보다는 이 사안에 매몰될 수밖에 없었다. 반대운동이 일단락된 1925년 2월 이후 사상단체로서 동우사의 동향은 잘 드러나지 않는다. 1925년 후반 진주는 진주청년연맹, 진주노동청년회, 진주여자청년회 등이 연이어 조직되면서 사회주의 운동의 주도권이 이양되는 분위기였다.[41] 1926년 7월 이른바 '제2차

---

39) 도청이전에 대한 지역민의 반대운동은 김중섭, 「일제하 경남 도청 이전과 주민 저항운동」, 『경남문화연구』 18, 1996 참조.
40) 『조선일보』 1924년 12월 15일, 「部署整齊한 방지운동」.
41) 김희주, 「1920년대 진주지역의 청년운동과 진주청년동맹」, 『한국민족운동사연구』 72, 2012, 96쪽.

조선공산당사건'으로 강달영, 박태홍, 김재홍이 모두 체포됨에 따라 사상단체 동우사의 입지는 더 축소되었을 것이다.

1926년 11월 분파주의를 비판하고 단체의 통일을 주창한 정우회 선언이 발표되어 사상단체도 변화의 바람에 휩싸이게 되었다. 이에 동우사도 단명을 바꾸고 신진인사를 영입하여 체질을 개선하는 방향으로 출구를 모색했다. 11월 30일 진주노동회관에서 열린 간담회에서 동우사는 '一强黨'이라는 새로운 단체를 조직한 후 해체를 결정했다.[42] 일강당은 동우사의 '부흥혁신'을 결성 목적으로 명시하였다. 또 과거운동이 '소아병적 표방주의'에 치우쳤음을 반성하고 혁신을 통해 대중교육에 주력할 것을 결의했다. 또 '진주 사회운동선'의 일대 정비와 각 부문운동의 단합을 요망하는 등 민족협동전선의 과제를 제기했다.[43]

물론 이는 정우회 선언의 영향에 따름이었지만, 동시에 1926년 침체되었던 지역사회운동의 분위기를 사상단체의 혁신을 통해 개선하고자 한 활동가들의 의지가 반영된 것이었다. 일강당은 책임사원이 아닌 총재와 간사로 구성된 임원제를 채택했다. 조우제가 총재를 맡고 강대창, 강상호가 총무와 간사장으로 포진했다. 박윤석, 강두형, 박학수, 김연호 등은 간사로 편입되었다. 김연호, 박윤석은 신진 사회주의자였으며 강두형, 박학두는 민족주의 좌파로 분류할 수 있는 인물이다. 핵심 활동가들이 피검된 공백을 후속 청년층으로 대체하고 비타협적 인사들을 획득하여 운동선을 확대하고자 했다. 다만 일강당이라는 명칭의 적합성을 두고 논란이 있었던 것으로 보인다. 당시 지방에서 '당'을 단체명으로 사용한 경우는 잘 발견되지 않는다. 결국 12월 14일 총회에서 일강당은 衆聲會로 개칭하고 강령을 발표하였다.[44] 하지만 구성원과

---

42) 『동아일보』 1926년 12월 6일, 「一强黨 發起」.
43) 『중외일보』 1926년 12월 6일, 「'同友社'의 革新」.

성격에 근본적인 변화는 없었다.

동우사에서 중성회로 이어진 진주의 사상단체는 의도한 만큼의 가시적인 성과는 이루지 못했다. 창립과 함께 지역을 강타한 도청이전이라는 현안에 밀려 실천 영역을 확보하기 힘들었던 것이다. 3·1운동과 진주노동공제회의 활동으로 요시찰 대상이었던 핵심인사들은 감시상태에서 구금을 반복했다. '제2차 조선공산당사건'으로 강달영을 비롯한 사회주의 주도자들이 구속된 것도 요인이었다. 그러한 조건에서도 진주의 사상단체는 자체의 혁신을 모색하고 사회단체협의회를 구성하여 민족협동전선의 문제를 고민했던 것으로 보인다.

중성회 이후 지역의 사회주의자들은 연구기관의 성격을 띤 교양단체 진주사회과학연구회를 만들어 흐름을 이어가려 했다. 여기에는 강두석을 비롯해 김상우, 신태민, 하진 등 진주청년동맹과 진주농민조합에서 활약했던 지역의 2세대 사회주의자들이 참여였다. 대중 활동보다는 조사, 연구와 자료 수집에 치중했으며 1929년 1월 경찰에 의해 강제 해산되었다.[45]

III. 대중운동의 전개

진주의 초기 사회주의 세력은 진주청년회를 거쳐 진주노동공제회에 참여하면서 지역의 사회주의 운동을 주도했다. 언급한 대로 1922년 9월 4일 개최된 '소작노동자대회'는 계급의식이 표출된 지역 최초의 사회운동이었다. 1923년은 꼬르뷰로 야체이카와 사상단체가 결성되어 합법,

---

44) 『중외일보』 1926년 12월 19일, 「同友社 명칭을 衆聲會로」.
45) 『동아일보』 1929년 1월 11일, 「晋州社會科學硏究會 해산을 명령」.

비합법적 활동이 병행되었다. 1925년에는 사회주의 성향의 청년단체들이 연달아 조직되어 외연이 확대되었다. 요컨대 1920~1925년에 이르는 기간에 진주지역 사회주의의 인적 토대와 활동 기반이 마련되고 진영이 형성된 것이다.

다만 핵심인사들에 대한 경찰의 집요한 감시, 도청이전이라는 중대 현안의 등장, 제2차 조선공산당사건의 여파 등으로 실천에 어려움이 따랐던 것은 사실이다. 그러한 조건에서도 지역 사회주의자들은 나름의 노선을 가지고 각 부문운동을 이어갔다. 비교적 양상이 알려진 농민운동을 제외하고 노동, 청년, 신간회 운동을 중심으로 1920년대 사회주의 세력의 대중운동을 살펴보면 다음과 같다.

1. 노동운동

지역 사회운동의 구도가 정립된 1923년부터 진주는 직업별 노동조합이 조직되었다. 동년 3월 11일 晉州洋靴職工組合이 창립총회를 가짐으로 지역 최초의 직업별 노조가 탄생했다.[46] 30여 명의 조합원들은 경제적 독립을 본인들이 추구하는 종국적 목적으로 주창했다. 이들은 임원회를 구성하고 양화점 경영권을 일임했다. 선출된 임원은 아래와 같다.[47]

> 조합장 - 김하진, 부조합장 - 서용균, 총무 - 김도윤, 서기 - 황점득, 간사 -
> 윤병섭, 평의원 - 강덕문 · 우기태 · 김병욱 · 안현식 · 김복원

진주양화조합은 200여 명의 회원을 확보하여 운영경비를 모금하고

---

46) 『조선일보』 1923년 3월 23일, 「晉州洋靴職工 組合을 새로組織」.
47) 『동아일보』 1923년 4월 3일, 「晉州洋靴職工組合」.

임원진을 확대하였다.[48] 양화노조의 조직은 물론 진주노동공제회(진주노공)의 영향 아래 이루어진 것이었다. 진주노공은 1922년 단행된 서울양화노동자들의 동맹파업을 성원하고 있었다. 1923년 1월에는 조사위원 박봉의를 통해 동정금 48원을 전달하기도 했다.[49] 노동공제회관은 창립총회 이후에도 양화공조합의 사무소로 활용되었다.

진주노공은 1923년 봄을 기점으로 지역의 소작쟁의를 본격적으로 지도하는데 노조의 결성도 그와 연동된 것으로 보인다. 같은 해 8월에는 산하의 자유노동부를 노동조합으로 분리, 조직하였다. 조합장은 張永錠이었으나 집행위원 조우제가 기획과 운영을 전담한 것으로 보인다. 자유노조는 발회식에서 최저 임금(1일 1원 20전)과 일일 노동시간(9시간)을 책정하고 교섭전략을 설정했다.[50] 따라서 직업별 노조가 창립되고 상급단체인 자유노동조합이 조직되어 노동조건과 교섭권이 설정되는 1923년을 진주지역 근대노동운동의 기점으로 보아야 할 것이다.

이후 진주노공과 이에 분리된 진주노동연맹의 지도하에 파업투쟁이 전개되었다. 내용을 도표로 제시하면 아래와 같다.

〈표 2〉1920~1930년대 초 진주지역 파업일지

번호	소속 직업	기간	요구조건	결과
1	진주운수노조 인력거부(人力車夫)	1924.11.21~23	임금 인상	관철
2	진주 와공(瓦工)	1926.3.16~23	임금 인하 반대	미해결
3	정미운수노동자 우거부(牛車夫) 70명	1929.1.25~29	임금 인하 반대	일부 관철

48) 『동아일보』 1923년 4월 6일, 「晋州洋靴職工組合總會」.
49) 『조선일보』 1923년 1월 17일, 「洋靴職工을 同情」.
50) 『동아일보』 1923년 8월 3일, 「自由勞動組合發會」.

번호	소속 직업	기간	요구조건	결과
4	진주권번 예기(藝妓) 60명	1929.7.4~5	처우 개선	관철
5	원전(原田)자동차부 운전수	1929.11.2~3	처우 개선 임금 인상	관철
6	진주정미소 외근직공 50명	1930.12.3~5	임금 인하 반대	관철
7	진주정미소 직공 30명	1931.12.11	임금 인하 반대	

(1)은 진주운수노조 소속의 하역 노동자들이 일으킨 진주지역 최초의 노동자 파업이다. 이들은 현미 1가마니 당 18전이었던 진주~중선포 간의 운임을 25전으로 인상할 것을 요구하며 1924년 11월 21일 남강 배다리 가에서 농성에 돌입했다. 정미업자인 荷主들이 요구를 수용하여 11월 23일 파업은 종결되었다. (2)는 진주의 기와 공장주들이 불공정한 경영행위를 시도하자 瓦工들이 대항하여 발생한 쟁의다. 공장주들은 조합을 결성하여 기와 가격은 올리고 임금은 삭감하는 횡포를 자행했다. 이를 위반하는 회원은 벌금을 부과한다는 자체 규약까지 만들었다. 와공들은 1926년 3월 16일 파업에 돌입했으나 규약을 의식한 雇主들이 불응함으로 해결점을 찾지 못했다. 일주일 파업 후 이들은 작업장을 만들어 자체 제작하는 방식으로 대응책을 정했다. (3)은 牛車운수노동자 70여 명이 진주역까지의 운송 노임을 1포 당 5리씩 삭감하겠다는 정미업체를 상대로 단행한 동맹파업이다. 도로 정비로 운반거리가 단축되었다는 것이 감축의 이유였다. 감액한 임금으로 미곡을 사서 진주로 집하하면 우거부들에게 이익이 된다는 어이없는 주장도 펼쳤다. 이 쟁의는 진주노동연맹이 개입하여 교섭을 진행했다. 그 결과 일본인이 경영하는 長梶정미소는 철회했으나, 진주정미소는 거부함으로 부분 해결로 끝났다. (4)는 진주권번 소속 藝妓 60여 명이 회계 투명성과 처우

개선을 요구하며 돌입한 파업이다. 요구안은 5가지인데 권번이 수용하여 이틀 만에 해결되었다. 그러나 비 참여 기생의 징계 문제로 갈등이 다시 일어나 경찰 당국이 개입하는 상황이 발생했다. (5)는 일본인 原田瀧藏이 경영하는 버스회사 운전수들이 급여인상과 대우 개선을 조건으로 단행한 파업이다. 이로 인해 진주와 산청·합천간의 교통이 두절되는 사태가 발생했다. 공안문제로 파악한 진주경찰서 고등계가 관여하여 절충안을 만들어 냄으로 해결되었다. (6)은 진주정미소 외근직 공들이 임금 삭감에 저항하여 강행한 파업이다. 기존임금 80전을 고수하고, 파업 기간의 급여와 비용까지 보전 받는 성과를 거두고 종료되었다. 마지막으로 (7)도 역시 진주정미소 직공들이 임금 인하에 반대하여 일으킨 파업인데, 결과는 전하지 않는다.

진주지역의 파업은 임금과 처우문제에 집중된 경제적 투쟁이자 자발적인 운동이었다. 공장 노동자층이 형성되지 않은 지역 환경에서 운수, 정미노동자들이 선두에 섰다. 파업은 대부분 단기간에 끝났다. 임금 인하 반대보다는 증액과 처우개선의 요구가 관철된 경우가 더 많았다. 이는 공격적인 파업일수록 성공률이 높았던 당시의 쟁의 결과와 일치한다.[51] 다만 이 시기의 노동쟁의에 지역의 초기 사회주의들이 표면에 등장하지 않는다. 1928년 이후 노동운동을 지도했던 진주노동연맹에도 강치열을 제외하고 초기 인물의 행적을 발견할 수 없다. 제2차 조선공산당사건의 여파로 1926년 이후 진주지역 1세대들의 활동은 위축될 수밖에 없었다.

51) 김희주, 「진주 3·1운동과 지역사회운동」, 『진주 3·1운동과 근대사회발전』, 북코리아, 2020, 205~207쪽.

2. 청년운동

진주지역의 청년운동이 사회주의적 지향을 분명히 한 것은 진주청
년연맹이 결성된 1925년 부터였다. 같은 시점에 탄생한 진주노동청년
회, 진주여자청년회도 노동운동의 각성, 여성과 계급해방운동의 결합
등을 내세우며 노선을 명시했다. 물론 이들의 등장은 혁신총회를 통해
당시 청년운동계를 휩쓴 '개혁'의 열기에 편승한 것이었다.[52]

그와 함께 1924년에 와서 도청이전 반대, 중등학교 설립운동, 사상단
체의 출현 등 진주지역 주민사회운동의 에너지가 폭발했다는 사실도
고려되어야 할 것이다.[53] 청년연맹의 결성은 지역청년운동의 사상적
약진을 의미한다. 기득권층이었던 지주, 자본가들이 관변단체로 이동
함에 따라 진주청년운동계에서 사회주의자들의 기반은 한층 확고해졌
다. 진주청년연맹의 출범은 그러한 토양에서 이루어진 것이다.

하지만 결과적으로 진주청련은 소기의 성과를 거두지 못한 채 진주
청년동맹으로 흡수되었다. 단체 간의 통일과 공동전선 형성을 추진하
였으나 실천에 옮기지 못하였다. 초기 사회주의자들의 참여도 저조했
다. 집행위원 7인 중 박태홍, 고경인, 이도영 정도만 확인된다. 1924년
후반부터 이들에 대한 구금이 반복된 데다 일부 세력이 진주형평청년
회로 분산되었기 때문이다. 오히려 1927년에 오면 진주청년회가 청년
운동의 주도권을 다시 행사하는 현상이 나타난다. 결국 진주지역 청년
운동에서 사회주의 세력이 전면에 등장하는 것은 진주청년동맹(진주
청맹)의 결성을 통해서이다.[54]

---

52) 안건호 · 박혜란, 「1920년대 중후반 청년운동과 조선청년총동맹」, 『한국근현대청년
　　운동사』, 풀빛, 1995, 95쪽.
53) 김희주, 「1920년대 진주지역의 청년운동과 진주청년동맹」, 『한국민족운동사연구』
　　72, 2012, 94~96쪽.

진주청맹에 참여한 인물은 대체로 20대 중반의 신진들이었다. 이 중 강두석, 강수영, 김호종, 빈태문, 조용준, 하진은 동시기 결성된 진주농민조합에서 중복 활동했다. 이들은 제2차 공산당사건으로 1세대 주역들이 증발한 지역 공간에서 청년, 농민운동을 통해 사회주의 운동을 이어간 진주의 2세대 활동가들이었다. 진주청맹은 지부를 조직하고 타 사회단체와의 제휴를 적극 시도하였다. 또한 학생운동을 지도하고 선전교양활동을 추진하는 등 의욕을 보였다. 그러나 1929년부터 가중된 당국의 탄압에 동력을 상실한 채 1931년 진주농민조합 청년부로 해소되었다.

3. 신간회운동

1920년대 후반 진주지역 사회주의자들의 또 다른 활동 공간은 신간회였다. 언급한 대로 2차공산당사건과 사상단체의 재편 과정에서 지역 활동가들은 민족협동전선의 문제에 관심을 가지고 참여를 모색했다.

신간회 진주지회 발기인 대회는 1927년 9월 16일 진주청년회관에서 열렸다. 발기인은 박재표, 강대창, 김찬성 외 15인으로 보도되었다.[55] 지회는 10월 3일 설립될 예정이었으나 연기를 거듭하였다. 결국 10월 19일 60여 명의 회원이 운집한 가운데 역시 진주청년회관에서 결성식이 성사되었다.[56] 임원은 세칙에 따라 회원 투표로 선출되었다. 다음

---

54) 진주청년동맹의 결성과 활동에 관해서는 김희주, 위의 논문, 102~114쪽 참조.

55) 『조선일보』 1927년 9월 14일, 「晉州新幹會設立發起」.

56) 창립대회는 수 차 '부득이한 사정'으로 연기되었는데 회원과 기금 모집에 어려움을 겪었기 때문이 아닌가 한다. 진통을 겪던 진주지회가 결성에 이르기까지는 본부 특파원이었던 안재홍과 홍명희의 역할이 컸다. 당시 이들은 경남지역을 순회하며 지회 조직에 관여하고 대회에 참석하였다. 진주지회의 설립대회에도 참여하여 본회의 취지를 설명하고 상황을 보고했다(『조선일보』 1927년 10월 23일, 「新幹會記事一束」).

날 열린 간사회를 통해 구성된 간부진은 다음과 같다.[57]

> 회장 - 박재표, 부회장 - 이풍구, 서무부 - 강치열 · 강영호, 재무부 - 김장
> 환 · 오경표, 정치문화부 - 김찬성 · 김영식, 조사연구부 - 김사영, 조직선
> 전부 - 강대창 · 정상석, 간사 - 조우제 · 강상호 · 박진환 · 김인숙 · 강덕문 ·
> 정창세 · 천용근 · 유기영 · 방진혁 · 김병주 · 강두석 · 하진

회장 박재표는 진주청년회 초대회장과 위원장을 지낸 유지, 실업가
였다. 부회장 이풍구는 충남 보령 출신으로 대한제국 말기 통감부 판
사를 지낸 인물이다. 1924년 충청남도 평의원을 거쳤고 이후 부산지법
소속 변호사로 진주에서 활동했다.[58] 1927년 9월, 제2차 공산당사건의
공판에서 지역 인사들의 변론을 맡았다. 이후에도 1929년 하동청년동
맹사건, 1933년 진주학생격문사건 등 공안 사건 재판에 빠지지 않고 변
호인으로 참여했다.[59] 양인 모두 특별한 정치적, 계급적 입장을 발견할
수 없으며 종교계와도 무관했다. 명망가였던 이들을 앞세운 것은 주목
대상이었던 간부진을 방어하고 조직을 안정적으로 유지하기 위한 의
도로 보인다.

초대 간사진 중 사회주의자로 확인되는 인물은 강치열, 강대창, 강상
호, 김장환, 조우제, 정창세, 천용근, 하진, 강두석 등이다. 강영호, 오경
표, 김찬성, 박진환, 강덕문, 방진혁은 민족주의 좌파로 분류 가능하다.
김영식, 김병주는 천도교인이었다. 김사영, 김인숙, 유기영은 봉래동
소재 진주교회 교인이었다. 조우제, 강대창, 박진환, 강상호는 동우사

---

57) 『동아일보』 1927년 10월 23일, 「新幹會支會설립, 진주와 창원」.
58) 김경현 편, 『일제강점기 인명록―진주지역 관공리 · 유력자』, 민족문제연구소, 2005.
59) 『중외일보』 1929년 11월 29일, 「河振氏 피검」 ; 『조선중앙일보』 1933년 7월 19일,
    「진주학생사건」.

발기인으로 행보를 같이했다. 김찬성, 정창세, 강두석, 하진은 진주청년동맹에서도 핵심간부로 참여했다.[60] 사회주의자와 민족주의 좌파 성향의 인물들이 비율을 이루고 천도교와 개신교인들이 가담한 형국이었다. 진주지회는 결성과 함께 재정적인 문제에 직면했던 것으로 보인다. 지역의 부호를 회장으로 영입하고 회비와 의연금 문제가 주요 사안이었다는 점이 이를 반영한다.[61]

신간회에 참여한 사회주의자들은 회장단이나 타 구성원과 갈등 없이 민족협동전선이라는 본령에 충실히 활동했다. 회장 박재표가 진주 청년회장을 오랫동안 지냈고 부회장 이풍구 역시 지역 사회주의자들의 변론을 전담한 인물이었기에 이들과 특별히 대척할 이유는 없었다. 간사진도 지역사회의 학교, 단체, 교회를 통해 유대를 맺어온 인물들로 정서적인 일체감을 가지고 있었다.

다만 이러한 인간관계가 진주지회의 관심을 정치적인 문제보다 사회교양적인 분야로 유인해간 측면은 있다. 1929년까지 진주지회가 추진했던 민중 문의소 설치, 도서관 촉성, 전등료 인하, 구제회 조직 등은 주민교양과 일상 이익에 관련된 사안들이었다. 민중 문의소는 1928년부터 운영되었다. 위생, 교육, 산업, 법률 등으로 편성된 기구를 특설하여 민원을 접수하는 일종의 생활 상담 조직이었다.[62] 교섭위원을 선정하여 추진했던 도서관 촉성 사업도 주민교육운동의 일환이었다.[63]

진주지회는 지역민의 일상생활과 관련해 주요 현안이었던 전등료 인하문제에도 적극 개입하였다. 전기 공급업체였던 경남진주전기회사는 당시 단칸방에 사용하는 오촉 전등에 85전이라는 고가의 요금을 부

---

60) 김희주, 「1920년대 진주지역의 청년운동과 진주청년동맹」, 107쪽.
61) 『조선일보』 1927년 11월 20일, 「晉州支會幹事會」.
62) 『동아일보』 1928년 1월 16일, 「民衆問議所」.
63) 『조선일보』 1928년 1월 25일, 「晉州支會幹事會」.

과하여 원성을 사고 있었다.[64] 폭리라는 비난에도 회사가 미온적인 태도를 보이자 진주지회는 조사부를 통해 현황을 파악한 후 인하운동을 전개했다.[65] 이 문제는 당시 진주의 3대 현안으로 규정되었으며 지역의 사회단체들이 총 연합하여 대책을 강구했다.[66] 이러한 과정을 거쳐 전등료는 1929년 9월 표준가액으로 인하되었다.[67] 그 밖에 간사회에서 빈번이 제기되었던 문제는 회비징수와 회원모집 등 회무에 관한 사항이었다. 언론·출판·집회·결사의 자유, 억압적 법률 철폐, 파업권 보장 등 타 지회에서 발견되는 정치적인 사안[68]은 등장하지 않는다. 이는 지회 내에서 사회주의자들의 역할이 제한적이었음을 의미한다. 지역의 대표적인 실업가와 저명 변호사가 포진한 회장단의 인선도 정치적 활동을 제약하는 요인이었다.

그러나 지역 사회주의자 1세대였던 박태홍이 출감하자 진주 신간회는 그를 중심으로 세력을 정비하게 된다. 박태홍은 신간회 진주지회에 가장 뚜렷한 족적을 남긴 인물이다. 1929년 출감하여 진주로 돌아온 그는 신간회 활동으로 민족운동을 재개했다. 박태홍은 조직을 위원제로 전환하고 그해 12월 집행위원장에 취임하여 2기 진주신간회를 이끌었다. 그와 함께 김호종, 빈태문, 유덕천, 김상우 등 사회주의자들이 일제

---

64) 진주의 전기사업은 일본인 淸水佐太郎이 1917년 자본금 2만 원으로 진주전기주식회사를 설립하면서 시작되었다. 이 회사는 1919년 진주면 중앙동에 발전소 사무실을 세우고 시가에 800개의 전등을 설치했다. 1923년 진주면 비봉동으로 이주하고 거창, 사천, 삼천포까지 사세를 확장했다(勝田伊助, 『晋州大觀』, 1941, 156~157쪽).
65) 『조선일보』 1928년 2월 16일, 「暴利爲主의 晋州電氣料」.
66) 『동아일보』 1928년 3월 13일, 「三大事件決議」
67) 『매일신보』 1929년 8월 29일, 「晋州電燈料金減下」.
68) 이균영은 식민지 조선에서 정치적 활동이란 엄밀한 의미에서 가능한 것이 아니었지만, 정우회 선언 이후 신간회 지회에서도 '정치적 선언'이라는 용어가 흔히 사용되었다고 하였다. 또 지회에서 논의되는 안건은 정치, 경제, 사회문제로 나뉘어 졌으며 이때 정치에 관한 문제는 억압과 착취에서 벗어나려는 자유에 대한 요구로서 결국 민족문제에 포괄되는 것이라 하였다(이균영, 『신간회 연구』, 역사비평사, 1993, 291쪽).

히 가입하여 간부진에 배치되었다.[69] 주민교양에 치중했던 1기와 달리 정치적 결사의 성격이 분명해진 것이다.

요주의 인물인 박태홍이 주도하는 진주신간회는 일제의 집중적인 감시 대상이었다. 1기 신간회에 별다른 제재를 가하지 않았던 당국은 박태홍이 등장하자 이 단체를 와해시키려 했던 것으로 보인다. 신간회 주최로 1930년 1월 6일 개최 예정이었던 진주 사회운동가 신년간담회를 당일 오후 금지시켰다.[70] 역시 신간회가 준비하여 1월 10일 열려했던 경남이재민구제위원회도 불허되었다.[71] 광주학생운동으로 시국이 불안하다는 것이 표면적인 이유였다.

결국 광주의 연장으로 1월 17일 진주에서 학생시위운동이 폭발하자 신간회는 즉각 배후로 지목되었다. 박태홍은 동아일보 지국장 김기태와 함께 체포되어 조사를 받았다.[72] 이어 3월의 기념강연회와 8월의 임시대회까지 불허되는 등 당국은 박태홍 체제의 진주신간회를 사실상 식물상태로 만들었다. 연이은 감시와 탄압 하에서도 박태홍은 신간회를 지켜나갔다. 자체 활동은 불가능했지만 1930년 말까지 신간회지회장의 자격[73]으로 사회활동에 참여하고 지역현안에 개입했다.[74] 이는 1931년 5월 신간회가 해소될 때까지 이어졌을 것이다.

69) 『동아일보』 1929년 12월 5일, 「新幹晋州大會」.
70) 『중외일보』 1930년 1월 16일, 「懇親會도 警察이 禁止」.
71) 『조선일보』 1930년 1월 9일, 「旱害救濟會와 新年懇談會禁止」.
72) 『중외일보』 1930년 1월 27일, 「晋州署 檢束者 前後四十名, 신간회지회장도 취조하고」.
73) 정확한 직책은 집행위원장 겸 대표위원이었지만 당시 언론과 지역에서는 신간회지회장으로 통칭되었다.
74) 『중외일보』 1930년 9월 9일, 「晋州勞動組合 會館問題懇談會」; 『동아일보』 1930년 1월 13일, 「將來晋州 어떻게 될까」.

IV. 1930년대 진주지역의 조선공산당 재건운동

1928년 12월 코민테른 집행위원회는 '조선혁명운동'의 상황을 토의한 후 투쟁의 지속적 지원을 위한 결의문을 채택했다.[75] '12월테제'로 통칭되는 이 문건은 과거 조선공산당의 조직과 활동을 비판적으로 평가하고 새로운 토대하의 당 조직 건설 노선을 제시한 것이다.[76] 내부 파쟁과 취약한 대중적 기초, 비밀공작의 부재 등을 실패 요인으로 지적하고 노동자, 빈농의 대중적 기반위에 조직을 재건할 것을 촉구했다.

12월 테제는 이후 조선인 사회주의자들에게 지침이나 강령과 같은 역할을 했다. 이를 통해 1929년부터 다양한 세력과 그룹에 의해 중앙과 지방에서 '조선공산당 재건운동'이 전개되었다. 1930년대 진주지역의 사회주의운동도 그 일환으로 추진되었다. 이곳의 조선공산당 재건운동은 당시 지역에서 발견되는 일반적인 운동형태, 즉 중앙의 지도에 의한 혁명적 대중조직건설 시도, 그리고 자생적 지역전위 정치조직의 등장이라는 두 가지 양상으로 살펴 볼 수 있다.

1. 혁명적 대중조직 건설운동

'12월 테제'에 신속히 반응하여 재건조직에 착수한 것은 서울 상해파 출신으로 구성된 '조선공산당재건설준비위원회'(이하 재건준비위원회) 그룹이었다.[77] 1929년 3월 윤자영, 김철수, 김일수, 오산세, 안상훈 등

---

75) 임영태 編, 「조선문제에 대한 코민테른 집행위원회의 결의」, 『植民地時代 韓國社會와 運動』, 사계절, 1985, 356~366쪽.
76) 김인덕, 「조선공산당의 투쟁과 해산」, 『일제하 사회주의운동사』, 한길사, 1991, 75쪽.
77) 김준엽·김창순 공편, 『한국공산주의운동사』 5권, 청계연구소, 1986, 284쪽.

이 길림성 돈화현에서 준비위원회를 발기하고 기관지 볼셰비키를 발행했다.[78] 이후 근거지를 국내로 옮기기 위해 1930년 봄부터 지도급 인물들이 단계적으로 입국하였다. 이들은 같은 해 8월 함경남도 함주에 중앙부를 설치하고 책임 간부와 지방 조직책을 선정했다.[79] 지방조직은 이후 경의, 경부, 호남, 중부, 함경의 5구역으로 획정되어 선위원회와 야체이카가 배치되었다.[80]

진주지역의 조선공산당재건운동은 이 재건준비위원회의 세포조직으로 참여하면서 발동되었다. 지역 사회주의자로 재건준비위원회와 최초로 접선한 인물은 김호종이다. 진주청년동맹과 진주농민조합 집행위원을 거쳐 박태홍 체제하의 신간회지회에서 상무위원으로 활동하고 있던 당시 진주지역 사회주의의 핵심 인물이었다. 김호종은 1930년 8월 9일 경기도 시흥에서 재건준비위원회 경부선 조직책 오산세를 만나 조선사회주의운동에 관한 의견을 교환했다.[81]

이 자리에 오산세는 조선공산당이 파멸한 이유는 '조직의 기초를 인텔리겐차와 소부르주아지에 두었기 때문'이라 지적했다. 이제는 그 오류를 청산하고 '노동자 빈농층에 기반하여 선전, 선동에 주력해야 할 것'이라 역설했다. 또 이 점이 코민테른이 제시한 조선공산당 재건의 기본 방침임을 강조했다. 그는 김호종에게 재건준비위원회는 이를 토

---

78) 위의 책, 285쪽.

79) 梶村秀樹・姜德相, 「共産黨朝鮮國內工作委員會事件檢擧ニ關スル件」, 『現代史資料 29』, みすず書房, 1972, 323쪽.

80) 김준엽・김창순 공편, 「朝鮮國內工作委員會事件等豫審決定書寫」, 『韓國共産主義運動史』〈자료편 Ⅱ〉, 553쪽.

81) 이들의 만남을 주선한 것은 비슷한 시기 준비위원회에 가입하여 주로 영남지역의 오르그 선정을 담당했던 鄭鍾鳴이었다. 1926년 조선여자동우회 집행위원의 자격으로 진주여자청년회의 초청을 받아 진주를 방문한 사실이 확인된다(김희주, 앞의 글, 98쪽). 진주지역 사회주의자들에 대한 정보를 가졌던 것으로 보이며 김호종도 그가 직접 선발하여 중앙에 연결시킨 것으로 생각된다.

대로 조직된 결사이니 동회에 참여하여 진주를 근거로 활동할 것을 제안했다.[82] 김호종은 즉각 가입하였고 다음 달에는 진주농조부터 동지였던 빈태문과 申夢實伊를 포섭하여 진주지역 야체이카를 결성하였다.[83]

1931년 3월 재건준비위원회는 '조선좌익노동조합전국평의회(이하 좌노평의회)'로 조직을 전환시켰다. 좌노평의회도 5개의 활동 구역과 선위원회를 설치했다는 점에서는 구조가 동일했다. 다만 거점 산업도시와 산별노조를 편성하고 공장 분회와 지방협의회를 구성하는 등 구체적인 방침이 더해졌다.[84] 이는 공장 내 야체이카에 기초하여 혁명적 노, 농조를 건설하는 것으로 당 재건 계획이 바뀌었음을 의미한다.[85] 진주의 조직도 이에 따라 방향전환을 모색했던 것으로 보인다. 진주농조의 간부였던 김호종, 빈태문의 역할을 감안하면 혁명적 농민조합의 결성을 분명히 시도하였을 것이라 생각되지만 입증할 자료는 전하지 않는다. 여기에 1931년 진주는 진주농업학교 비밀결사사건으로 엄중경계가 내려지는 등 합법, 비합법적 활동 모두가 어려운 상황이었다.[86]

그러한 환경에서도 김호종은 경남지역 총책을 맡아 거제지구의 야체이카를 조직하고 지방평의회 구성을 시도했다.[87] 그러나 메이데이

---

82) 김준엽·김창순 공편, 「朝鮮國內工作委員會事件等豫審決定書寫」, 569쪽.
83) 신몽실이는 인적사항을 알 수 없다. 1930년 9월 진주군청 앞 도로에서 김호종으로부터 재건준비위원회의 존재와 취지를 확인하고 가입하였다 한다(위의 자료집, 569~570쪽). 구속 후 그는 김호종, 빈태문과 달리 혐의 사실을 일체 부인하였다(『동아일보』 1934년 3월 10일, 「신몽실이는 증인신문하기로」).
84) 金正柱 編, 「朝鮮共産黨再建運動等事件判決」, 『朝鮮統治史料』 6, 韓國史料研究所, 1970, 146쪽.
85) 이종민, 「당재건운동의 개시」, 『일제하 사회주의운동사』, 한길사, 1991, 99쪽.
86) 『동아일보』 1931년 4월 9일, 「晋州農交生 四名畢竟送局」; 『조선일보』 1931년 4월 27일, 「檄文多數를 添附」.
87) 『동아일보』 1933년 4월 28일, 「朝鮮共産黨工作委員會豫審終決」.

전단 살포 계획이 발각되어 4월 30일부터 관련자들의 검거가 시작되자 그 역시 5월 21일 진주 자택에서 체포되어 용산 경찰서로 압송되었다.[88] 24일에는 빈태문과 진주노동연맹 서무위원 김기태, 진주청년동맹 검사위원 신태민이 검거되었다.[89] 김기태와 신태민은 기소를 면했지만 이것으로 조선공산당재건설준비위원회를 통한 진주지역의 재건운동은 종결되었다.

진주지역에 혁명적 대중조직을 건설하려는 보다 구체적인 움직임은 '조선공산주의자협의회(이하 조공협의회)' 그룹의 지역 단위 재건운동으로 나타났다. 조공협의회의 전신은 구 엠엘계 인사들이 1931년 초 경기도 김포에서 결성한 '조선공산당재건설동맹'이었다. 이 조직이 같은 해 4월 조공협의회로 전환된 것이다. 이유는 좌익농조 건설이라는 노선 변화와 '파벌대립'의 위험 때문이라 한다. 하지만 대중조직이 지역 단위로 구성되는 상황을 고려하여 지역 책임자에게 고유 권한을 부여하기 위한 목적이라는 분석도 있다.[90] 이처럼 지역단위 운동을 강화하는 과정에서 진주도 권대형의 지도하에 조직체와 책임자의 선정이 이루어졌다.[91]

권대형은 1931년 3월 진주군 평거면에서 강두석, 박원효, 박수명을 만나 재건운동의 당위와 목표를 주입시켰다.[92] 여기서 권대형은 현재

<hr />

88) 『조선일보』 1931년 5월 25일, 「晋州農組委員長 金好宗氏押送」.
89) 『동아일보』 1931년 6월 1일, 「晋州署도活動 三名을 檢擧」.
90) 오미일, 「1920년대 말~1930년대 부산·경남지역 당재건 및 혁명적 노동운동의 전개와 파업투쟁」, 『한국근현대지역운동사』Ⅰ·영남편, 여강, 1993, 128쪽.
91) 권대형은 1901년 하동 출생으로 연희전문을 거쳐 1925년 와세다 대학 전문부에 입학했다. 재학 중 일월회에 가입하였으며 1927년 조선공산당 일본부에 입당해 동경남부 야체이카에서 활동했다. 고려공청 일본부 사건에 연루되었으나 검거를 면하고 이 후 국내에서 재건운동에 참여하였다(강만길·성대경 엮음, 『한국사회주의운동인명사전』, 창작과 비평사, 1996, 32쪽). 그는 진주를 비롯한 경남지역의 조직 건설에 핵심적인 역할을 하였다.

조선의 노동자, 농민 단체를 '개량주의 조합'이라 규정하고 이를 배제한 새로운 조합에 들어가 실제운동을 추진할 것을 요구했다. 그리고 3인이 결속하여 진주에 혁명적 대중조직을 건설할 것을 지시했다. 이에 즉석에서 농민(강두석), 노동(박원효), 학생부(박수명)로 조직결성이 이루어져 강두석이 총책을 맡았다. 이들은 산업별 조합을 결성하고 사회과학연구회를 통해 학교 현장에서 투쟁가를 양성한다는 운동계획을 세웠다. 이를 위해 매월 1회 이상 회합하여 활동방침을 토의하기로 했다.[93] 다만 결사의 명칭은 정하지 않았는데, 조공협의회가 결성되기 전이었기에 유보했던 것으로 생각된다.

이처럼 형태는 갖추었으나 동년 9월에 이르기까지 진주그룹의 활동은 거의 이루어지지 않았다. 직후인 5월에 언급한 좌노평의회 사건으로 지역 관련자들이 검거됨에 따라 운신에 제약이 따랐을 것이다. 이에 7월 대구에서 재조직된 '조선공산주의자 재건협의회'는 강병도[94]를 파견하여 진주지역의 조직 확충과 재건을 시도했다. 강병도는 조직원들에게 진주지역의 사회운동이 정체되었음을 지적했다. 또한 진주농조와 진주노동연맹의 활동에는 노동자, 농민을 위한 진정성을 발견할 수 없다고 비판하였다. 동시에 공산사회 건설이라는 종국의 목표는 혁명적 대중운동을 통해서만 가능하다는 사실을 주지시켰다.[95] 그는 12월

---

92) 강두석은 진주 출신으로 일본 중앙대 경제학과를 졸업하고 1926년부터 진주농민연맹과 진주청년동맹, 진주농조 등에서 활동한 지역 운동가였다. 1931년 당시는 조선일보 진주지국장이었다. 권대형과는 동경 유학시절부터 교분을 쌓은 사이였다(大邱覆審法院, 『判決文』, 昭和八年刑控第 151・152號). 박원효, 박수명은 이전까지 지역에서 뚜렷한 활동이력이 없는데 강두석과의 관계로 참여한 것으로 보인다.

93) 위의 판결문.

94) 강병도는 1908년 진주에서 출생하였으나 형인 강병창과 함께 일찍 상경하여 중앙고등보통학교를 졸업했다. 조선공산당 경기도당에서 활동하다가 1929년 체포되어 2년간 복역했다. 출옥 후 조공협의회에 가입하여 진주를 중심으로 한 경남서부지역의 적색노조결성을 주도하였다(강만길・성대경 엮음, 『한국사회주의운동인명사전』, 11쪽).

까지 수 차 그룹원들과 회합하면서 지도기관을 설치하고 세포조직을 확대했다. 당시 편성된 산하조직과 기구를 도표로 구성하면 다음과 같다.

〈표 3〉 조선공산당재건설협의회 진주그룹의 조직표

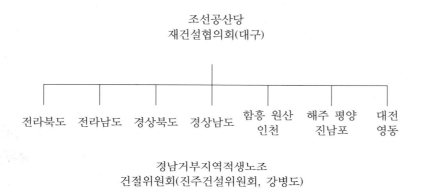

조선공산당
재건설협의회(대구)

전라북도　전라남도　경상북도　경상남도　함흥 원산 인천　해주 평양 진남포　대전 영동

경남거부지역적생노조
건절위원회(진주건설위원회, 강병도)

적색농민운동
조직부(강두석)　　적색노동조합
조직부(박수명)　　반제동맹 및
적색후원회
조직부(박원효)

나타난 대로 적색노조, 반제동맹, 모플 등이 조직체에 편성되어 있으나 핵심과업은 진주농조를 혁명적 농조로 개체하는 것이었다. 하지만 조직이 노출되는 1932년 9월까지 어떤 시도가 있었는지 확인할 수 없다. 책임을 맡은 강두석은 이미 요시찰 대상으로 1932년 초까지 지속적으로 검속을 당하고 있었다.[96] 진주농조에 영향력을 가진 김호종, 빈태문은 구속 상태였고 그 외 지역 사회주의자들은 이 대열과 무관했다.

95) 大邱覆審法院, 『判決文』, 昭和八年刑控第151·152號.
96) 『동아일보』 1932년 2월 19일, 「兩農組員檢束」.

박수명, 박원효의 역량으로는 성과를 기대하기 어려웠다. 결국 1932년 4월 재건협의회 중앙조직이 발각되어 전국적인 수사가 진행되자 강두석을 비롯한 진주지역 활동가들도 그 해 7월 전원 검거되었다.[97]

살펴본 대로 1930년대 진주지역의 혁명적 대중조직 건설운동은 초기 당재건운동을 개시했던 두 그룹, '조선공산당재건설준비위원회'와 '조선공산주의자협의회'의 지역단위 강화운동으로 전개되었다. 지역농민운동의 근간이었던 진주농조를 혁명적 좌익농조로 전환시키는 것이 목표였다. 이를 위해 중앙의 지도하에 조직체를 구성하고 활동가를 획득했다. 그 과정에는 진주지역과 연고가 있거나 정세에 밝은 인물(권대형, 정종명, 강병도)이 책임을 맡았다.

이들은 선명성과 일관성을 갖춘 진주농조의 핵심 인사들(김호종, 빈태문, 김기태, 강두석)을 선발하여 전환투쟁의 전면에 세웠다. 물론 여기에는 조직의 보위와 규율 강화를 위한 소수정예[98]의 원칙이 관철되었다. 언급한 인물들은 당시 일제가 파악했던 혁명적 농조운동의 주도 유형, 즉 방향전환에 영향 받은 토착공산주의자와 기존 합법 농조의 주체에 해당되는 부류였다. 하지만 이력의 문제를 떠나 비합법적 활동을 전개하기에는 지역에서 너무나 노출된 인사들이었다. 가뜩이나 취약한 진주농조의 대중적 기반에 학생비밀결사사건으로 엄중 경계에 들어간 1931년 진주의 상황에서 요주의 대상이었던 이들이 좌익농조건설을 추진하기에는 제약이 따랐을 것이다. 중앙조직의 노출과 함께 이들 관련자들은 전원 발각되었고 진주지역의 혁명적 대중조직 건설운동은 좌절되었다.

---

97) 강두석과 함께 출판 노조원이었던 김병관, 전상필, 장호관 등도 체포되었으나 이들은 기소되지 않았다(『동아일보』 1932년 7월 15일).
98) 지수걸, 『일제하 농민조합운동 연구-1930년대 혁명적 농민조합운동-』, 역사비평사, 1993, 159쪽.

2. '진주학생협의회' 그룹의 조직과 활동

혁명적 대중조직 건설운동은 1920년대 존재했던 조선공산당의 계파와 그룹의 주도로 이루어진 것이 사실이다. 그와 동시에 지역에서도 대중에 대한 정치적 지도 임무를 수행하는 지역단위 공산주의 그룹, 즉 지역전위 정치조직이 등장하게 된다. 1932년 출현한 '진주학생협의회' 그룹은 진주지역의 대표적 전위 정치조직이었다.[99] 이 그룹은 진주공립농업학교와 진주고등보통학교에서 동맹휴교를 주도하다 퇴학당한 학생운동 출신들에 의해 만들어졌다. 중심인물은 송기호와 장호관이었다.

송기호는 1929년 진주공립농업학교에 입학하여 1학년 때 잡지 '戰旗'를 탐독하면서 사회주의 혁명이념을 수용했다. 이후 동맹휴교를 주도하다 1932년 퇴학 처분되었다.[100] 장호관은 진주공립고등보통학교 4학년인 1931년 메이데이 시위운동을 계획하다 동급생 박병두와 함께 퇴학당했다. 퇴교 후 反자본주의 이념 써클인 사회과학연구회를 조직하려다 구속되어 집행유예를 선고받았다.[101] 언급한대로 1932년 7월 조공협의회 진주그룹사건 때 강두석과 함께 검거되었으나 무혐의로 풀

---

99) 검거 뒤 이들 그룹의 활동은 '조선공산주의자 진주지방협의회(진주지방협의회)사건'이라는 이름으로 발표되었다(朝鮮總督府 高等法院檢事局思想部, 「朝鮮重大事件經過月表」, 『思想月報』 제3권 7호, 1934, 9쪽). 그러나 이는 경찰이 수사과정에서 만든 자의적 명칭이다. '진주지방협의회'라는 조직명은 사용된 적이 없으며 관련자들의 판결문에도 등장하지 않는다. 이들이 학생층의 공산주의 연구와 지도를 핵심으로 했고 '학생협의회'라는 비밀결사를 점조직 형태로 결성했다는 면에서 '진주학생협의회 그룹'이라는 명칭이 타당할 것으로 생각된다. 당시 언론도 대체로 이 사건을 '진주학생사건', '진주적색학생사건' 등의 제하로 보도했다(『조선중앙일보』 1933년 6월 8일, 「晉州學生事件」;『동아일보』 1933년 7월 18일, 「晉州赤色學生」).
100) 大邱覆審法院, 『判決文』, 昭和八年刑控第479號.
101) 大邱覆審法院, 『判決文』, 昭和六年刑控第568號.

려났다.

송기호와 장호관은 1932년 9월 초 진주 옥봉정에서 회합하여 지도단체를 결성하기로 결의했다. 장호관은 역시 퇴학생 출신인 박원지와 조삼수를 획득했다. 그리하여 송기호를 포함한 이들 4인이 동년 9월 17일 진주 鳳山町에서 비밀결사 중앙부를 조직하고 세포단체를 아래와 같이 구성하였다.

〈표 4〉 중앙부 조직체계

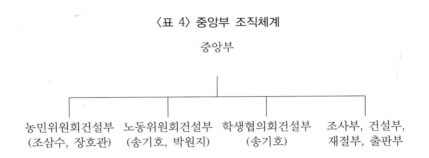

이들은 사유재산이 부정되는 공산사회의 건설을 중앙부의 결성 목표로 설정했다. 그리고 매월 6, 16, 26일을 회합일로 약정했다. 그런데 송기호는 이 지역에서의 혁명적 대중운동은 학원을 배경으로 학생층을 통해 견인해야 한다는 판단을 가졌던 것으로 보인다. 이는 도청 이전 전까지 진주가 경남의 교육, 행정 중심지로 일찍부터 제도권 교육의 수혜를 받았고 주민 층에서도 학생집단의 비중과 잠재력이 높았기 때문이었다. 고등보통학교 퇴학생으로 이렇다 할 사회운동의 경험이 없었던 설립주체의 입장에서도 노동자, 빈농보다 학생층을 주 대상으로 하는 것이 용이하고 효과적이었을 것이다.102)

102) 그렇지만 이들이 노동자, 농민의 획득을 등한시 한 것은 아니었다. 노동위원회 조직 후 송기호는 인부 감독이었던 李四德才와 인쇄공 金点鳳을 직접 포섭하여 가입시켰다(朝鮮總督府 高等法院檢事局思想部, 「朝鮮共産主義者晋州協議會事件」, 『思

그리하여 송기호는 김환기, 박증몽을 포섭하여 동년 9월 말 '학생협의회'를 따로 조직하였다. 이는 학생간의 공산주의 연구를 통일하고 지도하는 기관으로 김환기가 진주고등보통학교를 박증몽이 진주농업학교의 책임을 맡았다. 계속해서 송기호는 김환기에게 학원 내부에 지하조직을 만들 것을 지시했다. 이에 김환기는 김호배, 윤봉곤, 박용규 등 재학생과 함께 진주공립보통학교 내에 '교내위원회'라는 결사를 다시 건설하였다.[103] 즉 중앙부의 세포단체 외에도 지도기관인 학생협의회와 실천 써클인 교내위원회를 편성하여 공산주의 연구와 인자 획득을 시도한 것이다. 양교의 퇴학생이 지도부를 이루고 후배인 재학생들이 행동책을 맡았다.

이들 조직은 11월 7일 러시아 혁명 기념일을 기해 대규모의 시위와 파업투쟁을 계획했다. 이를 위해 11월 7일 전까지 진주 읍내에 다량의 격문과 전단을 살포한다는 준비전술을 마련했다. 10월 16일에는 송기호, 장호관, 박원지, 조삼수 등이 비봉산에서 회합하여 시위일정과 격문 작성을 협의했다. 이후 11월 4일까지 이들 그룹에 의해 제작된 격문의 제목은 다음과 같다.[104]

'학생협의회' 그룹은 수제 등사기를 구입하여 김석필, 노관의 등 조직원의 자택에서 위 격문을 인쇄했다. 문건 당 최소 100매에서 700매까지의 분량이 제작되었다. 혁명 기념일 3일 전인 11월 4일부터 '공장, 학교 및 각 요소'에 살포할 계획이었고 책임은 박원지가 맡았다.[105] 선전물을 통해 선동을 우선한 다음 기념일을 기해 대중투쟁을 전취한다는 일반적 행동전술이었다.

想月報』 제3권 7호, 1934, 17쪽).
103) 주, 98)의 판결문.
104) 위의 판결문.
105) 위의 판결문.

<표 5> 진주학생협의회그룹 격문 일람표

작성자	제목	제작 일
송기호	'조선문제를 위한 국제공산당 서기국의 결의' '러시아 혁명기념일 11월 7일을 준비하자' '혁명적 노동조합의 건설문제'	10월 중순
김환기	'소비에트 동맹을 사수하라' '친구여 일어나 시가를 점령하라'	11월 1일
박원지	'소비에트 러시아를 사수하라' '혁명기념일 11월 7일 총파업으로 싸워라' '광포하고 무자비한 일본제국주의 자본가' '지주의 충실한 개 스파이를 박멸하라' '11월 7일 데모 스트라이커를 일으켜 싸워라'	11월 2일

격문은 11월 3일 오후 진주 읍내 요지에 집중 살포, 전시되었다. 박원지, 박용규, 윤봉곤이 진주공립농업학교 내에 김환기, 김호배, 정성수가 진주공립고등보통학교와 일신여학교 그리고 옥봉리의 고무공장 등에 산포했다. 인쇄물은 11월 5일까지 읍내의 도로 곳곳에 뿌려졌다. 경찰은 기념일 전날인 11월 6일까지도 전단의 출처를 파악하지 못했다. 당일 밤에도 수정동 윤봉곤의 하숙집에서 다음날 살포될 격문과 적기가 제작되었다.

기념일인 11월 7일 김호배와 김환기는 재학 중인 진주공립고등보통학교 조회시간에 단상에 올라 연설을 하고 문건을 배포하다 현장에서 체포되었다.106) 타 학교나 생산현장에서의 투쟁은 무산되었다. 관련자들은 당일 대부분 검거되었다. 송기호는 진주군 내동면 망경산에 피신했으나 다음날인 11월 8일 오후 진주경찰서 수사대에 체포되었다.107) 피체된 인물 중 총 17명이 기소되었는데 신상과 형량은 다음 〈표 6〉과 같다.108)

---

106) 위의 판결문.
107) 『동아일보』 1932년 11월 22일, 「主犯宋畿鎬暗窟에서逮捕」.

〈표 6〉 진주학생협의회사건 기소자 인물표

성명	연령	직업	거주지	형량
송기호	23	무직	진주읍 신정	징역 3년
장호관	21	대서업	진주읍 금정	징역 2년
박원지	20	무직	진주읍 신정	징역 2년
조삼수	21	무직	진주읍 수정정	징역 2년
김환기	21	진주공립고등보통학교 재학생	사천군삼천포읍	징역 1년 6월
김호배	19	상동	산청군 생초면	징역 1년 6월
정성수	20	상동	남해군 창선면	징역 1년 집행유예 3년
박용규	19	상동	창원군 진동면	상동
정화균	20	상동	남해군 창선면	상동
윤봉신	20	상동	창녕군 창녕면	상동
박증몽	18	진주공립농업학교 재학생	고성군 상리면	상동
김종환	19	상동	하동군 북천면	상동
박재권	19	상동	진주군 진주읍	상동
中尼勝	19	상동	마산부 통정	상동
이사덕재	22	인부감독	진주군 진주읍	상동
김점봉	23	인쇄공	진주군 진주읍	상동
박호종	29	농업	진주군 금산면	상동

'진주학생협의회'는 1930년대 초 당 재건운동의 과정에 등장한 진주의 지역단위 공산주의자 그룹이었다. 대중운동의 활성화와 정치적 지도를 선차적 임무로 했다는 점에서 지역 전위 정치조직으로 성격을 규정할 수 있다. 조직분자들은 공립고등보통학교 재학 중 공산혁명 이념을 수용하고 동맹휴교를 주도했던 신진청년층이었다. 초기 사회주의

---

108) 朝鮮總督府 高等法院檢事局思想部,「朝鮮共産主義者晋州協議會事件」,『思想月報』
     제3권 7호, 1934, 11~13쪽.

자들의 구속, 이탈, 잠행 등으로 정체 상태였던 지역 공간에서 학생운동 출신인 이들은 전위조직을 결성하고 대중획득과 실천투쟁을 시도했다.

하지만 하향식 방침에서 나타난 조직체계의 구태함, 학생층에게만 집중되었던 확장성의 한계, 거의 전무했던 주도층의 사회운동 전력 등은 언급한 선차적 임무를 완수하기 어렵게 만든 요인이었다. 여기에 전략적 고려 없이 감행한 전단 살포, 조회 석상에서의 기습 연설 등은 결과적으로 즉시 검거라는 역효과만 불러왔다. 사건의 여파는 진주출판노조와 진주농민조합의 강제 해산으로 이어졌고[109] 이후 1930년대 진주지역에서 조선공산당 재건운동에 기초한 혁명적 대중운동은 더 이상 나타나지 않는다.

V. 맺음말

지금까지 진주지역에 사회주의 세력이 형성되는 과정과 활동상, 그리고 1930년대 전개된 조선공산당 재건운동의 내용을 살펴보았다. 그 대강을 정리하면 다음과 같다.

3·1운동 직후 등장한 이곳의 사회주의자들은 지역의 사회적 조건에 조응하면서 단계적으로 자신들의 영역을 확보해 갔다. 진주청년회에서 결집한 이들 1세대 운동가들은 진주노동공제회를 통해 세력화를 이루고 활동을 개시했다. 1922년 9월 4일의 '소작노동자대회'를 기점으로 전개된 소작운동은 진주지역의 사회운동에서 계급적 관점이 발견되는

---

109) 『동아일보』 1933년 1월 12일, 「文書關係로? 出版勞組解散」 ; 『중앙일보』 1933년 2월 8일, 「晉州農民組合에 突然解散命令」.

최초의 사례였다. 1923년에는 사상단체의 강연회와 지도가 집중되었다. 또 강달영에 의해 꼬르뷰로 국내부 야체이카가 설치되어 비합법적 운동이 병행되었다. 당 해는 진주지역에 사회단체가 활발히 조직되어 대중운동의 진영이 구축되었다. 야체이카의 결성과 함께 수면에서의 이러한 세력재편은 사회주의자들의 공개적인 활동 영역을 보장할 수 있는 환경을 조성했다. 그에 따라 1923년 말부터 구이동맹회, 동우사, 중성회 등 사회주의 연구와 지도를 목적으로 하는 합법적인 사상단체가 연이어 출현했다.

이 중 동우사는 진주의 1세대 활동가들이 대부분 참여하여 사회주의 정체성을 명확히 표방하고 출범한 대표적인 단체였다. 하지만 초기 사회주의자들에 대한 경찰의 집요한 감시, 도청이전이라는 폭발적 현안의 등장 등의 이유로 진주의 사상단체들은 본연의 역할을 수행하기 어려웠다. 여기에 1926년 7월, '제2차 조선공산당사건'은 지역 사회주의 세력에 치명타를 입혔고 이후 진주 1세대 활동가들의 운신은 위축될 수밖에 없었다. 그러한 조건에서도 지역 사회주의자들은 노농, 청년, 신간회 등의 부문운동을 통해 활동선을 이어갔다. 진주노동공제회는 소작운동과 함께 노조결성을 주도하고 맹파투쟁을 지도하였다. 그 영향으로 진주는 1920년대 전 기간 동안 직종노조의 파업이 연발되었다.

1920년대 후반 이 지역의 사회주의 운동은 청년운동이 선도했다. 1925년 진주청년연맹을 시발로 한 청년운동의 사회주의 실제화는 1927년 진주청년동맹의 결성과 활동으로 귀결되었다. 동 단체의 주역들은 진주농민조합에 중복 활동하면서 초기 활동가들의 공백을 메워간 2세대 사회주의자였다. 1920년대 후반 진주지역 사회주의자들은 신간회를 통해 새로운 활동 영역을 모색했다. 그러나 명망가, 유지 중심의 인적 구성으로 입지는 제한되었고 정치적인 활동도 거의 전무했다. 박태홍이 주도한 2기 신간회는 경찰의 극심한 탄압을 받았다.

1930년대 진주지역의 사회주의 운동은 조선공산당 재건운동의 지역 단위 강화운동, 즉 혁명적 대중조직 건설운동과 자생적 지역전위 조직의 등장이라는 두 가지 양상으로 전개되었다. 전자는 중앙그룹의 지도 하에 소수의 지역 활동가들이 혁명적 농민조합건설을 시도하였으나 무위로 끝났다. 지역전위 정치조직인 '진주학생협의회' 그룹은 공립학교 퇴학생들이 주축이 되어 대중 획득과 실천투쟁을 전개했지만 역시 실패했다.

진주지역의 사회주의 운동은 진주노동공제회의 소작운동을 시작으로 꼬르뷰르 야체이카의 설치, 사상단체의 결성, 부문운동의 전개, 당 재건운동에 이르기까지 전 영역에서 진행되었다. 3·1운동 직후 등장한 초기 사회주의자들의 역할은 '제2차 조선공산당사건' 이후 현저히 약화되었다. 그 공백은 2세대 활동가들이 청년, 농민운동을 통해 대체해 갔다.

이처럼 지속적인 활동에도 불구하고 이 지역 사회주의 운동이 가시적인 성과를 이루지 못한 것은 역시 취약한 대중성에 요인이 있었다. 활동가 그룹이 고정되어 이들에 대한 감시와 검속이 반복되는 상황이 제약으로 작용한 것이다. 초기 농민운동의 선구적 위치에 있었던 진주지역에 끝내 혁명적 농민조합이 건설되지 못한 이유도 같은 문제에서 찾을 수 있다. '진주학생협의회사건'으로 혁명적 대중운동은 종결되었고 이후 진주지역은 당 재건운동의 공간에서 배제되었다.

제2부

일제하
진주사회와 주민

제1장
일제하 진주지역 鄭相珍의 성장기반과 유지활동

I. 머리말

有志를 연구하는 것은 식민지 조선의 지역 사회를 이해하는 데 필수적인 과제이다. 유지, 혹은 유력자로 불리는 이들은 대한제국 시기 실제화 된 지방 엘리트 집단이다.[1] 일제하에는 식민당국과 유착하며 여론을 주도하고 영향력을 행사하였다. 유지는 재력과 학력을 기반으로 지역에서 다양한 사회 활동을 펼쳤고 관, 공직에 진출하여 일정 권력을

---

[1] 유지는 "有志紳士"라는 이름으로 대한제국기부터 통칭된 지방 세력가였다(『경남일보』 1909년 11월 26일, 「敎育彙報」). 일제하에는 "유력자"라 불리기도 했다. 유지의 개념 규정은 지수걸이 처음 시도했다. 그는 "지방유지"를 일제가 자신의 국가헤게모니를 지방사회 내부에 관철시키기 위해 의도적으로 형성한 총독정치의 매개집단이라 정의하였다. 또 유지의 요건으로 "재산", "사회활동 능력", "당국 신용", "사회 인망"을 제시했다(지수걸, 「일제하 공주지역 유지집단의 도청이전 반대운동」, 『역사와 현실』 20, 1996, 202쪽). 그러나 이러한 요건이 절대적인 것은 아니며 학력이나 재력을 바탕으로 영향력을 행사한 유력자 집단을 유지로 파악해야 한다는 견해도 있다(정연태, 「조선말 일제하 資産家型 有志의 成長 추구와 利害關係의 中層性-浦口商業都市 江景地域 사례-」, 『韓國文化』 31, 2003, 292쪽). 영향력이라는 관점에서 유지의 개념과 범주를 어느 지점까지 설정해야 하는가 라는 문제도 많은 논의가 있다(유지집단의 개념과 범위에 관한 연구사는 지수걸, 「일제시기 충남 부여·논산군의 유지집단과 혁신청년집단」, 『韓國文化』 36, 2005 참조). 또 지역 엘리트라는 구성틀로 지도적인 위치에 있었던 인물 층을 설정하고 유지를 이에 포함시키는 경우도 있다(『근대 이행기 지역 엘리트 연구 II-충남 내포지역의 사례-』, 경인문화사, 2006). 이 글에서는 유지와 유력자, 지역 엘리트를 동일 용어로 사용한다.

행사한 지배층이기도 했다. 지주, 자산가인 이들은 감조, 대납, 기부, 자선 등의 다양한 선심책으로 신망을 획득했다. 사회 활동의 명분이 지역개발이었기에 일부의 비난도 있었지만 주민의 의존과 기대가 컸던 것도 사실이었다. 일제에 의해 육성된 식민정치의 구성원인 동시에 지역 사회의 지배적인 엘리트였다는 점에서 유지는 이중적인 존재인 것이다.[2]

따라서 식민지 한국 사회를 민족적 관점에서만 접근했을 때 이들은 검토 대상이 될 수 없었다. 유지가 조명된 것은 일제하 지역 사회와 지방 정치의 구성을 다면적으로 바라보려는 시도가 나타나는 시점에서였다.[3] 이어 협력론, 식민지 공공성론, 근대 규율권력론 등 새로운 분석틀로 식민지 사회를 이해하는 성과[4]가 등장하면서 유지에 대한 관심은 제고될 수밖에 없었다.

이러한 흐름은 지역사뿐 아니라 근대 사회사의 영역과 시야를 확대할 수 있는 계기를 마련했다는 점에서 긍정적인 현상이라 하겠다. 다만 유지라 해도 출신과 성장 과정, 활동의 성격 등을 일률적으로 재단할 수는 없을 것이다. 양상은 동일하지만 지역과 성향에 따라 그들이 추구한 가치는 나름의 차별성이 있었다. 유지의 다양성을 발굴하는 작

---

2) 고석규, 『근대도시 목포의 역사·공간·문화』, 서울대학교출판부, 2004, 189~190쪽.
3) 지수걸, 「日帝下 公州地域 有志集團 硏究-事例1 : 徐悳淳(1892~1969)의 '有志 基盤'과 '有志 政治'」, 『역사와 역사교육』 창간호, 1996 ; 「日帝下 公州地域 有志集團 硏究-事例2 : 金甲淳(1872~1960)의 '有志 基盤'과 '有志 政治'」, 『韓國民族運動史硏究』 于松趙東杰博士停年紀念論叢, 1997 ; 「日帝下 公州地域 有志集團 硏究-事例3 : 池憲正(1890~1950)의 '有志 基盤'과 '有志 政治'」, 『역사와 역사교육』 2, 1997.
4) 김진균·정근식 편저, 『근대주체와 식민지 규율권력』, 문화과학사, 1997 ; 신기욱·마이클 로빈슨, 『한국의 식민지 근대성』, 삼인, 2006 ; 윤해동, 『식민지의 회색지대』, 역사비평, 2003 ; 김동명, 「조선인과 일본인의 관료 복무」, 『일제 강점기 한국인의 삶과 민족운동』, 경인문화사, 2005 ; 松本武祝, 「朝鮮農村の〈植民地近代化〉經驗」, 사회평론사, 2005 ; 윤해동·황병주 엮음, 『식민지 공공성, 실체와 은유의 거리』, 책과함께, 2010.

업을 통해 일제하 지역사회 세력의 실체에 보다 접근할 수 있는 것이다. 이를 위해서는 유지 개인에 대한 분석이 더욱 요구된다.

이 글의 무대가 되는 진주도 근대사에서 유지층의 존재가 뚜렷했던 지역이다. 이곳의 유지는 대한제국기에 명단화되어 동정이 공개될 정도로 인정된 집단이었다. 이들은 진주지역 국채보상운동에 참여했고 대한협회 지회를 결성하여 문화 계몽운동을 견인했다.[5] 최초의 지방지로 알려진 『경남신문』의 창간과 운영을 주도하기도 했다. 상당수는 1910년대 진주군내 면장으로 임용되어 식민행정의 일선에 섰다. 3·1운동 이후에는 중등학교 설립과 도청이전반대운동 등 지역의 주요 현안에 개입하고 영향력을 행사했다. 민, 관변 자문기구와 사회단체의 주역으로 활동했고 중일전쟁기에는 적극적인 친일협력 행위로 일제에 봉사했다. 현안과 숙원사업을 해결하고 관, 공리 경력으로 주민생활과 밀착했던 이들은 식민지 진주사회를 끌어간 자원이자 분명한 지대였다. 때문에 진주지역의 사회운동사 혹은 부문운동사를 다룬 글에서 유지층의 동향과 행적이 부분적으로 소개되었다.[6] 그러나 유지 개인의 성장 과정과 활동상을 정면으로 고찰한 연구는 아직까지 등장하지 않았다.

지금부터 언급하고자 하는 鄭相珍은 진주지역의 유지 중 최우선으로 고려되어야 할 연구 대상이다. 조선후기 출생하여 대한제국기에 상

---

5) 김희주, 「대한협회 진주지회의 결성과 활동」, 『역사와 교육』 21, 2015.

6) 김중섭, 「일제식민통치와 주민교육운동-진주지역을 중심으로」, 『한국사회학회논문집』 47, 1995 ; 「일제하 경남도청이전과 주민저항운동」, 『경남문화연구』 18, 1996 ; 김형목, 「3·1운동 이전 진주지역의 야학운동」, 『숭실사학』 22, 2009 ; 오미일, 「1920년대 진주지역 농민운동」, 『진주 농민운동의 역사적 조명』, 역사비평사, 2003 ; 김희주, 「1920년대 진주지역의 청년운동과 진주청년동맹」, 『한국민족운동사연구』 72, 2012 ; 「일제하 진주지역 天道敎의 문화운동」, 『동국사학』 55, 2013 ; 「대한협회 진주지회의 결성과 활동」, 『역사와 교육』 21, 2015 ; 「진주지역의 사회주의운동과 조선공산당 재건운동」, 『동국사학』 61, 2016.

인, 지주로 입신한 그는 일제하 진주의 상징적인 유력자였다. 근대변혁에 불민했던 지역사회에서 정상진은 시세변화에 적응하며 독보적인 자기성장의 길을 걸어갔다. 지주경영과 농외투자로 경제적 실리를 추구하고 전 방위에 걸친 기부, 자선활동으로 압도적인 주민신망을 획득했다. 직능기구의 공직자로 개인과 집단의 이익을 대변했지만 철저히 실용적 가치관을 바탕으로 지역현안과 주민생활에 개입한 것도 사실이었다. 전시체제하에서는 적극적인 친일협력행위를 보였으나 해방공간과 한국전쟁 직전까지 사회적 위상에는 변화가 없었다. 대한제국 시기와 일제하 전 기간, 그리고 이승만 정권에 이르는 말년까지 진주라는 공간을 떠나지 않으며 유지의 위치를 견지해 갔다.

이러한 결과만으로도 근대 진주지역사에서 정상진의 생애와 활동은 연구 가치를 지니는 것이다. 그러나 지역에서도 그에 대한 시선은 일제시대 부호, 친일파, 비봉루의 건립자 정도의 단상 수준에 머물러 있다. 정상진은 전 생애 부침 없이 존재감을 가지고 진주사회에서 권위를 행사한 인물이다. 성장과 활동에 대한 객관적 분석이 필요한 시점이라 하겠다.

이 같은 사실에 유념하며 본고는 다음의 두 가지 방향에서 정상진의 유지활동을 살펴보고자 한다. 첫째, 유지기반의 대부분이었던 자산의 형성 단계와 경영양상을 추적해 보았다. 이는 단순히 개인의 입신이나 축재과정을 밝히는 차원이 아니다. 몰락 가문의 후손에서 출발하여 장기간 지역사회의 유력자로 존립할 수 있었던 근거를 확인하기 위한 정당한 절차이다. 둘째, 유지활동의 내용과 추이를 일별하고 특징과 성격을 찾아보고자 한다. 외형적으로 동일해 보이지만 유지의 활동은 개인에 따라 가치와 지향점이 미세한 차이를 보이고 있다. 정상진의 경우도 이러한 편차가 발견되는 것이다. 이상의 과정이 지방유지의 실체는 물론 일제하 진주지역 사회사연구의 영역을 확장하고 보완하는 데 도움이 되리라 기대한다.

II. 정상진의 가계와 성장기반

1. 가계

鄭相珍은 1878년 진주에서 父 鄭應基와 모친 김해 김씨의 3남 중 장남으로 출생했다. 본명은 佑鎔이고 자가 상진이었으나 성장 후에는 자를 실명으로 사용했다.[7] 말년에 鳳隱이라는 호를 얻었다.[8] 迎日이 본관이고 고려 인종 때 樞密院知奏事를 지낸 鄭襲明이 중시조다. 습명의 11세 직계 손이 圃隱 鄭夢周로 정상진은 포은의 17세 손이 된다.[9]

영일 정씨가 진주에 토착한 시점은 15세기 중반이다.[10] 포은의 손자로 사헌부감찰을 지낸 鄭保가 1456년 단종 복위운동에 연루되어 단성현으로 유배되었다. 이때 조카인 道庵 鄭智忠이 정보를 배종하였다가 진주에 정착하였다. 이후 후손들이 그를 파조로 하는 道庵公派를 형성하고 이 지역에 세거하게 되었다. 정상진의 가계도 영일 정씨 도암공

---

7) 남아있는 그에 관한 모든 기록에는 성명이 정상진으로 표기되어 있다. 그러나 영일 정씨 世譜는 초명인 佑鎔으로 수록되어 있다(『迎日鄭氏世譜』卷七).
8) 정상진은 일생동안 아호나 당호를 사용한 적이 없다. 봉은은 그가 사망하기 전 해인 1949년 진주를 방문한 영문학자 卞榮晩이 유지들에게 정상진의 생애를 듣고 즉석에서 지었다 한다(정상진의 孫子 정인화(1939년 생)의 증언, 2017.7.21, 진주시 상봉동, 비봉서실).
9) 『迎日鄭氏世譜』卷七.
10) 김준형, 「조선시대 圃隱 후손의 경남 서부지역 정착과 활동」, 『圃隱學硏究』 7집, 2011, 125쪽.

파에 해당된다.

진주인근의 영일 정씨는 지역의 유력 가문으로 행세하며 향안에 입록되고 남명학파의 일원으로도 활동하였다 한다.[11] 그러나 여타의 이곳 사족과 같이 인조반정으로 중앙에 진출할 기회를 상실하자 동성촌락을 형성하여 재지토반으로 처세하게 된다. 17세기 이후 이들은 계파에 따라 가문의 성쇠가 달랐다. 도암공파는 인물 배출이나 가세 전반에서 대체로 침체되는 양상을 보인다. 정상진의 집안도 예외가 아니었다는 것을 아래의 가계도에서 확인 할 수 있다.

* 17세기 이후 정상진의 가계도

文榮--壕--錫升--潯--奇采--煥慶--應基--佑鎔(相珍)
　　　錫復　　洽　　　　煥弼　　　　泓鎔
　　　錫觀　　溥　　　　　　　　　　秉鎔
　　　錫咸

위의 정문영은 정상진의 8대조로 효종 대에 무과에 급제한 것으로 나와 있다. 그러나 실직은 제수 받지 못한 것으로 보인다. 그 뒤로도 등과나 출사한 흔적이 있는 후손을 찾을 수 없다.

17세기 이후 진주지역에서 대지주로 성장한 소수 양반들은 모두 관직을 매개로 하였다. 출사하지 못한 집안의 농지는 분할상속과 祭位田의 문중 이전 풍조 등으로 영세화된 것으로 알려졌다.[12] 여기에 진주는 "別儒"라 불리는 신흥 양반호가 등장하여 관권의 침탈과 함께 사족 내부의 분화를 촉진시켰다.[13] 몰락 사족층은 향촌 지배 질서에서 배제

---

11) 김준형, 위의 글, 130쪽.
12) 김건태, 「朝鮮後期 農家의 農地所有 現況과 그 推移-晋州地方을 중심으로-」, 『歷史學報』 172집, 2001, 155~157쪽.

되었고 경제적으로 영락한 상태에 들어서게 된다.

정상진의 가문도 19세기에 와서는 이러한 환경을 피할 수 없었던 것으로 보인다. 후손의 증언에 따르면 정상진의 조부 煥慶은 하동 청암에서 궁핍한 생활을 이어가다 처자를 두고 일찍 사망했다.[14] 이에 조모 진주 강씨는 외아들 응기(1847년 생)를 데리고 충청도 영동으로 개가하게 된다. 모친이 사망하자 응기는 선대가 세거했던 진주로 돌아와 20대 초에 大安에서 건어물 노점을 시작했다.[15]

그가 개점한 대안은 조선후기 서부경남의 거점 장시였던 진주 읍내장이 열리는 곳이었다. 인근에서 생산된 농산물과 특산물이 지역 장시에서 거래된 후 대부분 이곳에서 집하, 반출되었다. 어물은 소금, 젓갈과 함께 사천 가산항, 문선포(삼천포)를 거쳐 진주로 유통되었다. 상인들은 포구의 물종객주를 통해 물품을 구매하여 현지로 유입시키거나 판매하였다.[16] 정응기가 건어물 노점을 하였다면 그 역시 포구와 장시를 왕래하는 지역 행상으로 활동하였을 것이다. 영업을 주로 한 1860~1870년대는 진주에 이른바 四廛, 즉 상설시장이 설치되기 전이었다.[17] 따라서 읍내장뿐 아니라 인근 10여 개의 장시를 무대로 상행위를 했을 가능성이 있다. 생활기반이 갖춰지자 그는 늦은 나이인 30세에 혼인하여 정상진을 비롯한 3형제를 두게 된다.[18]

13) 이해준, 「朝鮮後期 晋州地方 儒戶의 實態」, 『震檀學報』 60, 1985, 91~94쪽.
14) 정인화, 앞의 증언. 영일 정씨 도암공파는 17세기 栗里 정기의 후손들이 하동으로 이거하여 양보, 청암 등지에서 집성촌을 이루며 거주하였다. 정상진의 직계는 고조부 鄭潯대에 동계가 거주하는 청암 弓項으로 이주한 것으로 보인다(『迎日鄭氏世譜』 卷七). 그러나 이곳에서도 일족의 생활은 빈한했다 한다(정인화, 앞의 증언).
15) 정상진의 孫婦 박군자(1941년 생)의 증언, 2017.7.15 진주시 중안동, 죽향.
16) 양보경 · 김종혁, 「경상남도의 장시」, 『慶尙南道의 鄕土文化』, 精文硏, 1999.
17) 『진주상공회의소 120년사』, 진주상공회의소, 2006, 109쪽.
18) 박군자, 앞의 증언.

부친의 생업과 가정환경은 정상진의 사회진출과 경제활동에 직접적인 영향을 미쳤을 것으로 생각된다. 정상진은 대한제국기에 미곡과 소금 도고로 축적한 자본을 바탕으로 토지조사 사업이 진행 중이었던 1910년대 진주에서 재산액 6만 원의 지주로 성장했다. 활발한 농외투자로 지역 영리회사의 대표와 대주주를 역임했고 1930년대에는 소작료 수입 600석에 이르는 자산가형 유지의 반열에 올랐다. 후술하겠지만 이러한 자산형성은 10대 초에 시작한 행상활동에서 출발한 것으로 가업과 무관하지 않았다. 이는 상속에 의존한 경제력을 바탕으로 대한제국기를 거쳐 1930년대까지 운신한 진주의 토호들과 차별성을 보이는 부분이기도 하다.

정상진은 세조대에 입향한 정지충이 파조인 영일 정씨 도암공파의 후손으로 1878년 진주에서 출생하였다. 그의 가문은 포은 정몽주의 직계로 15세기 중반 진주를 비롯한 서부 경남지역에 분거하여 명문세족으로 자리 잡았다. 그러나 인조반정으로 대북정권이 몰락하자 등과 출사자의 배출도 줄어들면서 점차 침체되었다. 여기에 수령, 이서 체제를 중심으로 한 향촌 지배구조의 변화, 별유로 지칭되는 신흥 양반층의 등장으로 19세기에 오면 재지사족으로서의 기반조차 흔들리게 된다. 8대조 이후 등과 자를 내지 못한 정상진의 가문도 쇠락을 면하기 어려웠다. 조부 정환경이 동성부락인 하동 청암으로 이거한 동기도 여기에서 찾을 수 있다. 부친 정응기는 영동으로 개가한 모친이 사망하자 홀로 진주에 내려왔다. 그는 건어물 노점으로 생계를 이어갔고 장남 상진에게 영업 기법을 전수하였다. 후일 지주, 자산가이자 식민지 진주의 영향력 있는 유지로 성장한 정상진이 10대 초반 행상으로 사회활동의 첫 걸음을 내디딘 연원도 이러한 가계의 영향에 있는 것이다.

2. 유지기반의 형성

정상진이 진주지역의 대표적인 유지로 성장할 수 있었던 토대는 자신이 이룬 경제력이다. 그는 가문의 명망이나 상속자산, 혼인망 등 부수적인 배경 없이 자기 능력으로 재력을 획득한 인물이다. 이를 바탕으로 지역사회의 일급유지에 오를 수 있었다. 유지활동의 기반이었던 자산은 대한제국기를 거쳐 1910년대 중반에 이르는 시점에 대부분 형성된 것으로 보인다.

물론 이러한 성취는 식민권력인 일제당국과의 타협이나 밀월 관계 없이는 불가능한 것이었다. 그러나 크게 보면 20세기를 전후해 진주지방에 불어 닥친 시세변화에 스스로가 능동적으로 대처한 결과였다고도 볼 수 있다. 이는 사회 활동의 출발에 대해 본인이 회상한 내용을 정리한 아래의 자료에서 확인된다.[19]

소년시절부터 상인으로 辛酸한 삶을 살아온 정상진씨에게 당시의 상황을 들었다. 지금부터 대략 50년 전인 明治 24년(1891년) 고성 背屯에서 상인 한사람으로부터 성냥과 석유의 편리함을 듣고 경이를 느꼈다. 상인에 의하면 이 물품은 외국에서 부산으로 수입된 것인데 배둔은 10년 전부터 부산과 거래가 있었고 그 소재도 이때 알려지게 되었다. 정상진은 성냥과 석유를 매입하여 12, 3세부터 행상을 하였으니 진주에 외래품이 판매된 것은 이것이 처음이다. 그 무렵 진주읍내는 2000호 내외의 가구가 있었고 성 밖 大安洞 지금의 下條상점 부근에 李某라는 사람이 유일하게 점포를 꾸미고 감, 밤, 생선, 기타 잡화를 판매하고 있었다. 명치 40년(1907)부터 海倉에서 전남지방의 소금을 사들여 염매업을 시작했고 동 43년(1910년)부터 벼중간상을 했다. 이후 미곡, 소금, 명태 등의 물품을 확대하여 奧地와도 거래하였다.

19) 勝田伊助, 「五十年前の商賣を語る鄭相珍氏」, 『晋州大觀』, 1940, 35쪽.

이 기록에는 소년상인으로 출신한 정상진이 대한제국기를 거쳐 물종 객주로 상업자본을 형성하는 과정이 잘 나타나있다. 아울러 19세기 후반 진주지역의 상품유통 관계와 박래품의 전래 양상 등을 엿볼 수 있다.

위에 따르면 정상진은 10여 세의 나이에 상인으로부터 성냥, 석유의 효용과 부가가치를 전해 듣고 이를 진주에 판매하는 행상영업을 시작했다는 것이다. 성냥과 석유는 19세기 말에 박래되어 화장품과 함께 서민생활 문화를 바꿔 놓은 대표적인 수입품이었다. 성냥은 주로 일본제가 공급되어 발화의 혁명을 가져왔다. 석유가 보급되면서 외국 상인들에 의해 새로운 등잔이 개발되었다. 석유 등잔은 산골까지 전래되어 조명 생활을 변화시키고 가정의 필수품이 되었다.[20] 두 수입품은 가격이 저렴하고 부가가치가 높아 초기에 이를 영업한 조선 상인들은 막대한 이익을 남기게 된다.[21] 정상진이 10대 초에 이러한 상품을 진주에 유통, 판매하였다면 그 자체로 상당한 이윤을 창출했을 것이다.

다만 이러한 상업 활동이 당시 진주에 이미 편성되어 있었던 보부상 조직과 무관하게 이루어졌는지 여부는 확실하지 않다. 개항 후 조선왕조의 보부상단은 본부인 惠商公局과 지역의 임방, 도소로 구성되었다. 혜상공국은 상리국과 상무회의소를 거쳐 1899년 상무사로 재편되었다. 임방과 도소는 보부상의 권익을 위한 기구였으나 공권력과 결탁하여 매점 행위를 자행하는 폐단을 낳기도 하였다.[22] 진주는 1884년 사전 설치와 함께 도내의 장시와 상업 활동을 관리하는 경상우도소가 설립되었다. 우도소는 상리국 체제를 거쳐 1899년 진주 상무사로 조직되었

20) 이이화, 「한말-성냥과 석유를 처음 쓰던 시절」, 『역사비평』 13호, 1991, 88쪽.
21) 황현, 『梅泉野錄』, 국사편찬위원회, 1955, 53쪽.
22) 조재곤, 『보부상 근대격변기의 상인』, 서울대학교 출판부, 2003, 113쪽.

다.[23) 이 단체는 상무회 진주군지부, 상무조합 진주지부로 개칭을 거듭
하다 1933년 진주 상무회로 재탄생하였고 1939년 진주상공회의소가 출
범하자 이에 흡수되었다.[24)

정상진이 행상에 투신한 것은 경상우도소가 진주를 비롯한 17개 지
역을 관할하며 상행위를 감독하고 유통을 지배하는 시점이었다. 보부
상 조직은 '체장'이라는 일종의 영업 허가증을 수단으로 타 상인의 거
래를 제한하였다. 10대 초반의 소년이 보부상단의 지배구조가 존속하
는 진주 상권에서 석유와 성냥 같은 고수익 품을 독자 영업하였다고
보기는 어려운 것이다. 실제로 마포를 통해 당시 서울로 공급되었던
석유, 성냥도 보부상이 가호 방문하여 판매하는 방식이었다.[25)

그러나 정상진과 진주보부상단과의 관계를 입증할 근거나 자료는
발견되지 않는다. 보부상 명부인 四廛靑衿錄에 전하는 진주 상무사 임
원 명단에도 그의 이름은 나타나지 않는다. 이는 정상진과 동시기 활
동했던 부상 강선호가 1923년부터 접장, 반수로 등장하는 사실과 비교
된다.[26) 하지만 1938년 상무사 회관 개축 당시 지역 유지 중 가장 많은
금액을 희사했고[27) 진주상공회의소 설립 후에는 조선인으로 유일하게
후보자추천위원에 선임된 사실[28)에 미루어 보부상 조직에 상당한 애
착을 가졌음을 짐작할 수 있다. 스스로 밝히거나 전하는 자료는 없으

23) 국립진주박물관 편, 『진주상무사』, 2017.
24) 『진주상공회의소 120년사』, 111~114쪽.
25) 이이화, 「한말-성냥과 석유를 처음 쓰던 시절」, 88쪽.
26) 『진주상공희의소 120년사』, 142~144쪽.
27) 『동아일보』 1938년 12월 15일, 「商務社改築」. 상무사 중건에 정상진은 300원을 기부
하였다. 모금에 참여한 인물은 총 77명인데 이중 100원 이상 기탁자는 3명에 불과하
다. 당시 진주의 최대 부호 김기태의 성금 액이 100원이었다(『진주상공회의소 120년
사』, 186쪽).
28) 『매일신보』 1943년 7월 6일, 「추천광고」.

나 보부상단과의 관계하에 행상활동을 전개했을 가능성을 배제할 수 없다.

한편 정상진이 처음 상품을 매입한 현장이 고성 배둔이었다는 사실도 19세기 진주지역의 유통구조와 관련해 짚어볼 부분이다. 배둔은 고성 유통권의 중심지로 선박을 통해 부산, 통영으로 곡물의 수송과 거래가 이루어졌다.[29] 동시에 육로를 이용하여 진주 읍내장과 연결되는 유통망이 형성되어 있었다. 18세기 말에 오면 고성 읍내 장에서 배둔, 반성, 소촌을 거쳐 진주장으로 이어지는 유통경로가 구성되게 된다. 각각의 장시들은 2. 7장인 진주 읍내장과 개시일 을 모두 달리하여 중심 상권인 진주지역에 포섭되는 구조였다. 즉 3. 8장을 일자로 하여 간격을 최소화함으로 진주 읍내 장에서 거래를 마친 상인들의 이동 여건을 편리하게 맞춘 것이다. 소비자보다는 유통상과 진주읍내 행상의 영업 편의를 고려한 편성이었다.[30]

정상진은 이러한 유통구조를 활용하여 10대 초에 석유, 성냥 등 고수익 박래품을 판매하며 기초 자본을 축적했다. 이 수입은 뒤이어 그가 미곡, 소금, 어물 도고로 사업 영역을 확장하며 부상으로 성장할 수 있었던 토대이자 "밑천"이었다. 물론 여기에는 어물 행상으로 지역 상권의 생리와 정보에 밝았던 부친의 영향도 작용했을 것이다.

정상진이 토착 자본가로 입지를 굳힌 것은 대한제국기 말에 전념한 소금과 미곡 도매업이었다. 자산 형성단계를 회고하면서 초기 행상 다음으로 이 과정을 언급한 사실로 보아 당시의 영업이 전환점이 되었음이 분명하다. 1907년부터 海創에서 호남지역의 소금을 구입하여 유통, 판매하였다는데, 이 해창은 가산창 혹은 마산창으로 생각된다.

---

29) 「韓國慶尙南道沿海地方情況」, 『通商彙纂』 194호.
30) 이욱, 「18세기말~19세기 진주권의 상품유통과 성격」, 『역사교육논집』 41, 2008.

알려진 대로 조선왕조는 세곡 운반을 위해 전기부터 지역에 조창권을 구성하였다. 경상도 남부는 18세기 후반에 와서 창원 마산창과 진주 (지금의 사천) 가산창의 좌우 거점창이 확립되었다. 이후 조창은 세곡뿐 아니라 상품 교역장으로 기능이 확대되어 이를 근거지로 원거리의 곡물과 소금의 상업 활동이 성행하게 된다.[31] 정상진이 소금을 매입하였다는 해창은 하동, 남해, 고성, 사천 등 경남 서남부권을 아우르는 가산창 이었을 확률이 높다. 하지만 당시 마산포로 강원도와 호남의 어물, 식염이 유입되었고 정상진이 북어 유통으로 상당한 이권을 얻었으며 미두의 판매망이 마산장권까지 미쳤다는 증언[32]을 고려하면 마산창을 이용했을 가능성도 있다.

염매업에 이어 진출했다는 벼 중간상은 당시 진주 북문 밖에 거주하며 미곡유통업에 종사했던 곡물객주를 의미하는 것으로 생각된다. 이들은 城外에 영업소를 두고 미곡상품을 위탁 판매하거나 이를 담보로 한 대부업으로 이익을 취했던 상인이었다. 서울의 경우 이들 객주는 이해관계자인 운송업자, 창고업자, 금융업자와 함께 별도의 상회를 운영함으로써 거래를 내부화하기도 했다.[33] 1900년 경 진주는 이러한 곡물객주가 100여 명 이상 영업하며 지역의 곡가시세를 좌우했다.[34] 정상진은 1910년을 전후해 이 업종에 진입한 것으로 보이는데 단기간에 경영성과를 이룬 것으로 판단된다.

따라서 대한제국기는 거의 발견할 수 없었던 기부, 자선 등의 초보적인 유지활동이 1911년부터 나타나기 시작한다. 1911년 2월 지역 언론인

---

31) 卞光錫, 「18·19세기 경상도 남부지역의 상품유통구조」, 『지역과 역사』 5, 1999, 182~184쪽.
32) 박군자, 앞의 증언.
33) 洪性讚, 「한말 서울 東幕의 미곡객주 연구」, 『경제사학』 42호, 2007, 28쪽.
34) 「韓國慶尙道西情南部內情況」, 『通商彙纂』 181호.

경남일보의 "文明錄"에 정상진의 이름이 처음 등장한다.[35] 같은 해 3월
에는 거주지인 대안면내 빈민 300명과 걸인 20여 명에게 곡물 30석과
금화를 기부했고 이를 기념하는 자혜비가 면내에 건립되었다.[36] 정상
진의 자선과 공덕비 축립은 1930년대 후반까지 지속되었으나 기록에서
확인되는 사례는 이것이 최초이다. 한말 소년행상으로 출신한 정상진
은 한일병합 직후인 1911년에 오면 거주 면민 300여 명에게 금곡을 기
부할 정도의 자산가로 성장한 것이다.

다만 대한제국기까지 그의 처신에는 지방 유지의 행보나 역할이 거
의 발견되지 않는다. "有志紳士"로 지칭되는 진주지역의 유지층은 대한
제국기에 명단화 되어 실명으로 동정이 공개될 만큼 사회적으로 인정
된 집단이었다.[37] 유지는 동단위로 세분되어 洞規를 제, 개정하는가 하
면 부인회까지 조직되어 여론을 주도하고 영향력을 행사했다.[38] 이들
은 향리에 기반을 둔 지주사족 출신으로 야학과 사립학교를 운영하며
지역의 문화계몽운동을 견인했다. 국채보상운동에 집단 참여한 후 대
한제국 말기에는 대한협회 구성원과 경남일보 관여자로 양분되는 판
도를 보인다.[39]

대한제국기 진주 유지층의 이러한 행로에 정상진의 행적은 잘 나타

---

35) 재정난을 겪던 경남일보는 정기 구독자를 모집한 후 명단과 대금액을 "文明錄"이라
는 이름으로 소개했다. 납부자는 유지, 관공리, 기관단체 등으로 후원의 성격을 띠
고 있었다(김희주, 「대한협회 진주지회의 결성과 활동」, 『역사와 교육』 21집, 2015,
528쪽). 정상진은 게재된 명단에 1911년 2월 처음 등장한다. 납부액은 1원 50전이었
다(『경남일보』 1911년 2월 9일, 「文明錄」).
36) 『경남일보』 1911년 4월 1일, 4월 7일, 「鄭氏活佛」 ; 『경남일보』 4월 9일, 「鄭氏慈惠碑」.
37) 『경남일보』 1910년 4월 2일, 「普校卒業盛況」 ; 『경남일보』 1910년 5월 14일, 「學校興
起의 狀況」 ; 『경남일보』 1910년 6월 9일, 「晉東又興」.
38) 『경남일보』 1911년 1월 18일, 「鳳谷洞規改良」 ; 『경남일보』 1911년 2월 5일, 「婦人界
幸福」.
39) 김희주, 「대한협회 진주지회의 결성과 활동」, 527~529쪽.

나지 않는다. 유일하게 국채보상운동에 성금을 기탁한 사실[40]이 확인되나 단순 참여일 뿐 특정한 역할을 한 것은 아니었다. 자산 증식 외 이렇다 할 사회 활동이 없었다는 것은 그가 대한제국기 지역의 유지층에 편입되지 못했다는 사실을 의미한다. 가문의 후광과 상속자산을 배경으로 행세한 당시의 유지집단과 행상출신으로 자기성장의 길을 걸어온 정상진 사이에는 태생적인 이질감이 존재했을 것이다. 내동면 대지주의 후손으로 정상진보다 9세 연하였던 金琪邰가 대한제국의 탁지부 관리를 거쳐 1909년 독명학교 교장과 경남일보 부사장에 오르며 이미 유력자로 자리 잡은 사실[41]이 이를 뒷받침한다.

행상과 물종객주로 대한제국기에 형성한 자산은 식민지 진주에서 본격적으로 유지활동을 전개할 수 있게 만든 기반이었다. 1910년대 지주 부르주아로 성장한 그는 활발한 농외투자와 다양한 이권사업으로 일제하 진주의 대표적인 자산가형 유지로 정착하였다. 지역개발을 명분으로 한 사회활동과 전 방위에 걸친 기부행위로 유지의 지표로 제시되는 주민 신망에서 압도적인 우위를 보이게 된다. 중일전쟁 이후에는 본격적인 친일행적을 보이며 지역의 상징적인 유지로 운신하였다.

---

40) 정상진은 1907년 8월 진주군내 약종상 24인과 함께 총 70원의 보상금을 대한매일신보에 전달했다(『대한매일신보』 1907년 8월 16일, 「國債報償義捐金」). 소금, 미곡 외 그가 건재 영업에도 종사했다는 후손의 증언에 미루어 국채보상운동에는 직능으로 지역의 약종상들과 동참한 것으로 보인다.
41) 김경현 편, 『일제강점기 인명록 I -진주지역 관공리 · 유력자』, 민족문제연구소, 2005, 128~129쪽.

III. 정상진의 유지활동

1. 지주경영과 농외투자

정상진은 개항 후의 경제변동과 토지조사사업, 대일미곡수출이라는 시세변화 속에 급성장한 신흥지주이다. 1910년대 형성되었을 농지 자산은 해방공간까지 부침 없이 유지된 것으로 보인다. 하지만 규모와 분포를 정확히 알 수는 없다. 구체적인 기록이 남아있지 않으며 후손의 기억도 "서부경남 일대"라거나 "진주에서 산청까지 땅을 밟지 않고 갈 수 없었다"는 등 막연하다.[42] 간접자료를 통해 소유 규모와 경영 방식을 추적해 볼 수밖에 없다.

먼저 소작료 수입에 관해서는 연평균 600석 정도였다는 후손의 진술이 있다.[43] 1930년대 소작료 500석 이상의 진주지역 대지주 명단에도 조선인 지주 35명과 함께 그의 이름이 올라있다.[44] 연 소작료 수입을 최소 500석에서 600석 내외로 가늠할 수 있는 것이다. 정상진가의 소작계약증서가 전해지지 않아 이 내용만 가지고 정확한 경지 규모를 산출할 수 는 없다. 그러나 답의 경우 1920년대 진주지역의 징수방식이 定租였고 요율이 4할이었다는 자료[45]에 근거하면 1930년 전후 정상진은 대략 2,000석에서 2,400석 정도의 추수 농지를 소유한 것으로 볼 수 있다. 수확량 1,000석 토지를 100정보 내외로 보는 계산방식[46]에 따르면 일제하 정상진은 진주와 서부경남 일대에 대략 200정보 이상의 田莊을

---

42) 정인화, 박군자, 앞의 증언.
43) 정인화, 앞의 증언.
44) 勝田伊助, 「小作料五百石以上の地主」, 『晋州大觀』, 1940, 171~172쪽.
45) 조선총독부 조사자료 제26집, 『朝鮮の小作慣習』, 1929, 74쪽.
46) 김용섭, 『韓國近現代農業史硏究』, 1992, 195쪽.

경영한 것으로 나타난다.

이러한 추산에 의하면 1830년대 진주지역에 소작료 수입 500석 이상, 즉 200정보 이상 소유 대지주가 조선인만 36명이었다는 결론이 나온다. 1930년 말 경남 지역 100~500정보 소유 조선인 지주가 총 86명이었다는 조사[47]를 감안하면 이 수치를 그대로 받아들이기는 힘들다. 1930년대 는 기술개발에 따라 100정보 미만으로도 이 정도 수확이 가능했다. 그 러나 정상진의 경우는 적어도 150정보 이상을 유지하였음이 분명한데 관련해서 농지개혁 당시 진주지역의 피분배 지주를 조사한 아래의 자 료가 참고 된다.[48]

<표 1> 진주지역 20정보 이상 피분배 지주 명단

성명	주소	피분배면적(町步)			보상석수(正租, 石)
		畓	田	計	
정명수(鄭命壽)	진주시 상봉동 954	26.1	9.8	35.9	1,223
정경민(鄭慶玟)	진주시 봉곡동 145	41.5	2.2	43.7	1,648
홍갑수(洪甲秀)	진주시 대안동 127	19.0	0.7	19.7	931
방찬원(方瓚源)	진주시 본성동	19.6	0.7	20.3	930

나타난 대로 정상진의 장남 정명수는 진주지역 지주 중 두 번째 많 은 면적인 35.9정보를 유상몰수 당했다.[49] 단 보상액이 1,223석으로 책 정되었다. 농지개혁 당시 1,000~2,000석 사이를 보상받은 지주는 총

---

47) 장시원, 「대지주의 지역별 분포」, 『日帝下 大地主의 存在形態에 관한 硏究』, 서울대 학교 대학원 경제학과 박사학위논문, 1989, 46쪽.

48) 한국농촌경제연구원, 『農地改革時 被分配地主 및 日帝下 大地主 名簿』, 1985, 75쪽.

48) 정명수는 1950년 초 사망한 부친을 대신해 농지개혁에서 가산의 처리를 주도했다. 아래로 두 동생이 있었지만 20세 전후의 연령이었기에 피분배는 정명수의 책임 하 에 진행되었을 것이다.

49) 유인호, 「해방 후 농지개혁의 전개과정」, 『解放前後史의 認識』 1, 한길사, 1989, 442~445쪽.

227명으로 전체 보상인 169,803명의 0.36%에 불과했다. 농지분배가 일단락 된 1957년의 분배 면적이 47만 정보이고 이것이 1945년 조선인 지주 총 소작지의 21.6%였다는 통계[50]에 비추면 일제 말 정상진가의 경작지는 대략 150~180정보였다는 추정치가 나온다. 이는 1890~1910년을 통해 100정보 이상 조선인 대지주가 다수 형성되었고 그 범주는 1920년대 와서 팽창하였다는 기존의 연구 결과와도 일치한다.[51]

정상진의 지주경영 방식은 언급한 대로 소작 증서가 남아있지 않아 구체적으로 알 수는 없다. 다만 1920년대 경남지역의 소작관행을 조사한 일제의 관변자료를 통해 그 대강을 짐작 할 수 있다. 자료에 따르면 경남의 소작 계약기간은 최장 30년, 최단 1년이며 평균은 3년이다. 선량한 소작인에 한해서는 지주가 영구 소작권을 허락하는 것으로 나와 있다. 소작료의 종류는 수확물 또는 금전인데 賭租의 경우 反當地價 219円에 소작료는 22円으로 책정되었다. 납부 기간은 12월 초이고 장소는 지주의 창고 또는 舍音의 자택이다. 토지의 정비나 개간은 고비용은 지주가 전액을, 저비용일 경우는 소작인이 일부(1~2할)와 노동을 제공하는 조건이다. 지세와 공금은 도조는 소작인이, 그 외는 반반 부담으로 규정되어 있다. 수리 조합비 및 종자금은 대부분 지주가 비료대금은 절반씩 지불되었다. 그 외 소작인은 지주, 사음의 가택수리, 관혼상제 시 노력을 제공하며 접대비 등을 납부했다. 연대 보증인은 1명이었다.[52]

정상진의 경지는 거주지인 진주읍과 인근 면, 경남 서부일대에 걸쳐 있었을 것으로 생각되나 정확한 분포는 알 수 없다. 단 진주 인근은 평

---

50) 장시원, 『日帝下 大地主의 存在形態에 관한 研究』, 103쪽.
51) 조선총독부, 「從來ノ朝鮮ノ小作慣行調査資料」, 『朝鮮の小作慣行』 下卷, 1932, 244~286쪽.
52) 『매일신보』 1916년 5월 23일, 「경상남도, 정상진씨 美擧」.

거면에, 서부경남에서는 산청, 특히 덕산 지역에 상당량을 소유하였음은 분명하다. 1916년 정상진은 평거면민에 부과된 호세 140원을 전액 대납했고 그 보답으로 평거리에 '施惠不忘碑'가 건립되었다. 납부 월이 5월로 춘궁기를 당한 작인에 대한 시혜 차원이었을 것이다.[53] 호세 부담은 진주에서는 평거면이 유일한 사례로 이 곳이 자신의 주요한 田莊이었다는 사실을 짐작케 한다. 진주 외는 산청군 德山(삼장, 시천면)에 다량의 농지를 경영한 것으로 보인다. 정상진은 1920년대 와서 덕산 소작지의 지세를 간헐적으로 자부담했다.[54] 1935년에는 흉년이 들자 현지 답사 후 도조를 4할 이하로 감해주었다.[55] 그는 덕산 입구인 시천면 사리에 대형 곡물 창고를 설치했는데, 1932년 벽을 허물고 침입한 절도범에 의해 막대한 양을 도난당하기도 하였다.[56]

지주경영과 함께 정상진은 1910년대 후반부터 농외투자를 통한 적극적인 경제활동을 전개하였다. 토지조사 사업의 마무리와 부동산 담보제의 확립, 이를 통한 금융지원 등이 당연한 투자배경이었다. 참여 형태는 대표이사나 중역진으로 경영 일선에 서거나 유가증권을 투자하여 대주주로 관여하는 두 가지 역할이었다. 1918년부터 1930년대 후반까지 진행된 투자와 경영의 업종별 실태를 표로 정리하면 다음의 〈표 2〉와 같다.[57]

53) 『매일신보』, 1916년 5월 23일, 「경상남도, 정상진씨 美擧」.
54) 『동아일보』 1926년 11월 27일, 「小作人地稅代納」.
55) 『동아일보』 1932년 11월 15일, 「晋州鄭地主減租」.
56) 『동아일보』 1932년 12월 3일, 「倉庫壁헐고 穀物을 竊去」.
57) 『한국근현대회사조합자료』, 국사편찬위원회 한국사DB.

<표 2> 일제하 정상진의 농외투자 일람표

회사명(株)	설립시기	자본금(원)	목적	역할	업종
진주전기	1918	20,000	전등, 전력공급 기구판매 대여	감사, 대주주	전기
진주토지건물	1919	100,000	토지,건물매매, 임대, 건축재료매매, 공사청부	이사	상업 (부동산)
협성상회	1920	250,000	내, 외물산무역 및 위탁매매	대주주, 감사	상업
진주정미	1920	20,000	곡물무역및 관련사업	대표	정미업
진주협성운송	1930	50,000	일반운송업 및 부대사업	대표	운수, 창고업
진주합동운송	1931	10,000	운송창고업 및 보험업	이사	운수, 창고업
삼천포양조	1931	50,000	조선주탁주약주 기타양조업무	이사, 대주주	양조업
삼천포무역	1935	150,000	정미현미 기타물산무역 및 도매업무	이사	상업
영남약주제조	1935	50,000	조선약주제조 및 관련업무	대표	양조업
진주정미소	1938	150,000	정미 및 금융	감사	정미업

보이는 대로 투자업종은 상업, 정미, 양조, 운수, 창고, 전기업 등에 걸쳐 있다. 당시 조선인 대지주들이 활발히 진출하였던 금융업은 빠져 있다. 시기별로 1920년 전후와 1931~1938년간이 두드러진다. 중일전쟁과 전시체제하에서는 상대적으로 저조했다. 각 회사의 내용과 참여 정도를 간략히 살펴보도록 한다.

진주전기는 일본인 淸水佐太郎이 일본 島根縣의 전기사업가와 자본금 2만 원으로 창립한 전기회사였다. 초기 출자액이 미진하여 어려움을 겪었으나 일인 자본가와 조선인 지주의 투자가 이어지며 주식회사로 성장했다. 1919년 진주면 중앙동에 발전시설을 설비하고 시가에 전력을 공급했다.[58] 주주는 총 102명이었는데 정상진은 150주를 소유하여 김기태와 함께 조선인 최대 주주가 되었다.

진주토지건물 역시 淸水佐太郎이 자본금 10만 원으로 설립한 부동산 회사였다. 토지, 건물 매매가 주 업무였으나 1924년 해산되어 단명으로 끝났다. 주식상황이나 대주주 명단은 전하지 않는다. 정상진은 이사를 맡아 역시 김기태와 함께 조선인 중역으로 참여했다.

협성상회는 무역과 도매업을 주로 하는 상사다. 사장 강복순을 비롯해 중역, 대주주가 모두 조선인으로 구성되었다. 자본금 25만 원에 불입금이 6만 2천 원이며 주식 배당률은 10%였다. 진주지역에 토착자본으로 형성된 최초의 회사로 보인다. 정상진은 총 주식 2천주 중 516주를 소유한 최대 주주이자 중역(감사, 이사)으로 활동했다.

진주정미는 정상진이 처음 대표로 취임하여 경영권을 행사한 회사다. 淸水佐太郎의 발의에 따라 조합 형태로 조직되었다 하나 사장과 중역은 모두 조선인이 맡았다. 박재표, 강상호, 강주한 등 지역의 유력 유지들이 이사진에 참여했다. 1920년대 중반 발사기기를 설비하고 일본의 阪神, 東京지방까지 거래망을 넓혀 수출량 7만석에 이르는 대형 정미소로 성장하였다.[59]

진주합동운송은 화물 운송 전문회사다. 1925년 진주 마산 간 철도 개설 후 설립된 협성운송주식회사가 기존의 OS진주운송과 합사하여 진주합동운송으로 재 창립되었다. 철도국 지정 운송점으로 철도화물을 주로 취급했다. 정상진은 취체역 사장을 맡았고 이사진은 대부분 일본인이었다.[60]

삼천포양조는 양조 면허제 실시 후 1931년 삼천포에 설립된 조선주

58) 勝田伊助, 「電氣」, 『晋州大觀』, 156~159쪽.
59) 勝田伊助, 「精米業」, 『晋州大觀』, 140~141쪽.
60) 勝田伊助, 「運送店」, 『晋州大觀』, 110~111쪽.

주조회사였다. 정상진은 초기에 관여하지 않았으나 1937년 아들 정명수와 함께 대주주 겸 이사로 참여하였다. 당해에 이들 부자는 총 주식 1천주 중 208주를 소유하여 최대 주주가 되었다. 이후 정상진은 대표이사를 맡아 일제 말기까지 경영을 주도했다.

삼천포무역은 곡물 도, 소매 및 무역을 주로 하는 상회인데 정상진은 1940년 전후 이사로 참여한 것으로 보인다. 삼천포 지역의 회사는 모두 중일전쟁기에 관여한 것으로 나타난다.

영남약주제조는 1935년 건립된 진주의 대표적인 양조회사다. 자본금 5만 원에 총 주식 수는 2천이고 1주당 액면가는 25원이었다. 출범 당시 1,521석이었던 租石수는 1938년 2,227석으로 증가하였다. 최초 중역진은 대부분 조선인이었으나 1940년대 와서 일본인으로 대거 교체되었다. 정상진은 창립 당시부터 취체역 사장을 맡아 광복 직전까지 운영을 책임졌다. 진주정미와 함께 그가 끝까지 경영권을 행사한 대표적 업체였다.

마지막으로 진주정미소는 설립 연월이 1938년 11월이며 정명수가 대표 사장이고 정상진은 감사로 등재되어 있다. 중역은 대부분 일본인이었다. 소재지가 정상진의 자택인 鳳山町이며 가업으로 운영된 것으로 보인다.

정상진은 금융업을 제외한 다양한 업종에 투자하고 경영에 참여하였다. 그 중 거점 분야는 역시 정미와 양조업이었다. 그는 조합형태였던 진주정미를 주식회사로 전환시키고 대표를 맡아 지역의 대형업체로 육성했다. 이 회사의 성장과 함께 진주 정미업계는 1940년 21개의 정미소가 가동되어 연 백미 30만석이 도정되는 호황을 누렸다.[61] 지방의 독점사업에 해당되는 양조업은 사천, 삼천포까지 진출을 시도했다.

---

61) 勝田伊助, 「精米業」, 『晋州大觀』, 141쪽.

정상진의 농외투자는 일본인 자본가들이 장악해 있던 1920~1930년대 진주 실업계에서 조선인 지주로는 발군이었다.[62]

2. 교육·사회활동

정상진은 재력을 기반으로 지역사회에 영향력을 행사한 전형적인 자산가형 유지였다. 농지수입과 화폐자산을 바탕으로 일제하 전 기간 동안 진주에서 다양한 교육, 사회활동을 전개했다. 활동은 지역발전이라는 명분하에 수행되었으나 '당국신용'과 '명망추구'라는 지방유지의 식민지적 행로에서 벗어날 수 없는 것이었다.[63] 그러나 굳이 우위를 둔다면 그는 후자, 즉 일제당국보다는 주민사회에 인정받는 유력자로의 행보에 비중을 두었던 것이 아닌가 한다. 유지로서 정상진이 펼친 교육, 사회활동은 교육운동, 진정, 기부, 자선활동, 공직기구 참여 등으로 나누어 살필 수 있다.

(1) 교육활동

정상진의 교육관련 활동은 3·1운동 이후부터 나타나며 양상은 야학 운영, 사립일신고보 설립운동, 실업교육 장려 등으로 구분된다. 야학은 향학열과 교육여건이 불균형을 이루는 지역사회의 대안으로 대한제국기부터 진주에서 활발히 운영되었다.[64] 중심지인 진주면은 1920년 기존의 노동야학이 분리되어 제1, 제2, 제3야학이 각각 개설되었다.

---

62) 소작료 500석 이상 지주이자 농지개혁 당시 진주에서 최다 면적을 피분배 당한 정경민의 경우 투자 사실 자체가 나타나지 않는다. 동시기 대표적인 지주 부호였던 김기태와 비교해도 우위를 보인다.

63) 지수걸, 「지방유지의 '식민지적' 삶」, 『역사비평』, 2010, 봄, 164쪽.

64) 김형목, 『대한제국기 야학운동』, 경인문화사, 2005, 169쪽.

정상진은 이들 야학의 설립과 경영에 핵심적인 역할을 하였다. 평안동의 제1야학은 탁정하가 교장을 받았으나 설립자는 정상진이었다. 제1야학은 남녀 재학생이 228명으로 1921년 진주면의 3개 야학 전체정원(440명)의 절반 이상을 차지했다.[65] 이후 서달서, 서상필 부자 등 재력가의 후원이 더해져 진주청년회관으로 교사를 옮기고 1930년대 중반까지 진주의 대표적 비인가 교육기관으로 역할을 다했다.[66]

제1야학뿐 아니라 정상진은 재정난을 겪던 비봉동의 제3야학도 인수, 운영하였다. 이 야학은 權烘宇와 韓又鳳이 설립하여 악조건 속에서 8년간 8백여 명의 졸업생을 배출하였으나 1920년대 후반에 와서 폐교의 위기에 처하게 된다.[67] 정상진은 1928년 제3야학을 인수하고 매월 10원의 운영비를 전입하여 학교를 회생시켰다.[68] 이후 제3야학은 교세가 팽창하고 학생 수가 증가하였으나 기본자산을 적립하지 못해 1930년대 중반 다시 존폐의 기로에 서게 된다. 그러자 정상진은 "책임경영"을 표방하고 부담 전입금을 월 15원으로 인상하여 재정문제를 타개했다.[69]

제1·2·3야학은 유지의 발의와 지원으로 진주의 중심지에 개설된 핵심 야학교였다. 주변의 특정 야학에 비해 여건이 우월했고 교육기관으로의 위상도 낮지 않았으나 교세의 증대에 비해 경영상태가 순조로웠던 것은 아니었다. 내성동의 제2야학은 단명한 것으로 보이며 제3야

---

65) 『동아일보』 1921년 4월 1일, 「勞動夜學校修業式」.
66) 『동아일보』 1924년 11월 19일, 「第一夜學曙光」 ; 『조선중앙일보』 1933년 8월 20일, 「晋州第一夜學靑年會로 移轉」.
67) 『中央公衆報』 1935년 1월 1일, 「第三夜學會에 對하야」.
68) 『嶺南春秋』 1934년 10월 1일, 「晋州敎育界의 功勞者를 차자보자」.
69) 이러한 기여로 정상진은 당시 지역 언론으로부터 "民族社會의 急迫한 問題를 爲하야 多大한 抱負를 發揮하였다"는 고평을 받았다(『中央公衆報』 1935년 4월 1일, 「鄭相珍氏의 經綸抱負」).

학은 언급한 대로 여러 차례 존폐의 위기를 겪었다. 정상진은 제1야학의 설립과 운영을 주도했고 제3야학에는 고비마다 사재를 출연했다. 두 야학은 정규 학교와 나란히 신입생을 모집하며 1930년대 후반까지 존속하였다.[70]

야학에 관여한 동시기 진주 유지 중에서 정상진의 참여와 지원은 특히 두드러진다. 이는 자수성가형 부호로 교육기회를 상실한 지역민에 대한 관심과 함께 그 자신이 지닌 실용적 교육관이 작용한 것이 아닌가 한다. 실용교육에 대한 의지는 그가 상공학교의 중요성을 강조하고 설립을 적극 추진한 사실에서 확인할 수 있다.

당시 진주의 중등교육은 남녀고보와 사범학교를 중심으로 한 보통교육이 위주였다. 실업학교는 1910년 진주공립실업학교로 개교한 진주농업학교가 유일했다. 개항지인 부산, 마산에 이미 10학급 이상의 상공학교가 운영되고 있었음에 비해[71] 일신고보 등 중등교육기관의 설립에 역량을 집중했던 진주는 실업교육에 대한 관심이 상대적으로 미미했다. 그러나 중등학교 입학난이 가중되며 직업교육의 필요성이 대두되자 1930년대 중반부터 상공학교 신설의 여론이 조성되고 기성회 조직의 움직임이 나타나게 된다.[72] 공감대가 형성되었다 해도 추진 단계에서는 부호의 지원이 일차적 조건이었다.

정상진은 유지 누구보다 실업교육의 필요성을 강조하고 실천에 앞장섰다. 그는 입학난에서 파생되는 청년실업의 문제를 지역의 고질적 현안으로 진단하고 상공학교 설립을 해결책으로 제시하였다.[73] 언론과의 인터뷰를 통해 취지를 피력하고 기금 1만 원을 희사하는가

---

70) 『中央公衆報』 1936년 2월 1일, 「入學案內 生徒募集」.

71) 경상남도교육위원회, 『경남교육사』, 1980, 140쪽.

72) 『中央公衆報』 1935년 4월 1일, 「商工學校를 設立하라」.

73) 『嶺南春秋』 1935년 3월 1일, 「晋州에 商工學校없슴이 遺憾千萬이다. 鄭相珍氏談」.

하면 부지 제공의 의사도 밝히며 각계의 동참을 촉구했다.[74] 하지만 이러한 시도에도 불구하고 일제시기 진주에 상공학교는 끝내 설립되지 못하였다. 고등보통학교의 경우만큼 폭발적인 반향을 끌어오지 못했고[75] 이어진 전시동원체제하에서 추진 동력을 상실했기 때문이었다.

연관하여 정상진은 3·1운동 직후 숙원사업으로 진행된 중등교육기관 건립, 즉 사립일신고보 설립운동에 당연히 참여했다. 1919년 겨울 許萬正 등 청년주체들이 건립의사를 타진했을 때 그는 지역의 유력자들과 함께 자문에 응하고 추진을 독려했다.[76] 기성회 조직 후 1920년 5월 구성된 발기인에 가담했다. 재단 인가를 받은 1923년 4월에는 30명 평의회에 소속되어 학교 설립을 추동했다. 그러나 기성회 임원들이 기본금을 확보하는 과정에서 그가 어느 정도의 자산을 출연했는지 확인되지 않는다. 설립 기금이 50만 원으로 인상되어 부족분을 모금하는 단계에도 역할이 나타나지 않는다.[77] 1923년 인가를 신청하며 기부 활동이 이루어졌는데 서부경남 일대만 167명이 참여했다.[78] 정상진은 당시 3,300원을 헌금했다. 작은 금액는 아니었지만 1만 원 이상 기부자가 16명이었고 동렬의 지주 김기태(2만 원), 박재호(2만 원), 강위수(1만 6천 원) 등의 액수와도 비교된다. 그는 1925년까지 확인되는 평의원을 마지막

---

74) 『동아일보』 1935년 6월 18일, 「現金萬圓과 學校基地提供」; 『조선중앙일보』 1935년 6월 20일, 「商工學校設立費로 一金萬圓을 喜捨」.

75) 정상진을 제외하고 실업교육에 구체적으로 기부를 한 유지는 발견되지 않는다. 1936년 부호 하영진이 직업학교 설립을 위해 토지 10만 평을 희사할 의지를 밝히자 진주에 기성회가 조직되었다. 그러나 그는 약속을 파기하고 기금을 경성에 유입하여 파문을 일으켰다(『南鮮公論』 1937년 1월 1일, 「晋州職業學校問題」; 『南鮮公論』 1938년 4월 6일, 「河泳珍氏를 告訴 晋州職業學校期成會에서」).

76) 勝田伊助, 「財團法人一新女子教育財團寄附行爲」, 『晋州大觀』, 186쪽.

77) 백남훈, 『나의 一生』, 신현실사, 1968, 147~148쪽.

78) 『동아일보』 1923년 3월 30일, 「一新校寄附金」.

으로 재단 운영이나 학교 경영에 관여하지 않았다.

일신고보는 우여곡절 끝에 1925년 사립일신여고로 개교했으나 주도권을 둘러싼 설립 주체의 갈등으로 상당한 내홍을 겪었다.[79] 주민대표와 유지들의 개입으로 문제가 일단락되고 학교는 정상화되는 수순을 밟았으나 그 과정에도 정상진의 역할은 드러나지 않는다. 이는 일신여고가 1939년 진주공립여고로 개편될 때까지도 마찬가지다. 유지층의 비중이 컸던 사립중등학교의 설립과 운영에서 정상진의 활동은 위상에 비해 '의례적'이라는 느낌을 주는 것이 사실이다. 원인은 여러 가지분석할 수 있지만 같은 시기 야학에 행한 지원과 상공학교에 보인 열의와는 분명히 대비된다.

(2) 기부·자선활동

기부와 자선은 민족문제를 회피한 유지가 계층의 지지를 획득하고 지역공간에서 본인의 영향력을 증대할 수 있는 수단이었다. 이를 통해 유지는 식민권력에 유착하는 본인의 정체를 은닉하고 유력자로서의 영역을 확보해 갔다.

정상진의 기부, 자선활동은 일제하 전 기간에 걸쳐 다방면으로 이루어졌다. 당시 신문에 소개된 사례를 통해 내용을 살펴보면 다음과 같다.[80]

<표 3> 일제하 정상진의 기부. 자선 활동 일람표

구분	전거	제목	내용
자선	경 1911.4.7	鄭氏活佛	대안면빈민에게 舊錢10円 今貨 2圓 20錢 分給
자선	동 1926.11.27	小作人地稅 代納. 鄭相珍氏	덕산 관내 소작인 1기분 지세 대납.

79) 『조선일보』 1925년 11월 28일, 「一新女高에 內訌」 ; 백남훈, 『나의 一生』, 163~164쪽.
80) 경-『경남일보』, 동-『동아일보』, 중-『중외일보』, 조중-『조선중앙일보』, 매-『매일신보』.

구분	전거	제목	내용
기부	중 1927.5.20	二十四洞里에 각 백 원씩. 鄭相珍씨 美擧	진주 각동 대표 24인에게 각 백 원씩 총 2천 4백 원 기부.
기부	중 1927.5.23	曙光비친 晋州幼稚園	경영난을 겪던 진주유치원을 위해 박규석, 조현용 등 유지 20명과 함께 기금 일만 원 적립.
기부	동 1928.8.28	鄭相珍氏가 夜學維持	진주제3야학에 매월 운영비 10원 기부
자선	중 1929.7.14	鄭相珍氏 篤志	합천군삼가면 진주평거면 수해복구비 총 3백 원 헌납.
자선	중 1930.5.2	飢餓에 우는 災民에 大麥 100餘俵분 배급	대맥 130석(시가 천사백삼십 원)을 진주군청에 위탁하여 빈민에게 분급.
자선	조중 1933.10.7	晋州3富豪 貧民에게 施米	추석을 맞아 서상필, 하만복과 함께 읍내 면민에게 금곡을 분급.
기부	조중 1934.2.28	晋州第3夜學校 校舍 증축코자 舊劇興行	제3야학교 교사 증축을 위해 연극 공연 지원
기부	동 1935.7.29	진주 彰烈祀에 신강당 건축	창렬사 재건사업에 목재 1만재 기증
자선	동 1937.7.24	晋州刑務囚人에게 名節마다 盛饌먹여. 鄭相珍씨의 美擧	진주형무소 수인 320명에게 명절마다 음식 제공, 보답으로 죄수들이 모친상에 조의금 10원 부조
기부	동 1938.6.8	환력의 길일에 6,000원 희사	회갑을 맞아 6,000원을 빈민구제기금으로 기부
기부	동 1939.1.19	中學整備期成會에 일만 삼천 원 喜捨. 晋州 鄭相珍氏 美擧	관립사범학교와 공립고등여학교 개설을 위해 조직된 중학정비기성회에 1만 3천 원 기부
자선	매 1936.9.22	晋州郡災民에 義捐金品遝至	罹災民에게 소금 20俵 분급
기부	매 1934.11.19	晋州郡敬老會館을 新築	진주군 경로회관 건립에 목재 기증
자선	매 1933.10.6	秋夕명절을 當하야 룸펜群에 施惠	추석에 과객 500명과 걸인 100여 명에게 금전 지급
자선	매 1933.8.10	晋州善慈家 鄭氏百圓寄贈	수재의연금 백 원 성금
자선	매 1933.7.15	麻布五十과 白米를 罹災民에 寄贈, 晋州鄭相珍氏特志	이재민에게 삼베 50필과 백미 5섬 지원

위 사항은 언론에 소개된 기사만 일람한 것으로 실제 사례는 더 많았을 것이다. 내용은 빈민구휼, 재해구제, 공공사업, 교육기부 등 지방 유지의 자선 영역에서 벗어나지 않는다. 대상과 범위가 거주지 주변에서 진주관내, 소작지역, 서부경남 일대로 확대되는 현상을 보이는데 유지로서의 성장과 궤를 같이하는 것이었다. 특이한 점은 형무소 재소자에 대한 배려와 지원이다. 소개된 대로 정상진은 진주 형무소 수인 300여 명에게 수년간 명절마다 특식을 제공했다. 보답으로 재소자들이 1937년 정상진의 모친상에 부조금을 모금하여 전달했다는 것이다. 유지의 상례에 죄수들이 조의를 표하는 것은 드문 사례다. 정상진이 교정활동에 관심을 가지고 지속적으로 관여하였음을 짐작할 수 있다.[81]

관련하여 짚어볼 부분은 지주 유력자이면서도 그가 계층의 이해관계가 충돌했을 때 비교적 유연한 대응을 보였다는 점이다. 진주지역은 1922년 진주노동공제회가 결성되고 같은 해 9월 "소작노동자대회"가 개최되면서 소작운동이 점화되었다. 쟁의는 對지주 투쟁의 양상으로 1928년까지 집중되었다. 진주에 거주하는 조선인 지주가 대상이었고 분쟁 내용은 소작권 이동이 대부분이었다. 1923~1928년간 진주일대에서는 언론에 보도된 것만 9건의 대규모 쟁의가 발생했다.[82] 大지주를 상대한 소작쟁의 현장에 정상진이 등장한 경우는 발견되지 않는다. 소작운동의 대응단체(조선소작인상조회, 경남지회, 진주지주회)에 관여한 사실도 확인할 수 없다. 지주, 소작인의 계층 갈등이 첨예했던 당시

---

81) 물질적 지원뿐 아니라 정상진은 정기적으로 진주 형무소를 방문하여 일종의 교화강연을 했다 한다. 주로 자수성가한 자신의 인생 역정을 소개하며 죄수들을 격려한 것으로 전한다(정인화, 앞의 증언).

82) 정연심, 「1920년대 晋州勞動共濟會의 조직과 농민운동의 발전」, 『부대사학』 21, 1997, 58~59쪽.

지역사회에서 정상진은 비교적 균형 있는 태도를 보이고 있는 것이다.

1924년 발생한 진주운수노조의 파업과 해결과정을 보면 계층의 이해관계에 유연했던 정상진의 처세가 드러난다. 진주노동공제회 산하의 진주운수노조는 현미 1가마니 당 운송 노임을 25전으로 인상할 것을 요구하며 11월 21일 동맹파업에 돌입했다.[83] 정미업자로 구성된 荷主들은 임금에 관해 담합구조를 형성하고 있었기에 독단으로 응해줄 수 없었다. 그러나 정상진은 11월 22일 노조에 굴하는 것이 아니라 연례적인 임금인상에 따른 것이라는 명분을 걸고 혼자서 요구를 수용하였다.[84] 이를 기화로 11월 23일 하주 전원이 동참함에 따라 파업은 종료되었다. 그해 곡가가 상승하여 인건비 인상에도 불구하고 정미업자들은 수익에 영향을 받지 않았다 한다.[85] 노동자의 요구를 수용하면서도 고주의 관계망을 침해하지 않고 합의를 끌어내는 해결능력에서 계층의 이해관계에 유연했던 정상진의 면모를 확인할 수 있다.

(3) 사회단체와 공직기구 참여

3·1운동 이후 문화정치의 공간이 조성되자 진주지역도 사회운동의 열기가 분출했다. 각종 사회단체가 출현하고 청년, 유지, 활동가를 망라한 지역인사들이 경쟁적으로 참여하였다. 초기는 청년단체들이 주류로 등장하여 문화 계몽운동을 전개했다.[86] 곧이어 노동, 농민운동이 일어나자 관, 공리, 지주들이 주도한 대응단체가 만들어져 지향성의 변화가 나타난다.[87] 그에 따라 1923년을 기점으로 세력 간에 일정한 판도

---

83) 『조선일보』 1924년 11월 24일, 「晋州의 盟罷詳報」.
84) 『조선일보』 1924년 11월 25일, 「雙方이 互相强硬」.
85) 『조선일보』 1924년 11월 26일, 「晋州罷業은 解決」.
86) 김희주, 「1920년대 진주지역의 청년운동과 진주청년동맹」, 『한국민족운동사』 72, 2012, 91~94쪽.

가 형성되었다. 진영의 대표자들은 1927년 신간회 진주지회가 결성되
자 민족협동전선의 취지에 따라 단기간 동행하기도 했다.[88]

정상진은 3·1운동 직후 조직된 진주청년회에 참여하여 사회단체에
처음 관계하였다. 진주청년회는 1921년 위원제로 조직을 변경했다. 정
상진, 박재표, 이현중 등 유지들은 전환 후에도 임원직을 유지했다.[89]
이들은 "革新總會"를 통해 지역청년단체의 개혁이 이루어지는 1923년
무렵 진주청년회와 결별하는데 정상진도 당시에 떠난 것으로 보인다.
이후 지주유지들에 의해 민, 관변 사회단체들이 연이어 조직되었으나
정상진이 표면에 등장한 경우는 잘 발견되지 않는다. 재정적 후원이나
막후에서의 뒷받침은 있었겠지만 1920년대 진주지역 사회단체의 전면
에는 거의 이름이 나타나지 않는 것이다. 그러나 이른바 유지정치의
매개로 지적되는 공직기구에 가담한 사례는 꾸준히 나타난다. 일제하
정상진이 관여한 공직기구와 역할을 정리하면 아래와 같다.[90]

<표 4> 일제하 정상진의 공직기구 참여사례

연도	기구명	지위
1928	진주일선비료조합	조합장
1929	진주곡물상조합	부조합장
1929	진주국자제조조합	조합장
1930	진주군농회	발기인
1932	조선나예방협회진주지부	발기인

87) 김중섭·유낙근, 「1920년대초 사회운동의 동향 : 진주지역을 중심으로」, 『현상과 인
    식』 10, 1986, 19~25쪽.
88) 김희주, 「진주지역의 사회주의운동과 조선공산당 재건운동」, 『동국사학』 61, 2016,
    353~366쪽.
89) 김희주, 「1920년대 진주지역의 청년운동과 진주청년동맹」, 87~89쪽.
90) 친일인명사전편찬위원회, 『친일인명사전』 3, 2009, 454~455쪽 ; 김경현 편, 『일제강
    점기 인명록-진주지역 관공리·유력자』, 492~495쪽.

연도	기구명	지위
1937	진주위생조합연합회	평의원
1939	진주나불천개수공사	매수평가위원
1939	조선특별지원병진주후원회	고문
1940	김삼철도기성회	고문
1941	국민총력진주부연맹	국채소화위원
1941	경남지주봉공회	진주부 대표
1941	조선임전보국단경남지부	발기인
1943	진주상공회의소	후보자추천위원
1943	진주대가조합	이사

〈표 4〉에서 나타난 대로 참여한 공직기구는 직능적 성격이 강한 이익 단체가 많았다. 구체적으로 지주(경남지주봉공회, 진주군농회, 진주일신비료조합), 미곡상(진주곡물상조합), 양조업자(진주국자제조조합), 상공인(진주상공회의소) 등 유지 자산가들의 권익을 보호하는 단체에서 역할을 수행했다. 일제 말에는 진주대가(貸家)조합 이사를 맡은 사실로 보아 당시 성행했던 주택 임대업에도 진출한 것으로 짐작된다. 그 외 지역개발, 환경개선 등 지역민원에 관련된 기구(진주나불천 개수공사, 김삼철도기성회, 진주위생조합연합회)가 보인다. 임시조직이었지만 1920년에 맡은 도청이전 방지동맹 상경진정위원도 이에 속한다.[91] 전시체제하인 1937년 이후는 조선인 유력자들이 동원되었던 전쟁협력단체(조선특별지원병 진주후원회, 국민총력 진주부연맹, 조선임전보국단 경남지부)에 적극 참여하였다.

공직 이력에서 주목되는 것은 임명과 선출을 막론하고 이른바 지방자문기구에 참여한 사례가 없다는 것이다. 1920년 일제는 자문기관의 설치를 골자로 하는 지방제도의 "개정"을 실시했다. 지방자치의 "예비

---

91) 『매일신보』 1920년 5월 16일, 「진주시민대회, 도청이전방지운동」.

적 단계"라 선전했으나 통치재원을 확보하여 지배체제를 강화시키는 것이 목적이었다.[92] 이에 따라 면협의회와 도평의회 등 명목상의 자문기구가 설치되었고 1920년 11월 초대 면협의회원 선거가 실시되었다. 선거가 거듭되면서 협의회원을 명예직으로 생각하는 분위기가 형성되어 지방 유력자들의 참여가 늘어났다.[93]

일제하 진주지역도 임명과 선거를 통해 약 400여 명의 지방의원(면협의회원, 도평의회원, 도회의원)이 등장했다.[94] 도평·도회의원직은 일제 권력층과 관계망을 형성하여 이른바 '당국신용'을 획득하기에 유리한 수단이었다. 정상진은 이러한 지방자문위원에 접근한 흔적이 없으며 출마를 시도한 사실도 발견되지 않는다. 지역의 대표적 공직으로 인정받던 학교평의원도 1923년 일신고보 30명 평의원에 참여한 것이 유일했다. 이는 중추원 의관과 도평의원을 중복 역임한 김기태, 4선의 이장희, 지주·양조업자로 1937년 도회의원에 진출한 허만채 등 동시기 유지들의 행보와도 비교된다. 전 방위에 걸친 기부와 자선으로 지역신망에서 압도적인 위치에 있었던 정상진이 정작 유력자들의 선망이자 유지정치의 핵심 기제였던 지방자문위원직에는 일체 관심을 두지 않았던 것이다. 이와 같은 비정치적인 처신이 그의 일생을 '始終如一한 事業家'로 세평[95]하는 근거가 되었음이 분명하다.

---

92) 강동진, 『日帝의 韓國侵略政策史』, 한길사, 1980, 311쪽.

93) 박찬승, 「일제하 지방자치제도의 실상」, 『역사비평』, 1991 여름, 321쪽.

94) 경상남도 평의원으로 활동한 진주 출신 인사는 金琪邰(관선, 1920, 1924), 姜元魯(민선, 1924), 卓正漢(민선, 1924), 李章喜(민선, 1927,1930) 등이다. 도회의원은 李章喜(민선, 1933. 관선, 1941) 許萬采(민선, 1937), 崔志煥(민선, 1941)이 있다. 이장희는 민, 관선 합쳐 모두 4회 진출하여 진주지역 최다선을 기록했다(동선희, 「도평의회·도회의원 명단」, 『식민권력과 조선인 지역유력자-道評議會·道會議員을 중심으로-』, 선인, 2011, 396~417쪽).

95) 1937년 동아일보는 진주지역 명망가의 생애와 업적을 소개하는 기사를 게재했다. 등장한 인사들은 다음과 같다. "始終如一한 事業家, 鄭相珍", "獻身的 敎育家, 朴奎

(4) 비봉루(飛鳳樓)의 건립

정상진의 유지활동에서 마지막으로 언급해야 할 부분은 비봉루의 건립이다. 비봉루는 정상진이 진주의 진산 비봉산 기슭에 세운 누각으로 1939년 착공하여 이듬해 완공되었다.[96] 정면 3칸 측면 2칸의 겹처마 8작 지붕으로 구성되어 있다.[97] 단청이 화려하고 정교하여 문화재적 가치가 높은 건축물로 평가 받는다. 진주에 남아있는 누각 중 유일하게 개인이 세운 건물이기도 하다. 군사적 목적이나 제례가 아닌 휴식, 수양 공간이라는 점도 특징이다.[98] 고려 공민왕대에 비봉산을 다녀갔다는 포은 정몽주를 추모하기 위해 직계 손 정상진이 중건한 것으로 알려져 있다.[99]

이러한 표면적 동기와 별도로 비봉루는 유지의 인적교류와 문화 공간으로서의 활용 기능이 있었다는 점을 고려해야 한다. 일제하 지방부호들은 유지 간의 사교와 친목, 계파와 후손의 결집을 목적으로 다양한 건축공간을 조성했다. 누정과 당원으로 분류되는 이들 건물에서 유지는 詩會나 鄕射禮를 통해 결속을 다지고 교유 망을 확대했다. 개인이 세운 정자는 후손뿐 아니라 예인교육과 같은 문화예술 창구의 역할도 하였다.[100] 포은에 대한 현창 외 정상진 스스로가 비봉루의 중건 동기

錫", "法曹界의 權威者, 李豊求", "刀圭界의 權威者, 趙琪洪", "模範的 實業靑年, 河萬僕", "育英事業家 富豪金琪邰", "靑年實業家, 具仁會商店", "知識卓越한 商業家, 鄭大和", "晋州社會事業家, 姜渭秀", "屈指靑年實業家, 許治九", "篤實한 敎育事業家, 河泳珍"(『동아일보』1937년 8월 17일, 「南朝鮮唯一無二한 商工都市로 大飛躍」).

96) 진주시교육위원회, 『晋州의 古蹟과 名勝』, 1955, 56~57쪽.
97) 진주시·경상대학교박물관, 『文化遺蹟分布地圖-晋州市-』, 2003, 177쪽.
98) 박기용, 『진주의 누정문화』, 월인, 2010, 20쪽.
99) 정의열, 『飛鳳樓重建記』, 1941.
100) 1937년 공주 유지들이 射亭으로 건립한 觀風亭(지수걸, 「日帝下 公州地域 有志集團 硏究」, 『역사와 역사교육』 2, 1997, 181쪽), 담양 유지 국씨 집안에서 세운 講武堂, 摠武亭, 又松亭(권경안, 「일제강점기 담양지역 鞠씨의 有志活動」, 『지방사와 지방문화』 10, 2007, 314~317쪽) 등이 대표적인 사례다.

나 목적을 밝힌 자료는 발견되지 않는다. 비교적 말년에 건립했기에 활용기간도 오래되지 않았다. 그러나 그의 사후 비봉루는 장남 정명수에 의해 진주의 예술 공간과 "문화 사랑방"의 역할을 담당하게 된다.

정명수는 1950년대 말부터 비봉루에 거주하며 여생을 서예와 다도에 매진했다.[101] 그는 비봉루를 문인, 예인들의 교제 장으로 제공했다. 따라서 시회, 다회 등의 이름으로 진주와 인근 문화인들의 회합과 교류가 이곳에서 빈번히 이루어졌다. 다도에 심취했던 그로 인해 비봉루는 지역 다인의 차실과 같은 역할을 하였고 이들을 중심으로 1969년 진주차례회가 결성되었다. 때문에 비봉루는 진주지역 茶문화 운동의 태실이었다는 평을 받고 있다.[102] 비봉루는 1949년 개최된 영남예술제(現 개천예술제)의 행사 공간으로도 활용되었다. 전쟁이 발발한 1950년을 제외하고 지금까지 매년 진주에서 열리는 이 제전의 초기에 비봉루는 백일장 경연장이나 공연 연습장 등으로 이용되었다. 참가한 각지의 예술인들이 대부분 답사하고 가는 순례처 이기도 했다.[103]

일제하 유력자들이 조성한 누각과 정자는 취지가 무엇이던 인적교류와 후손결집, 문화예술의 공간 등으로 사용되었다. 정상진의 비봉루 건립에도 동일한 의도가 있었다면 이는 장남 정명수대에 와서 실현된 셈이다. 그런 면에서 비봉루는 정상진의 유지활동을 압축하는 상징물이라 할 수 있겠다.[104]

101) 정명수는 1939년 부친으로 부터 비봉루의 현판과 주련을 쓸 것을 권유받고 서예에 입문했다 한다. 그는 당시 진주 의곡사에 머물고 있던 星坡 河東州의 문하에 들어가 그해 가을 현액과 주련을 완성했다(은초탄신 100주년 기념사업회, 『隱樵 鄭命壽』, 2009, 206쪽).

102) 정헌식, 『진주시민과 茶생활』, 江右茶會, 2001, 51쪽.

103) 개천예술제40년사편찬위원회, 『開天藝術祭四十年史』, 1991, 265~268쪽.

104) 비봉루는 2003년 경상남도 문화재자료 329호로 지정되었고 지금은 후손 정인화가 관리하고 있다(진주시·경상대학교박물관, 『文化遺蹟分布地圖-晋州市-』, 177쪽).

전시동원체제하의 진주에서 정상진은 뚜렷한 친일 행적을 보인다. 내용은 국방기금 헌납, 전쟁지원단체 가입, 시국광고 게재 등[105] 지방 유력자들의 협력 범위에서 벗어나지 않았다. 침략전쟁을 옹호하고 정당성을 인정하는 매개로 동원되고 참여한 것이다. 그는 1938년 익사한 셋째 아들의 저축금을 국방헌금으로 기부하는가 하면 일왕의 "御眞影奉安殿"을 자비로 진주고등보통학교에 설치하여 식민권력의 호의를 샀다.[106] 진주 神社의 氏子總代를 지내며 일본인 社掌 가족에게 주택을 제공하기도 했다. 전시체제하에서 급격히 '당국신용'을 의식하는 행보를 보이는 것이다. 이 무렵 지방에서 와해의 조짐을 보이기 시작하는 유지기반에 대한 불안감도 작용했을 것이다.

그러나 해방공간에서 사망(1950년 1월)에 이르는 말년에도 지역에서 정상진의 입지는 크게 흔들리지 않았다. 인민위원회 시기나 반민특위 정국도 그와는 무관했다. 1945년 12월에는 미 군정청이 조직한 경상남도고문회에 진주출신으로 유일하게 참여했다. 미군정의 우익 육성책에 따라 차출된 면이 있지만[107] 광복 후 진주지역의 우파 토호세력에서 그가 여전히 대표성을 지녔다는 사실을 짐작케 한다. 1948년에는 진주촉석루중수기성회 발기인으로 활동하는 등 말년까지 유지의 면모를 잃지 않았다.[108] 미군정과 이승만 정권의 암묵적인 보호책과 함께 일생을 쌓은 인망이 일제말의 적극적인 친일행위에도 불구하고 자신의 사회적 위상을 보호해 준 것이다. 다만 유지활동의 토대였던 자산은 그의 사후 농지개혁과 한국 전쟁을 거치며 상당 부분 상실되었다.

---

105) 친일인명사전편찬위원회, 『친일인명사전』 3, 454~455쪽.
106) 『부산일보』 1938년 3월 31일, 「御眞影奉安殿を母校に獻納」.
107) 장상환, 「해방직후 진주지역의 정치변동」, 『역사와 경계』 7, 1995, 55쪽.
108) 『남조선민보』 1948년 9월 2일, 「矗石樓重修期成會發起人代表決定」.

Ⅳ. 맺음말

지금까지 정상진이 일제하 진주지역의 유력자로 성장하는 과정과 유지활동의 내용을 살펴보았다. 그 대강을 요약하여 성격을 밝히는 것으로 결론에 대신하고자 한다.

정상진은 영일 정씨 도암공파의 후손으로 1878년 진주에서 출생했다. 포은 정몽주의 직계 손인 그의 집안은 15세기 중반 진주를 비롯한 서부경남 일대에 정착했다. 가문은 인조반정 이후 중앙정계의 진입이 좌절되면서 쇠락의 길을 걸었고 18세기에 와서는 재지토반으로의 근거조차 흔들리게 된다. 정상진의 부친 정응기는 19세기 말 진주 대안에서 건어물 노점으로 생계를 유지했다. 가업과 유년기의 가정환경이 본인의 사회진출에 영향을 미쳤을 것으로 생각된다.

정상진은 13세의 나이에 고수익 박래품인 성냥과 석유를 행상 판매하며 경제 활동을 시작했다. 부가가치가 높은 두 수입품을 진주에 처음 유통시킴으로 10대 중, 후반에 상당한 이윤을 창출한 것으로 보인다. 이를 바탕으로 대한제국기에 염매업과 미곡유통업에 종사하며 토착 자본가로의 영역을 확보해 갔다. 행상과 물종 객주시절의 영업은 서부경남지역의 유통구조를 적절히 활용하며 전개되었다. 다만 대한제국기까지는 경제활동에 전념했을 뿐 지방유지의 처신은 발견되지 않는다.

유지 자산가로의 행보는 한일 병합 직후 뚜렷이 나타난다. 토지조사사업과 금융대출 등의 식민지 경제조건에 순응하며 그는 1910년대 중반 150정보 이상의 농지를 소유한 대지주로 성장했다. 농지경영과 병행하여 농외투자도 중일전쟁기까지 활발히 진행되었다. 정미와 양조업을 거점으로 금융을 제외한 거의 전 분야에 자본전환이 시도되었다.

1920년대 구체적으로 전개했던 교육활동은 야학과 실업교육에 대한 지원이 두드러진다. 제1야학의 설립과 운영을 주도했고 경영난으로 폐교위기에 있던 제3야학은 고비마다 사재를 출연하여 회생시켰다. 두 야학은 1930년대 후반까지 존속하며 진주의 대표적인 비인가 교육기관으로 역할을 다했다. 그는 또 누구보다 지역에서 실업교육의 필요성을 강조하고 실천했다. 상공학교 설립 기금으로 거금을 희사하고 부지 제공의 의사도 밝혔다. 지역 언론과 유일하게 대담한 사안이 구직난과 실업학교 건립 문제였다는 사실에서 의지를 엿볼 수 있다.

인망 획득과 영향력 행사 수단으로 지적되는 기부, 자선행위도 전 방위에 걸쳐 이루어 졌다. 타지에서 잘 발견되지 않는 형무소 교화활동까지 포함되어 있다. 이와 함께 정상진이 사회 신망에서 우위를 점할 수 있었던 요인은 계층 갈등의 현장에서 보여준 유연한 처세이다. 1924년 진주운수노조의 파업을 해결하는 과정과 방식이 대표적인 사례다. 對지주 투쟁의 양상으로 진행된 진주의 소작쟁의에도 그가 등장한 경우는 없다. 유력자로의 일생을 살면서 개인적인 물의를 일으킨 경우도 발견되지 않는다. 1920년대 분출했던 지역 사회단체에는 진주청년회를 제외하고 전면에 등장하지 않았다. 지주, 유지들의 민간단체는 무직자구제회 정도에서만 주도적인 역할을 했다. 단 유지정치의 매개로 인정되는 각종 공직기구에는 꾸준히 참여했는데, 전쟁협력단체를 제외하고는 전문 직능기구가 대부분이었다. 중일전쟁기와 전시체제하에서 정상진은 공, 사 영역을 막론하며 적극적인 친일협력행위를 펼쳤다. 인망획득에 치중했던 이전에 비해 월등히 식민권력을 의식하는 행보를 보이는 것이다. 하지만 광복 후에도 지역사회에서 유력자로의 위상은 흔들리지 않았다. 1950년 사망 직전까지 정상진은 진주지역 우파 토호세력으로서의 존재감을 보여주고 있다.

정상진의 유지활동이 지방 유력자의 식민지적 행로에서 크게 벗어
난 것은 아니었다. 일제권력과의 유착 없이 재력의 유지는 불가능했을
것이다. 교육, 기부, 자선 등의 사회활동은 주민 신망을 획득하고 평판
을 유지하는데 효과적인 수단이었다. 취지가 무엇이든 공직 참여는 자
신의 실리와 동종집단의 이익추구가 일차적 목적이었다. 중일전쟁기
보여준 친일행위는 해석의 여지가 없다.

그러나 외형적인 양상과 함께 그의 생애와 행적은 이면에서 고려할
부분이 많은 것도 사실이다. 자산의 형성은 권력과의 관계만이 아니라
개항 후 불어 닥친 시세변화에 능동적으로 대응한 결과이며 대부분 본
인의 능력이었다. 이는 상속토지에 의존했던 동시기 진주유지와 차별되
는 부분이다. 교육활동도 그는 지역의 이목이 집중되었던 중등학교 설
립운동보다 야학운영과 상공학교 건립에 더 열의를 보였다. 야학과 실
업학교는 취업과 직업교육에 직결되는 문제로 정상진의 실용적 사고관
을 확인할 수 있는 대목이다. 감조·기부·자선 등의 활동으로 압도적
인 신망을 얻었지만 그것이 기득권 유지와 영향력 행사에 어떻게 동원
되었는지는 불분명하다. 본인과 집단의 이익이 우선이었다 해도 참여한
공직기구는 전문성을 고려한 직능단체가 다수였다. 지주의 경제적 이해
관계를 좌우했던 금융조합도 관여하지 않았다. 무엇보다 유지의 권력기
반을 명확히 할 수 있었던 지방자문위원직에 일체 접근하지 않았다. 생
애와 활동의 전반에서 실리와 실용의 추구라는 일관성을 발견할 수 있
다. '始終如一한 事業家'라는 당대의 평판도 이점에 기인한 것이었다.

때문에 정상진은 이른바 지방정치의 분석틀, 즉 '관료-유지 지배체제'
를 구성하는 정치적 유지의 범주에 포함시키기도 어려운 인물이다. 성
장과정과 활동으로 규정한다면 시세변화에 적응하며 자기성장을 추구
한 실용적인 '주민친화형 유지'라는 유형을 제시할 수 있을 것이다.

제2장
일제하 진주지역의 수해와 남강치수사업

Ⅰ. 머리말

　남강치수사업은 조선 후기부터 거론되었던 진주지역의 수해 방지책
이었다. 매년 여름 진주를 수몰시킨 홍수의 주원인은 남강의 범람이었
다. 사업은 범람의 진원지인 강 상류를 절개하여 남해안으로 방류함으
로 수위를 저감한다는 근본 대책이었다. 홍수로부터 시가를 보호함은
물론 농지개량, 수력발전, 나아가 낙동강 방수책으로 연결될 만큼 기대
효과가 높았다. 따라서 이 공사는 일본인 농지가 많았던 낙동강 하류
방제책의 일환으로 대한제국기 일제에 의해 입안되었다. 이후 굴곡을
거쳐 1937년 착공되었으며 대한민국 제3공화국 정권이 1969년에 완공
했다.

　준비, 조사에서 착공에 이르기까지 사업의 추진 과정에는 식민권력
과 지역사회를 둘러싼 다양한 면모가 발견된다. 초기는 개발호재에 주
목한 대한제국 고관들이 주도하여 민자사업으로 계획되었다. 개발붐
에 편승한 투기 열풍을 지역에 불러오기도 했다. 일제시기에는 수해가
덮칠 때마다 소환되어 주민의 염원이자 숙원사업이 되었다.

　남강치수사업은 1920년대 진주의 중요 현안이었던 경남도청이전 문

제와 중첩되면서 역동적인 양상으로 전개되었다. 사업을 매개로 당국과 지역은 충돌, 협의, 조정을 거듭하며 상호 작용했다. 그 과정에서 주민들은 내적 균열 없이 비교적 침착한 대응으로 차선을 추구하고 실리를 찾았다. 이러한 대응이 도청이전에서 사업 착공에 이르는 10여 년의 기간 동안 지역사회에 어떤 작용을 하였는지 밝히는 것이 이 사업의 역사성을 규명하는 주요한 단서가 될 것이다. '압제', '저항', '쟁취'와 같은 길항적 식민지 인식으로 그러한 성격을 해명하기는 어렵다. 논의의 여지는 있으나 '식민지 공공성' 또는 주민운동의 관점[1]으로 접근할 때 사업에 내재된 역사적 스펙트럼을 추출할 수 있으리라 생각된다.

이러한 문제의식하에 다음의 몇 가지 단계로 일제하 남강치수사업의 추이와 성격을 살펴보고자 한다. 먼저 피해가 컸던 연도를 중심으로 진주지역의 수해 상황과 구제대책을 정리해 보았다. 사업은 철저하게 진주 수해에서 발원하여 항구대책으로 제기된 것이다. 홍수와 범람으로 야기된 수재의 실상과 대책을 파악하는 작업[2]은 이 사업의 성격을 이해하기 위한 기본적인 전제이다. 두 번째, 치수사업이 대두되는 과정, 특히 중앙의 권력자들에 의해 민자 운하사업으로 변질되어 등장

1) 윤해동 · 황병주 엮음, 『식민지 공공성, 실체와 은유의 거리』, 책과함께, 2010 ; 허영란, 「일제시기 지역주민운동의 전개과정 분석-장시를 둘러싼 갈등을 중심으로-」, 『역사문제연구』 21, 2009.

2) 일제시기 수해와 구제대책을 다룬 연구는 박철하, 「1925년 서울지역 수해이재민 구제활동과 수해대책」, 『서울학연구』 13, 1999 ; 김영미, 「일제시기 京城 二村洞民들의 수해대책운동과 지역정치」, 『도시역사문화』 5, 2006 ; 김종근, 「일제하 京城의 홍수에 대한 식민정부의 대응 양상 분석-정치생태학적 관점에서」, 『한국사연구』 157, 2012 ; 김태웅, 「1925년 京城府 二村洞 水害對策과 都市開發 構想」, 『역사연구』 33, 2017 ; 서일수, 「을축년대홍수(1925) 이후 한강치수사업의 추이와 성격」, 『동서양 역사 속의 공공건설과 국가경영』, 학고방, 2010 등이 있다. 나타난 대로 1925년 이른바 '을축대홍수' 당시의 한강 수해와 대책에 집중되어 있다. 수재를 포함한 일제하 재해대책의 문제를 포괄적으로 다룬 연구는 고태우, 「일제 식민권력의 재해대책 추이와 성격」, 『역사문제연구』 31, 2014 ; 「일제시기 재해문제와 '자선 · 기부문화'-전통 · 근대화 · '공공성'-」, 『동방학지』 168, 2014가 참고 된다.

하는 양상을 찾아보았다. 지역의 수해대책을 이익사업으로 변용하고 개발붐에 편승해 투기에 몰두하는 당시 유력자들의 일면이 여실히 드러난다.[3] 이른바 '조선귀족'이라 불리는 이들의 행태는 제국주의가 이식한 초기 자본주의 질서에 복무하는 식민지 부르주아의 서글픈 초상이기도 하다. 세 번째, 사업 시행을 둘러싸고 1920년대 전면화된 식민권력과 지역 간의 교섭 상황을 추적해 보았다. 경남도청이전의 '代償案'을 매개로 양자가 교접하는 과정은 지배정책에 대응, 혹은 상응하며 발전을 모색하는 식민지 지역사회의 면모를 잘 보여주고 있다. 마지막으로 사업이 결정되는 단계와 시행을 바라보는 지역의 소회와 전망을 밝혀 보았다. 숙원사업의 해결이라는 흥분과 함께 과정을 반추하고 현실을 진단하며 미래를 기약하는 차분한 반응이 돋보인다.

이 글은 남강치수사업이 입안되어 1937년 착공에 이르기까지의 시말과 추이를 검토한 것이다. 따라서 공사의 구체적인 진행과정이나 식민성 여부 등 구조적인 문제는 논외[4]로 하였음을 알린다.

---

3) 이 부분 서술은 김기성의 연구에 참고한 바 크다(김기성, 「1910년대 유길준의 경남 지역 토지 경영-진주, 의령, 함안을 중심으로-」, 『한국사연구』 177, 2017). 구체적인 양상이 잘 나타나 있다. 하지만 그는 개인적인 평가는 유보한다면서도 투기 당사자들을 개발주의에 희생된 피해자로 이해하려 한다. 이는 필자와 시각을 전혀 달리하는 것이다.

4) 물론 치수사업의 역사성을 총체적으로 규명하기 위해서는 공사의 구체적인 과정과 그것이 지역에 끼친 영향까지 분석하는 작업이 요구된다. 그러나 언급한대로 이 글은 사업의 결정에 이르기까지 식민권력과 지역사회가 상호 대응하는 양상에 주목하고 초점을 둔 것이다. 또 일제에 의해 착공되었으나 공정의 대부분과 완공은 대한민국 정권에서 이루어졌다는 사실도 고려해야 한다. 일제하 하천 개수사업의 내용과 문제점을 연구한 성과는 최병택, 「1920년대 초~1930년대 전반기의 하천개수사업과 토목청부업 비리」, 『사학연구』 118, 2015 ; 「일제강점기 하천개수사업의 전개와 그 문제점」, 『인문논총』 75권 2호, 2018 ; 허수열, 「일제강점기 하천개수의 식민지적 성격-만경강 개수를 중심으로-」, 『학술원논문집(인문·사회과학 편)』 51집 2호, 2012이 있다.

Ⅱ. 진주지역의 수해 상황과 대책

1. 수해의 실상

집중호우와 남강의 범람으로 이어진 수해는 일제시기 진주 주민에게 심각한 재난이었다. 진주의 홍수 상황과 피해 실태는 1915년을 시작으로 당시 언론에 거의 매년 보도되었다.5) 이중 1916년은 "올해 최고의 홍수"라는 표현6)대로 강우가 쏟아지고 피해가 컸다. 1925, 1933, 1936년도 "근세에 와서 기록적"이라는 회고7)만큼 대홍수가 진주를 휩쓸었다. 당해를 중심으로 진주의 수해 상황을 살펴보기로 한다.

1916년은 장마철인 6월 중순부터 호우가 강습했다. 15일 진주군 鳴石面의 도로와 교량이 유실되어 실종자가 발생하고 통행이 금지되었다.8) 특히 폭우로 맥전이 침수되어 수확기의 보리농사가 큰 타격을 입었다.9) 비는 20일부터 다시 쏟아져 23일은 남강이 범람하고 도선이 불허되었다. 이에 통학생들이 귀가하지 못하고 여관에 숙박하는 혼란이 빚어졌다.10) 호우는 6월 27일까지 이어졌다. 27일 밤에는 남강의 수량이 평균치를 상회하는 1丈 27尺까지 증가하여 주민을 불안케 하였으나 하류지역은 큰 위기가 없었다 한다.11)

그러나 7, 6일 밤 기습적인 폭우가 쏟아져 진주읍내는 막대한 피해를

---

5) 『부산일보』 1915년 9월 17일, 「各地通信:晋州水害狀況」.
6) 『부산일보』 1916년 7월 1일, 「晋州通信:本年最高の出水」.
7) 勝田伊助, 「昭和十一年の大風水害」, 『晋州大觀』, 1940, 41~42쪽.
8) 『부산일보』 1916년 6월 20일, 「晋州通信:橋梁流失」.
9) 『부산일보』 1916년 6월 21일, 「水害地の麥」.
10) 『부산일보』 1916년 6월 29일, 「晋州通信:南江の出水」.
11) 『부산일보』 1916년 7월 1일, 「晋州通信:本年最高の出水」.

입게 된다. 7일 오전까지 이어진 강우로 군청 앞에서 평안동에 이르는 하수도가 파손되고 통행이 제한되었다.12) 진주군 文山面은 주택 270호 와 전답 200정이 물에 잠기는 참화를 겪었다. 인근 금곡면도 제방이 붕 괴되어 150정보의 농지가 수해를 입었다.13) 남강 船橋를 비롯한 진주군 인근의 교량이 파괴되어 9월 초까지 교통, 통신이 두절되는 혼선을 겪어 야 했다.14)

1925년은 이른바 '乙丑대홍수'라 불리는 20세기 최고의 홍수가 한반 도를 강타한 해였다. 특히 한강과 지천의 범람으로 서울과 주변 시가 지는 상상할 수 없는 재해를 입었다. 상황이 가장 심각한 지역은 연안 인 용산과 영등포였다. 7월 9일부터 17일까지 두 차례의 집중호우로 뚝 섬과 이촌동을 포함한 일대가 대부분 수몰되는 참상이 빚어졌다.15)

이해의 폭우는 필리핀에서 북상한 태풍이 서해안의 고기압과 맞물 려 쏟아진 것이었다.16) 비는 7월 초 남부지역에서 시작되었다. 진주지 역은 7일부터 우량이 증가하여 남강을 비롯한 하천이 범람하고 포전답 3,600정보가 수해를 입었다.17) 연락망도 두절되어 부산, 진주간의 전화 가 불통되었다. 삼랑진까지의 열차도 끊어져 인부들이 우편물을 수송 하는 상황이었다.18) 7월 12일과 13일 사이의 집중호우가 큰 피해를 주 어 東將洞 玉峰里와 內城洞, 飛鳳洞의 가옥 수 백호가 침수, 파괴되는 참화를 겪었다.19) 7월 24일 경남도청에 접수된 피해통계에 따르면 진

12) 『부산일보』 1916년 7월 12일, 「晉州通信;豪雨の出水」.
13) 『부산일보』 1916년 7월 8일, 「晉州の大出水」.
14) 『부산일보』 1916년 9월 11일, 「晉州通信;橋梁破損」.
15) 中村玄濤, 『京城附近水害實況記』, 1925.
16) 서울특별시사편찬위원회, 『漢江史』, 서울특별시, 1985, 821~822쪽.
17) 『시대일보』 1925년 7월 15일, 「各地水害速報: 慶南」.
18) 『시대일보』 1925년 7월 16일, 「人夫로 郵便連絡」.
19) 『조선일보』 1925년 7월 21일, 「晉州에도 水害不少」.

주는 전답 2,370정보가 침수되었다. 그 중 300여 정보는 복구가 불가능한 상태였다.[20]

비는 7월 말 잠시 소강상태에 들어갔으나 8월 초 다시 강우가 쏟아졌다. 8월 7일의 집중호우로 남강 선교가 절단되고 강물이 불어나 진주 읍내는 초긴장 상태에 들어갔다.[21] 이어 18일부터 19일 오후까지 다시 폭우가 내려 통행이 금지되는 등[22] 8월 말까지 주민들은 고통을 겪어야 했다. 당시 언론에 보도된 1925년 진주의 피해 상황은 아래와 같다.[23]

〈표 1〉 1925년 7-8월 진주의 수해 상황

주택(戶)	밭(町步)	논(町步)	교량	제방(間)	경작물(圓)	인명
침수 704	매몰 600	매몰 507	파손 8	파손 265	450,000	남 익사 1
전파 77	침수 2,911	침수 2,911	유실 20			
반파 56						
유실 21						

1933년의 수해는 삼남 일대를 휩쓴 '洪水亂'이었다. 6월부터 시작된 호우는 충주, 부여, 보은에서 남원, 여수, 상주, 진해, 김해, 구포 등 경기 이남지역을 초토화시켰다.[24] 진주도 6월 28일부터 7월 1일까지 내린 폭우로 가옥 20여 채와 전답 600여 정보가 침수되었다.[25] 중순에 비가 그치자 낙동강 연안지역은 복구공사에 돌입했다. 그러나 22일부터

20) 『시대일보』 1925년 7월 27일, 「慶南各地農地被害面積」.
21) 『시대일보』 1925년 8월 10일, 「晋州南江船橋切斷」.
22) 『동아일보』 1925년 8월 22일, 「晋州에又洪水」.
23) 『동아일보』 1925년 9월 17일, 「晋州水災被害」.
24) 『동아일보』 1933년 7월 2일, 「暴雨一過한 南道水害續報」.
25) 『부산일보』 1933년 7월 6일, 「晋州郡の水害」.

25일 사이에 다시 기습호우가 쏟아져 진주는 가옥 사백여 채가 침수되는 수해를 입었다.[26] 복구 중에 입은 2차 피해였기에 타격이 컸던 것으로 보인다.[27] 아래 기사에서 당시의 참상을 확인할 수 있다.

　　이번 폭우는 진주지방에도 상당히 내리어 남강물이 증수되어 전번에 유실당한 피난민들이 죽을힘을 다하여 다시 심어놓은 집이 또다시 군데군데 침수 유실되는 중인데 이번에 또 집을 떠내려 보낸 사람 중 나이 이십여 세 되어 보이는 청년 한 명이 이제는 다시 살아날 수 없다고 하여 남강철교 높은 곳에서 그만 투신 자살을 하였다 한다.[28]

비는 26일부터 개었으나 7월 말까지 경남일대는 폭풍이 몰아쳐 관부 연락선이 결항되는 상황이었다. 8월 3일 진주군은 자체적으로 피해실태를 조사했는데 내용은 다음과 같다.

　인명: 사망자 7 부상자 9
　가옥: 유실 670호 전파 681호 반파 442호 침수 1825호
　총 피해액: 사십 만원[29]

1933년의 수해는 여기서 끝난 것이 아니었다. 9월 3일 태풍이 상륙하여 동해안을 통과함으로 삼남지역과 강원도 전역이 다시 참화를 겪었다.[30] 경남은 진주의 피해가 컸다.[31] 남강수계가 25척으로 불어나 가옥 200여 채가 침수되고 농작물도 막대한 손실을 입었다.[32] 4일 오전까

---

26) 『조선일보』 1933년 8월 5일, 「晋州서 浸水四百戶」.
27) 『동아일보』 1933년 7월 27일, 「復舊中의 南朝鮮災地洪水亂으로 又一慘害」.
28) 『동아일보』 1933년 7월 27일, 「晋州南江도 增水」.
29) 『동아일보』 1933년 8월 10일, 「晋州被害祥報」.
30) 『조선중앙일보』 1933년 9월 6일, 「三南과 江原等地에 第四次暴風大襲」.
31) 『조선중앙일보』 1933년 9월 6일, 「晋州地方의 水害가 莫大」.

지 쏟아진 폭우로 읍내 옥봉정과 櫻町 사이의 제방이 붕괴될 위험에
처해 관내 오백여 호 주민들을 공포에 떨게 했다. 인근 삼천포는 도로
가 끊겨 구조대도 파견할 수 없는 고립상태에 빠졌다.[33] 1933년 경남지
역은 총 6차례의 수해를 입어 10여만 명의 이재민이 발생하는 재난을
겪어야 했다.

　　1936년 8월의 수재는 진주주민들에게 "역사에 보지 못한 未曾有의
대풍수해"[34]로 기억되는 참사였다.[35] 31일까지 사망자가 50명이 넘었
으며 실종자도 40여 명에 달했다. 침수 가옥은 9,250호인데 이중 5,000호
이상이 전파되어 이만여 명의 피난민이 발생했다.[36] 진주경찰서를 비
롯한 관공서도 대부분 물에 잠겨 행정이 마비될 상황이었다. 토지는
전답 1,200정보를 포함한 4,800정보가 수몰되었다. 도로, 제방, 교량 등
시설물의 손실을 합쳐 총 손해액이 500-1000만 사이로 추산되었다.[37]
1936년의 홍수는 당시 언론의 표현대로 진주읍내를 '水國化'[38]시켜 버
린 것이다.

　　8월 26~28일까지 사흘의 폭우로 이런 피해를 입은 것은 위태롭게 버
텨왔던 남강의 제방이 붕괴되었기 때문이다. 8월 28일 오전 1시경 읍내
앵정의 제방이 터지며 성벽이 침수되고 시가는 순식간에 물에 잠겼다.
勝田伊助는 당시의 상황을 아래와 같이 기록했다.

---

32)『동아일보』 1933년 9월 6일,「南江增水二十五尺」;『조선일보』 1933년 9월 5일,「慶
　　南海岸一帶와 居昌晋州도蒙害」.
33)『동아일보』 1933년 9월 5일,「晋州櫻町 堤防危險 五百餘戶 全滅憂慮」.
34)『남선공론』 1936년 12월 1일,「未曾有의 風水害 晋州市街를 襲擊」.
35) 26일부터 28일까지의 폭우로 읍내 대부분이 물에 잠겼다. 침수상황과 피해실태는 勝
　　田伊助의 기록에 자세히 나타난다(勝田伊助, 앞의 책, 1940, 41~45쪽).
36)『조선중앙일보』 1936년 9월 2일,「罹災民二萬突破 損害額一千萬原」.
37) 勝田伊助, 앞의 책, 1940, 45쪽.
38)『조선중앙일보』 1936년 8월 30일,「晋州全市에濁浪滔滔」.

다시 수마가 덮쳐 오전 3시에는 수위가 8미터 90센티에 달하여 서쪽 제방 밖의 탁류가 제방을 넘어 시내 북서쪽으로 침수하였다. 진주시가는 사방에서 흙탕물이 밀려들고 마침내 서쪽제방도 붕괴되었다. 오전 4시경 수위는 최고로 올라가 9미터 50센티에 달하였다. 얼마 뒤 시내 5천 5백호는 흙탕물에 잠기고 물건 가구와 소 가축 등이 도처에 떠다녔다. 사람들은 거리에서 작은 배를 띄워 피난하고 경비에 임했는데 어둠속의 침수가옥들에는 소리도 들리지 않아 거의죽음의 거리가 되고 말았다.[39]

일출 전에 무너졌기에 대처가 어려웠고 타격이 컸던 것으로 생각된다. 사태 후 제방 파손에 대한 당국의 책임론이 즉각 제기되었다. 1933년의 홍수에 조짐이 있었으나 대책이 부실했다는 점에 비난이 폭증한 것이다.[40] 진주읍회 의원들은 31일 회의를 열고 남강 지천인 나불천에 제방을 축조해줄 것을 경남도와 총독부에 건의했다. 수용되지 않을 경우 전원 동반 사퇴할 것을 결의하는 배수진을 쳤다.[41]

인구 4만의 도시에 2만여 명의 이재민이 발생한 1936년의 수해는 심각한 후유증을 남겼다. 읍내 상가가 전몰됨에 따라 포목상, 잡화상 등 자영업자들의 파산이 속출했다. 정미소도 가동이 중단되어 곡물이 품귀 되는 사태를 빚었다. 거리는 생필품을 구하러 온 인근 주민들로 대혼잡을 이루었다. 진주-마산 간의 선로가 파괴되는 등 교통망도 마비되어 삼천포까지의 버스만 운행되는 지경이었다.[42] 진주군 평거면에서는 피신하던 나룻배가 전복되어 일가족 5명을 포함한 16명이 몰사하는 참화도 있었다. 읍내의 학교들이 9월 1일 개학했으나 교과서와 학용품이 유실되어 수업 진행이 어려운 상황이었다.[43] 교통 두절과 가옥 침

39) 勝田伊助, 앞의 책, 1940, 45쪽.
40) 『조선중앙일보』 1936년 9월 1일, 「晉州의 大水害와 當局에對한 非難」.
41) 『조선중앙일보』 1936년 9월 2일, 「損害額一千萬原 邑會議員들도 對策을 講究」.
42) 『조선일보』 1936년 9월 2일, 「國庫補助업스면 復舊絕望의 晋州」.

수로 결석생이 속출하자 진주농림학교를 비롯한 몇몇 학교는 임시휴교를 단행했다.[44]

2. 구제활동과 대책

수해를 포함한 각종 재난에 식민권력과 민간은 구제활동을 전개하고 대응책을 강구했다. 조선총독부를 중심으로 한 당국의 대책사업은 구조차원의 응급구제 그리고 예방책이라 할 수 있는 '항구대책', 즉 치산치수사업으로 대별된다.[45] 이러한 대책은 '恩賜'방식에 입각한 임기응변적 대처(1910년대), 기구가 마련되고 예산이 증가하면서 체계화되는 시기(1920년대), 예방책이 강구되고 전시적 성격이 가시화되는 시점(1930년대) 등 단계별로 변화되는 양상을 보인다.[46]

1920년대 진주지역의 구제활동은 민간단체의 구호와 의연금 모집이 두드러진다. 응급구제와 같은 당국의 구휼책도 시도되었지만, 1930년대까지 비용은 상당부분 기부금에 의존했다. 초기에는 모집 주체가 모호한 경우도 발견된다. "유사이래의 대참사", "시가 개혁을 요구할 정도"[47] 등으로 묘사되었던 1920년 수해의 경우, 피해액 산정과 모금이 추진되었으나[48] 주도한 '本部'가 정확히 나타나있지 않다. 기부·자선을 영향력 확대의 수단으로 활용한 유지층이 중심인 것으로 생각되며[49] 진주 외의 지역도 포함되었을 것이다. 다만 1920년 이후 진주에

---

43) 『조선일보』 1936년 9월 2일, 「今一日은 開學날 學用品업서 困難」.
44) 『조선일보』 1936년 9월 3일, 「缺席生多數로 一部學校休校」.
45) 고태우, 「일제 식민권력의 재해대책과 추이」, 『역사문제연구』 31, 2014, 402쪽.
46) 고태우, 위의 논문, 2014, 413~414쪽.
47) 『매일신보』 1920년 7월 26일, 「有史以來 大慘事 경남의 수해」.
48) 『동아일보』 1920년 8월 1일, 「晋州地方水害救濟金募集」.

각기의 단체가 결성되고 지역사회운동이 활발해짐에 따라 이들에 의한 조직적인 구제활동이 등장한다. 1922년 황해지방이 대홍수로 피해를 입자 진주는 지역차원에서 적극적인 의연활동을 전개했다.[50] 선도단체였던 진주청년회는 극단을 창단하여 연말까지 경남일대를 순회하며 '同情金'을 모금했다.[51]

이러한 활동은 1920년대 중반에 와 일제에 의해 대부분 금지 조치를 당하게 된다. 1925년 수해 당시 일제는 서울청년회, 조선기근구제회 등 조선인 사회단체의 구제활동을 단속했는데, 이는 경성부뿐 아니라 전국적인 현상이었다.[52] 당국은 8월에 평양수해구제회를 강제 해산시켰다. 이어 진주수해구제회의 구조운동도 불허했다.[53] 사회주의 청년단체들이 주도했던 진주수해구제회의 활동을 경찰은 '불온시'한 것이다.

하지만 1930년대 와서도 기부, 자선 활동은 이어졌는데 주로 관변단체들이 주도했다. 일제의 입장에서는 조선인 구제운동이 주는 정치적인 불안감도 있지만 동시에 그것이 통치비용을 절감하고 재해대책에서 자신들의 공백을 메워주는 긍정적인 기능이 있었기 때문이었다.[54] 진주도 직접기부와 공연을 통한 모금활동이 추진되었다. 1933년 수해에는 진주기자단과 진주청년단, 재향군인회 등이 수해구제회를 조직하여 유지들로부터 의연금을 모집했다.[55] 모금대상은 유지층에 국한된

49) 김희주, 「일제하 진주지역 鄭相珍의 성장기반과 유지활동」, 『동국사학』 64, 2018, 360쪽.
50) 『동아일보』 1922년 11월 3일, 「晋州의 水害救濟同情金」.
51) 김희주, 「1920년대 진주지역의 청년운동과 진주청년동맹」, 『한국민족운동사연구』 72, 2012, 92쪽.
52) 횡령 등 비리 문제가 표면적 이유였지만 실제로는 구호과정에서 대중에게 민족의식을 고취시키고 기금을 활동자금으로 전용할 가능성을 우려해서였다(박철하, 「1925년 서울지역 수해이재민 구제활동과 수해대책」, 『서울학연구』 13, 1999, 170쪽).
53) 『동아일보』 1925년 8월 2일, 「救濟禁止一速 晋州水害救濟會活動不許」.
54) 고태우, 「일제시기 재해문제와 '자선·기부문화'」, 『동방학지』 168, 2014, 164~165쪽.
55) 『조선중앙일보』 1933년 8월 15일, 「晋州水害救濟金 義捐金募集着手」.

것이 아니었다. 공장 근로자들의 성금이 답지했고[56] 부인·기생 등 여성계도 동참했다. 1934년 10월 애국부인회 진주지회원들은 회관 사무실을 수납처로 하여 의연금을 모집했다.[57] 藝妓들이 거리 모금에 나서는가 하면 退妓도 가무 공연을 열어 동참했다. 晉州婦人爲親契라는 단체가 권번과 신문사 지국의 후원으로 개최한 행사였다.[58] 이들 관변단체들의 의연활동에 당국은 별다른 통제를 가하지 않았다.

이 시기에는 관공리, 전문직들의 현장 급파와 시찰이 눈에 띄게 증가한다. 1933년 홍수에는 진주군 직원들이 수해 농지에 출동하여 작황 피해를 점검하고 대책을 강구했다.[59] 비가 지나간 뒤 치수조사위원과 도의 책임 기사들이 수해지를 시찰했다.[60] 전문직과 행정 공직자인 이들의 방문은 실태를 확인하고 예방책인 치수사업을 설계하기 위한 목적이었다.

진주지역에서 행정관서와 민간의 구제활동을 구체적으로 확인할 수 있는 사례는 1936년의 수해다. 8월 28일 오전 비가 그치자 관·민기구가 총출동하여 구호작업에 돌입했다. 개요는 다음과 같다.

> 구조기관: 진주군청, 읍사무소, 경찰서, 소방서, 재향군인회, 청년단.
> 식량지원: 구호소를 조성하여 가재 도구와 양식을 잃은 이재민 2만 5천명
> 에게 백미 7만 6천홉 지급.
> 피난민 수용: 각 학교와 촉석루에 임시 수용, 공간이 부족하자 읍내에 3개
> 의 가건물을 설치하여 1천여 명 수용.

---

56) 『조선중앙일보』 1934년 8월 19일, 「애달픈 災民에게 눈물겨운 同情金」.
57) 『부산일보』 1934년 10월 3일, 「大風禍の義金募集」.
58) 『동아일보』 1934년 8월 17일, 「老妓들이 音樂大會」; 『매일신보』 1934년 8월 20일, 「晉州女子爲親契 水害音樂會」.
59) 『매일신보』 1933년 7월 13일, 「晉州郡水害의 應急先後對策」.
60) 『부산일보』 1934년 9월 8일, 「治水調査委員의 水害現地視察」.

전염병 예방: 트럭과 인부 수백 명을 동원하여 각 가정의 오물 수거, 우물
　　　　　은 약물소독.
급수대책: 전력이 두절되고 양수장이 침수되어 취사시간외는 급수 중단,
　　　　　복구공사를 실시하여 28일 오후 8시부터 송전을 개시하고 수
　　　　　도물 무료공급
위로금 지급: 읍사무소에서 9. 14-15 양일 간 조위금, 위문금, 가건물 사
　　　　　용료 총 1, 935원 지급. 사망자-각 30원, 부상자-각 10원, 가옥
　　　　　유실-각 15원 전파-각 10원, 반파-각 5원
의연금과 위문품 분배: 淸水佐太郎(2천원) 原田瀧藏(1천원)을 비롯해 개
　　　　　인 단체의연금 7. 313원 모금. 식료품, 의류 등 위문품을 2천
　　　　　2백여 호 1만 인 이상에게 분배.
읍회 단체의 진정활동: 30일 임시읍회에서 읍의 응급대책을 승인하고 남
　　　　　강치수사업 진정의 건을 가결. 진주번영회도 금융기관에 특별
　　　　　대책 요망.[61]

　이와 함께 유지들은 임시수해구제회를 조직하고 시가를 6구로 나누
어 구조활동을 전개했다. 읍 역원과 고보, 농고생들이 동원되어 구호에
임했다.[62] 진주군수 大林福夫는 8월 28일 기수를 보내 상황을 경남도
에 보고했다. 도간부들은 대책회의를 열고 주무관을 파견하여 피해현
황을 조사했다. 30일에는 도내무부장이 방문하여 지사를 대신해 위문
하고 대책수립을 약속했다.[63]

　진주의 참화는 총독부에도 보고되어 조치가 취해졌다. 9월 3일 정무

61) 勝田伊助, 앞의 책, 1940, 46~48쪽. 이 자료는 1913년부터 진주에 거주한 일본인이
　　남긴 기록이다. 때문인지 구제과정에서 가능성을 상정할 수 있는 민족차별이나 식
　　민성에 관한 내용은 발견되지 않는다. 고액이기는 하나 의연금 납부자를 일본인만
　　소개한 점도 눈에 띈다. 그러나 전체적인 구호 양상은 사실에 벗어나지 않게 기술
　　되었을 것이다.
62) 『남선공론』 1936년 12월 1일, 「未曾有의 風水害 晋州市街를 襲擊」.
63) 勝田伊助, 앞의 책, 1940, 49쪽.

총감 大野祿一이 내진하여 수해상황을 보고받았다. 이 자리에서 진주
읍장 山下正道는 근본 대책으로 남강치수사업의 즉각 실시를 강력히
건의했다. 부수책으로 경선남부선 철도 연결과 金三철도 부설도 요구
했다. 도회의원과 진주번영회 회장인 淸水佐太郞은 방수로 모형을 들
고 와 치수사업의 개요를 설명했다. 그는 이 사업이 진주의 수해뿐 아
니라 하류 포전 8,000정보, 그리고 낙동강본류의 수위에도 영향을 미친
다는 사실을 재삼 역설하여 총감의 반응을 끌어냈다.[64]

결국 대한제국시기에 검토되어 1930년대까지 지속적으로 논의, 교섭
되었던 남강치수사업은 1936년의 대수해를 당한 후 착공이 결정되었
다. 그 전말을 다음 장에서 구체적으로 살펴보기로 한다.

III. 남강치수사업의 대두와 추이

1. 치수사업의 대두

일제가 한반도에 실시했던 치수사업은 축제, 굴착, 호안, 수문공사
그리고 교량이나 토관 설치와 같은 부대공사가 주 내용이었다.[65] 그러
나 이른바 '남강치수사업'의 핵심 과업은 이러한 부문 공사가 아니었다.
조선총독부 내무국이 작성한 조사계획서에는 사업의 개요가 아래와
같이 기술되어있다.

---

64) 勝田伊助, 위의 책, 1940, 50쪽.
65) 조선총독부, 한국건설기술연구원 역, 『1935년 조선직할하천공사연보(1938년)』, 국토
해양부, 2010.

남강유역의 북쪽경계는 고봉이 연이어 있기 때문에 여름철 서남쪽에서 오는 저기압의 진로가 이들 산맥에 의해 막힘으로 이 유역은 항상 수량이 많아 낙동강 유역 중 최대 다우 지방이다.

그러므로 남강은 낙동강 하류부의 홍수량에 적지 않게 영향을 끼친다. 그래서 남강의 유로가 진주 부근에서 바다에 근접한 지형을 이용하는 것이다. 진주군 나동면 독산리에 堰堤를 건설하여 저수지를 만들고 남강의 수면을 약 24 m 올려 분수계를 저부에 굴착해서 일대에 방수로를 건설, 언제로부터 상류의 홍수를 전부 바다에 방류하는 것이다.[66]

범람의 진원지인 奈洞面 일대의 강물을 막아 흐름을 돌리고 방수로를 만들어 인근 사천만으로 방류한다는 것이 요체다.[67] 홍수예방과 함께 낙동강 수위 저감, 수리사업, 발전 수력 가치 등이 기대 효과로 제시되었다.[68]

남강을 절개하여 방수로를 건설하자는 제안은 조선왕조 정조 연간에 이미 있었다 한다. 수해 방지책으로 진주 지역에서는 전부터 거론되었던 것이다. 하지만 당시의 기술 수준으로는 엄두도 낼 수 없는 '허황'된 발상이었다.[69] 이 사업은 20세기 초 일제에 의해 근대 토목기술이 도입되고 치수사업을 위한 준비 조사가 실시되면서 공식적으로 입안되었다. 1905년 일본 내무성이 파견한 기사 和田義睦과 宮川 淸은 한반도 주요 하천을 답사한 후 치수공사에 대한 조사 보고서를 작성했다. 여기에서 이들은 낙동강 수해대책의 일환으로 지류인 남강 상류에 방

66) 조선총독부, 한국건설기술연구원 역, 『조선하천조사서(1929년)』, 국토해양부, 2010, 528쪽.
67) 때문에 당시에는 이 사업을 남강절락, 남강회류공사 등으로도 불렀다(『조선일보』 1934년 8월 10일, 「實現濃厚한 南江絕落工事」 ; 『조선일보』 1936년 11월 1일, 「南江의 廻流工事 明年度부터 實施」).
68) 조선총독부, 한국건설기술연구원 역, 앞의 책, 2010, 536쪽.
69) 「진양호와 남강댐」, 『디지털 진주문화대전』, 한국학중앙연구원.

수로를 굴착하는 안을 제시했다.[70] 낙동강 연안의 일본인 토지를 보호하기 위한 목적이 있었지만 어쨌든 기술적인 타당성이 처음으로 검토된 것이다. 곧 이 사업은 대한제국 고위관료들에 의해 민자 사업으로 추진되었다.

당시 정부의 고위직으로 남강치수사업을 추진한 인물은 趙羲淵이다. 1907년 일본에서 귀국하여 궁내부 특진관에 임명된 그는 이듬해 기사 수 명을 진주로 보내 현지조사를 하고 공사를 설계했다.[71] 1909년 표훈원 총재에 취임한 조희연은 成鎬基라는 진주의 사업자와 결탁하여 치수사업에 본격적으로 뛰어들게 된다.[72] 총리대신 이완용과 농상대신 조중응도 관심을 가지고 동업 형식으로 참여했다.[73] 따라서 1909년부터 사업의 전망이 언론을 통해 알려지기 시작한다. 주목되는 것은 이 시기 남강치수사업의 성격이 운하사업으로 포장, 선전되었다는 것이다. 1909년 대한민보는 수해예방과 함께 방수로가 가져다 줄 효과를 다음과 같이 보도했다.

旦運河工事로 論할지라도 진주와 舊海創灣간의 三十里舊域에 다만 一個丘陵이 有할뿐이오 其他는 平均平地인즉 공사가 極히 容易할것이오 진주와 南海岸에 運河를 開通하야 汽船出入이 便宜한 良港을 作할지며 從來延長四百餘里를 三十里 近距離로 幻作하야 交通의 迅速뿐 아니라 此로

---

70) 최병택, 「일제 강점기 하천개수사업의 전개와 그 문제점」, 『인문논총』 75, 2018, 229~230쪽.
71) 勝田伊助, 앞의 책, 1940, 52쪽.
72) 김기성, 「1910년대 유길준의 경남지역 토지경영-진주, 의령, 함안을 중심으로-」, 『한국사연구』 177, 2017, 76쪽.
73) 진주와 연고가 없는 조희연이 어떤 경위로 치수사업을 주도했는지 정확히 알 수는 없다. 정부의 실세로 고급정보를 접할 수 있었던 그가 이 사업이 가져다 줄 개발이익을 기대했을 가능성이 높다. 김기성도 이들 고위관료들이 진주, 함안, 의령의 개간사업을 염두에 두고 가담한 것으로 추측했다(김기성, 앞의 논문, 2017, 81쪽).

인하여 千餘丁步의 良好한 田畓을 可得할것이며[74]

방수로를 운하로 활용하자는 것으로 치수사업을 조운사업으로 확대시킨 것이다. 따라서 처음 진주지역에도 사업의 취지가 "교통상의 편의를 위한 海路사업"으로 소개되었다.[75]

한일병합 후 중추원 고문에 임명되고 작위를 받은 조희연은 운하사업을 본격적으로 추진했다.[76] 그는 본인의 자산과 함께 투자자를 모집해 민영사업을 기획했던 것으로 보인다. 1911년 조중응 등이 공동 출자한 운하개착회사가 설립되어 이완용이 사장으로 취임했다.[77] 조희연은 일본인 기수와 직원을 대동하고 진주를 수 차 방문, 체류하며 공사를 준비했다.[78] 유지·관공리들은 때마다 환영회를 열어 기대감을 표했다.[79]

이 사업과 연계하여 일본인 유력자들에 의해 남강수력발전 계획이 추진되었다. 3천 5백만 원을 투자해 남강에 발전소를 세우고 이를 동력으로 부산, 목포 간에 전기철도를 부설한다는 것이다. 1911년 총독부 기사들이 진주를 답사하여 현장조사를 실시했다. 사업이 실현되면 진주는 교통 요충지가 되어 인천 부산을 압도하는 거점도시로 성장할 것이라는 장밋빛 전망이 지역을 뒤덮었다.[80] 개발호재에 따라 남강 연안의 전답을 노린 투기 열풍이 몰아쳤다. 俞吉濬과 같은 중앙의 유력자

---

74) 『대한민보』 1909년 9월 16일, 「運河事業」.

75) 『경남일보』 1909년 11월 6일, 「開江着手」.

76) 大村友之丞 編, 「朝鮮貴族列傳」, 『舊韓末日帝侵略史料叢書』 13, 아세아문화사, 1985, 160쪽.

77) 『매일신보』 1911년 9월 22일, 「貴族의 築보」.

78) 『경남일보』 1911년 11월 13일, 「趙男再來」.

79) 『경남일보』 1911년 11월 21일, 「趙男歡迎會」.

80) 勝田伊助, 앞의 책, 1940, 52쪽.

가 중개업자의 정보에 따라 진주, 함안, 의령의 토지를 대량 매입하는 등 개발에 편승한 '모험적 투자'의 열기가 쏟아졌다.[81]

그러나 희망과 달리 공사는 개시되지 못했다. 토지조사사업에 맞물려 연기되고 있다는 정도의 이유만 제시될 뿐 정확한 경위는 알려지지 않는 채 지연된 것이다. 행정적인 제약과 함께 자금 문제로 난항을 겪은 것이 아닌가 한다. 이해관계를 둘러싸고 조선귀족이었던 동업자들끼리 갈등이 있었을 가능성도 있다. 결국 이 사업은 책임자였던 조희연이 1915년 사 망함에 따라 일단 수면에서 사라지게 된다.[82] 1920년의 대홍수 때 다시 제기되었다는 회고[83]로 보아 1910년대 후반에는 지역의 관심권에서도 다소 벗어난 것으로 보인다. 남강치수 문제는 지속적인 수해와 함께 조선총독부의 개수사업이 본격화되고, 도청이전을 비롯한 진주지역의 현안으로 주민의 집합행동과 사회운동이 분출하는 1920년대에 와서 새로운 국면으로 전개되었다.

2. 치수사업의 경과와 지역정세

3·1운동이 지나간 진주지역에도 다양한 사회운동이 전개되었다. 3·1운동이후 유입된 사조와 이념을 기반으로 청년, 농민, 노동 등 부문운동의 형태로 추진된 것이다.[84] 이와 함께 사립 중등학교 설립과

81) 이 양상은 김기성의 앞 논문에 잘 나타나 있다(김기성, 「1910년대 유길준의 경남지역 토지경영-진주, 의령, 함안을 중심으로-」, 『한국사연구』 177, 2017).
82) 조희연은 1915년 4월 작위를 반환하고 곧이어 사망하였다. 반납 이유가 재정 문제였다는 것으로 보아 치수사업과 관련 있는 것으로 추측된다(『부산일보』 1915년 6월 2일, 「爵位返上理由」).
83) 勝田伊助, 앞의 책, 1940, 52쪽.
84) 김희주, 「진주 3·1운동과 지역사회운동-청년, 농민, 노동운동을 중심으로-」, 『진주 3·1운동과 근대 사회 발전』, 북코리아, 2019.

경남도청 이전문제 등 지역 현안이 대두되었다. 특히 도청의 부산 이전은 통감부 시기부터 언급되었는데, 1920년 초 재론되어 지역을 자극했다.[85] 총독부의 부인으로 진정되었지만 이후에도 간헐적으로 제기되며 주민의 촉각을 곤두세웠다.[86]

한편 1920년의 홍수로 치수 문제가 재부상하자 식민당국은 이른바 '응급치수공사'를 남강에 시행하였다.[87] 공사는 1921, 1922, 1923년 3차례에 걸쳐 실시되었다. 진주읍내를 기준으로 서쪽의 상류와 남동쪽의 하류로 나뉘어 진행된 것이다. 상류 공사는 1920년의 수해를 당한 후 방배수 시설의 필요를 절감하고 추진된 築堤작업이었다. 지방비 보조금과 진주면의 아래 예산으로 시공되었다.

〈표 2〉 진주 읍내 상류부 방수공사 정산서 (단위: 엔)[88]

공사명	예산액			공사기간
	지방비 보조	면비	계	1921.7.21.~
진주면읍내 상류부방수공사	15,000,000	6,711,120	21,711,120	1921.12.25

제방은 고지대인 도청 소재지에서 시가 서쪽을 가로질러 2등 도로 진주·전주 선에 이르는 423간(765m)에 걸쳐 축조되었다. 높이는 1920년

85) 『동아일보』 1920년 4월 8일, 「慶南道廳移轉說」.
86) 『동아일보』 1921년 8월 1일, 「晋州人의 死活問題」.
87) 조선총독부는 1914년 '하천취체규칙'을 제정하였다. 이어 1915년 토목국 공무과에 하천계를 신설하고 개수계획 수립을 목적으로 조사사업을 실시했다. 이에 따라 총 14개의 주요하천에 대한 실측과 정밀조사가 1928년까지 이루어졌다(조선총독부, 한국건설기술연구원 역, 『조선하천조사서(1929년)』, 국토해양부, 2010, 25쪽). 그러나 조사기간에도 수해가 계속 발생하자 일본인이 거주하는 시가와 시설물을 보호하기 위해 방수공사를 국부적으로 시행했다. 이를 '응급치수공사'라 한다(국가기록원, 『일제문서해제-토목편-』, 행정안전부, 2010, 23쪽).
88) 조선총독부, 한국건설기술연구원 역, 『1928년까지 조선토목사업지 하천개수편(1937년)』, 국토해양부, 2011, 227쪽.

의 홍수위보다 3척을 높인 13.7척(4m 11cm)이며 경사도는 안쪽 1할 5푼 (15%) 바깥쪽 1할 8푼(18%)이였다. 이외 암거를 수리하고 철근 수발공 7개와 건널목 2개를 설치했다.[89] 하류공사는 국고보조를 받아 1922, 1923 2개년에 걸쳐 시행되었다.

〈표 3〉 진주 읍내 하류부 방수제 정산서 (단위: 엔)[90]

공사명	예산액	실시액	차감 부족액	공사기간
진주읍내하류 방수제공사	국고보조: 30,000,000 면비: 7,000,000 계; 37,000,000	1922: 86,600 1923: 36,930,240 계: 3,016,840	16,840	1922.3.31.~ 1923.10.13

하류는 축제와 승수구(承水溝) 축조가 주 공사였다. 제방은 진주-삼천포선 기점에서 시가지 남동을 횡단하여 수창봉 아래까지 323간 (523m)에 걸쳐 수축되었다. 높이는 18.4척(5m52cm)이고 기울기는 상류와 동일했다. 안쪽에 소단을 세워 시가 남동쪽의 침수를 방어하도록 했다. 승수구는 시가 북동의 산지에서 유입되는 빗물을 방출하는 기능을 가진 수로였다. 읍내 북단 하이톤 병원에서 발단하여 두 갈래로 건설되었다. 그 외 철근 콘크리트로 이루진 암거와 토관을 설치했으며 제방내의 물을 배출하기 위해 수문공사가 병행되었다.[91]

살펴본 대로 이 공사는 침수로부터 시가를 보호하기 위한 방배수 시설의 설치가 주안이었다. 그러나 이러한 작업은 진주수해의 근본적인 방제책이 될 수 없었다. 특히 믿었던 제방은 연이은 홍수에 약점을 노출하며 불안을 야기했다. 언급한 대로 1925년의 수해 때 일부가 파손되

89) 조선총독부, 한국건설기술연구원 역, 위의 책, 226쪽.
90) 조선총독부, 한국건설기술연구원 역, 앞의 책, 2011, 227쪽.
91) 조선총독부, 한국건설기술연구원 역, 앞의 책, 2011, 226~228쪽.

었다. 1933년의 '홍수란'에는 붕괴의 조짐을 보이며 공포감을 주었다. 1936년 8월 단 사흘의 폭우로 전파되어 진주읍내를 '수국화' 시켰다는 사실은 전기한 바와 같다. 결국 시설물 공사는 대안이 될 수 없는 것으로 수해예방은 이미 제기되었던 남강치수사업, 즉 상류부를 절개하여 홍수 시 강물을 사천만으로 유출하는 방수로 건설만이 해결책이라는 공감대가 식민권력과 지역민 사이에 형성되어 간 것으로 보인다. 그와 함께 이 사안을 재차 기폭시킨 것은 1924년 말 다시 불거진 경남도청 이전문제였다.

1924년 12월 8일 조선총독부는 그동안 비밀리에 추진했던 경남도청의 부산이전을 관보를 통해 공식 발표했다. 당일부터 진주지역에는 범주민 차원의 반대운동이 폭발했다.[92] 거류일인까지 참여한 저항에 당황한 총독부는 12월 29일 경남지사를 통해 아래의 이른바 '代償案'을 제시했다.

1. 남강치수계획-공비 800내지 1,000만 원으로 10년 후 준공
2. 남강 철교교량 가설-경비 40만 원으로 1925년 봄부터 착수
3. 진주면 도동면 등 하류지역에 수리조합 설치
4. 진주면과 평거면의 수해방지책
5. 인가받은 사립 일신고보를 이관하여 도에서 공립으로 운영할 것[93]

나타난 대로 치수사업을 포함한 수해대책이 대부분을 차지하고 있다. 이 최초의 대상안에 대해 반대운동을 주도했던 도청이전방지동맹

92) 경남도청 이전 반대 운동에 관해서는 손정목, 「경남도청 이전의 과정과 결과」, 『일제강점기 도시화과정 연구』, 일지사, 1996 ; 김중섭, 「일제하 경남 도청 이전과 주민 저항운동」, 『경남문화연구』 18, 1996 참조.
93) 『동아일보』 1925년 1월 3일, 「和田知事가 妥協條件을 提出」.

의 조·일 실행위원사이에는 갈등이 있었던 것으로 보인다.[94] 방지동
맹회가 해산된 후 후속단체인 진주부흥회는 당국과 협의 하에 1925년
1월 29일 20개의 부흥안을 발표했다.[95] 2차 대상안이라 할 수 있는 이
안의 제 1항도 '치수사업의 速成'이었다.

　이들 안의 내용을 두고 '구체적인 계획이 없는 식민정책의 나열'[96]이
라던가 '도시기반 시설의 보완책에 불과'[97] 했다는 비판이 있지만 도시
계획을 둘러싼 진주의 현안이 상당 부분 수렴된 것은 사실이다. 발표
이후 반대운동의 열기가 급격히 냉각되는 현상도 나타난다. 2월에 오
면 부흥안에 포함된 일신고보의 공립화, 사립여고 설립문제가 쟁점이
된다. 이 문제가 매듭지어지고 도청의 부산이전이 완료된 5월부터 지
역의 관심과 공론은 대상안의 획득, 그중에서도 남강치수사업의 조속한
실시에 집중되었다. 식민권력의 입장에서도 개발정책이라는 명분하에
진주주민의 박탈감과 불만을 상쇄할 수 있는 최상의 '거래물'이었다.

　그러나 곧 착공할 것처럼 선전된 이 사업은 전혀 진척을 보지 못했
다. 그해 6월 和田 경남지사는 진주면장 長濱을 만난 자리에서 남강철
교와 시가지 정비는 국고보조를 신청했으나 치수사업은 "아직 연구 중
으로 此의 完成이 至難하다"는 미묘한 발언을 하였다.[98] 면담 내용이

---

94) 손정목, 앞의 책, 1996, 530~532쪽.
95) 내용은 다음과 같다(치수사업의 속성, 진주 하동 간 이등도로 개수, 사립 여자고보
　　신설, 남강가교, 대구연초전매국 출장소 설치, 전기회사를 진주면이 운영하고 상수
　　도비 보조, 농업학교를 5년제로 연장, 철도개통식 때 물산공진회 개최, 수리사업 실
　　시, 저리 자금 융통, 철교에 상수도를 부설하여 천전면까지 연장, 진주 의령 간 등외
　　도로 신설, 사범학교를 진주에 영구존치, 우편국 신축 이전, 사범학교 학기를 2년에
　　서 4년으로 연장, 특산물에 관한 제사공장 신설, 제1보통학교 여자부 독립, 상업은
　　행 지점 설치, 조면공장 설치). 『동아일보』 1925년 2월 6일, 「慶南道廳移轉防止會解
　　散」.
96) 손정목, 앞의 책, 1996, 536쪽.
97) 김중섭, 앞의 논문, 1996, 246쪽.
98) 『조선일보』 1925년 7월 6일, 「南江治水만되면 晉州에는 大福利」.

알려지자 유지들은 7월 3일 시민대회를 소집하고 남강치수공사기성동맹을 결성했다. 이들은 이듬해인 1926년에 공사를 단행할 것을 촉구하고 5명의 상경진정위원(姜周漢, 金琪郘, 勝田伊助, 淸水佐太郎, 長濱面長)을 구성했다.[99)]

진정위원들은 7월 28일 총독부에서 정무총감 下剛忠治를 면담하고 예산을 편성해 내년부터 사업에 착수해 줄 것을 요구했다. 下剛총감은 이 자리에서 시가 정비와 사범학교 신축에 관해 긍정적인 반응을 보였으나 치수사업은 난색을 표했다. 한강 연안의 수해 복구 때문에 여력이 없다는 이유였다.[100)] 진정위원들이 8월 8일 시민대회에서 결과를 보고하자 지역 여론은 더욱 악화되었다.[101)]

진주의 반발을 의식한 일제는 치수사업보다 부담이 덜한 남강철교의 가설을 대안으로 선택했다. 8월의 수해로 기존의 선교가 해체된 영향도 있었다.[102)] 그리하여 진주 숙원사업의 하나였던 남강교 부설은 도청이전의 첫 번째 대상물로 1925년 10월 기공식을 가지게 된다.[103)] 그리고 공기에 맞추어 1927년 개통되었다.[104)] 치수사업과 함께 지역은

99) 『시대일보』 1925년 7월 7일, 「晋州市民會」.
100) 1925년의 '을축대홍수'는 당시 日人의 표현대로 "전대미문의 대홍수"이자 경성지역에는 "유사이래의 대참사"였다(中村玄濤, 「自序」, 『京城附近 水害實況記』, 1925). 언급한대로 일본인 거주지인 용산의 피해가 막심해 조선총독부와 경성부가 구제 활동에 총 동원되었다. 따라서 하강총감의 변명을 단순한 '핑계'로 보기는 어려운 것이다.
101) 『조선일보』 1925년 8월 13일, 「南江治水問題로 晋州市民憤慨」.
102) 『시대일보』 1925년 8월 10일, 「南江船橋切斷」.
103) 기공일과 예산은 보도마다 차이가 있다. 동아일보에는 기공식 날짜가 10월 3일에 경비는 25만 8천 원으로 나온다(『동아일보』 1925년 10월 8일, 「晋州鐵橋 起工式」). 조선일보는 10월 3일 地鎭祭거행하고 15일 공사에 착수했으며 총 공비는 36만 8천 원이라 했다(『조선일보』 1925년 11월 1일, 「晋州의 南江鐵橋」). 지진제 행사를 기공식으로 표현한 것으로 보이며 공사비도 후속인 조선일보 기사가 정확한 것으로 생각된다.
104) 『동아일보』 1927년 6월 1일, 「晋州南鐵江橋 開通式」.

이 사안을 보상안으로 집요하게 요구했고 식민권력은 당장의 무마책으로 단행을 결정한 것이다.

예산문제로 실행되지는 못했으나 일제는 남강치수사업에 상당한 의지를 가지고 준비했던 것으로 보인다. 제1차 하천조사기간(1915-1928)에 작성된 '낙동강 개수계획'에는 남강치수공사의 시행안이 3가지로 나뉘어 수립되어 있다.[105] 각 안의 내용을 요약하여 도표로 제시하면 아래와 같다.

〈표 4〉 남강방수사업 계획안

	제 1안	제 2안	제 3안
사업 개요	언제와 저수지를 건설하고 방수로를 개착하여 홍수방류	동	동
언제 높이(m)	28	39	
계획방수량(㎥/s)	3,670	6,000	7,250
방수로	나동면 유수리~곤양면 검리 10km 절취경사 10%	나동면 유수리~곤양면 선진포 11km 경사도 15%	나동면 삼계리~곤양면 선진포 10km 분수계 굴착깊이 40m 경사도 50%
발전력(kW)	4,704	동	동
부대 공사	진주 하동간 부체도로 20km 사천 노량진간 삼등도로 3km 가교건설	동	진주 하동간 이등도로 철근콘크리트 교량 개축 연장 300m 폭 6m
기대이익	홍수근절, 낙동강 합류점이하 수해방지, 수력발전	수해방지, 낙동강 본류 수위 감소, 수리사업촉진	축제와 기타공사비 감소 몽리구역 생산 증대
총공사비(엔)	10,285,000	7,040,00	9,625,0000

105) 조선총독부, 한국건설기술연구원 역, 앞의 책, 2010, 528~546쪽.

계획안에는 언제(댐)의 위치와 구조, 침수구역이 상세하게 제시되어 있다. 계획 방수량은 1925년 9월 홍수의 최대 수량에 홀튼(holton)식 조절력을 이용하여 산정하였다. 방수로도 1m당 유량과 유속을 계산하여 구간별로 수로 폭을 산출했다. 발전력은 평균 사용수량과 낙차를 사용하여 평균용량으로 계출된 것이다. 4,704kW로 3안이 동일하다. 예산은 본 공사와 부대공사, 기계비, 토지보상, 장비 등을 항목으로 각기 산출되었다. 이외 남강의 하천상황(수원, 유말, 면적, 길이) 몽리구역의 호수와 인구, 작물 생산액, 과세지가, 사업 후 예상 토지개량면적, 농산물 생산액 등이 제표로 제시되어 있다.[106] 1925년의 홍수 지표를 참고한 것으로 보아 계획서는 1925년 말에서 조사사업이 완료되는 1928년 사이에 작성된 것으로 보인다.

치밀한 실지조사를 바탕으로 공사를 기술적으로 연구하고 사업계획을 수립하였음을 확인할 수 있다. 특히 시행 안을 3개로 나누어 결과를 산출했는데, 지류는 물론 직할하천의 경우에도 발견하기 어려운 사례다. 낙동강 치수사업의 일환으로 일제는 추진할 의지를 분명히 가지고 있었던 것이다.

그러나 지류 공사에 투입하기에는 너무나 고비용이었다는 문제가 시행을 가로막은 것으로 보인다. 직할하천으로 6개년 간 계획되었던 만경강 개수공사의 총 예산이 1,200,000엔이었다는 사실과도 비교된다.[107] 당시 조선총독부는 하천공사의 일부비용을 각 면에 부과하여 충당했다. 하지만 도청이전으로 여론이 악화된 진주지역에 이를 적용하기는 어려웠을 것이다. 때문에 비용과 공기가 단축되는 남강교의 가설이 대안으로 선택된 것이다.

106) 조선총독부, 한국건설기술연구원 역, 앞의 책, 2010, 559~564쪽.
107) 조선총독부, 한국건설기술연구원 역, 앞의 책, 2010, 484쪽.

이와 함께 진주번영회가 제시했던 '부흥안'도 이후 상당부분 실현되었다. 진주·하동 간 이등도로 개수는 남강치수사업의 부대공사에 포함되었다. 일신고보 문제도 매듭이 지어졌다. 2차 조선교육령에 따름이지만 진주농업학교도 1926년부터 5년제로 개편되었다. 진주우편국도 1928년 중앙동에 청사를 신축하여 이전했다. 공립사범학교는 1925년부터 3년제로 연장되었다. 제사공장도 요구대로 1929년 진주면 비봉동에 설립되었다. 대구전매국 출장소 설치 문제는 조선연초주식회사 진주지점의 신설로 귀결되었다. 상업은행 지점 요구도 경상합동은행의 진주 개점으로 해결되었다.108) 이러한 결과로 치수사업문제는 1920년대 후반 일시 지역에서 잠복되었다. 1930년을 전후한 시기까지 진주에 이전과 비교되는 대홍수가 없었다는 사실도 원인의 하나다.

행정 중심지의 위상은 상실했지만 지역 주민들은 효율적인 대응으로 차선을 추구하고 실리를 찾았다. 당장 실시하지는 못했으나 일제는 남강치수사업을 면밀하게 조사, 준비해야 했다. 남강 철교를 비롯한 각종 사회기반 시설이 '대상책'이라는 명분하에 1920년대 후반 연이어 설치되었다. 학제 개편을 포함한 교육문제와 공공기관의 설치, 이전 안도 대부분 해결되었다.109) 유력자를 전면에 두고 지역사회가 식민당국과 교섭하며 공공영역을 확보해가는 '식민지 공공성'110)의 면모가 엿보이

---

108) 김경현 편, 「진주지역 근현대사 연표」, 『일제강점기 인명록-진주지역 관공리·유력자』, 민족문제연구소, 2005, 687~693쪽.

109) 공공재를 포함한 기반 시설의 확보, 교육 환경의 개선 등은 인구 증가의 효과를 불러왔다. 도청이 소재했던 1909년(1.1000)부터 1925년(1.7000)까지 16년간의 증가율은 54.5%였다. 이전 후인 1926년(1.8000)에서 1938년(4.5000) 12년 사이에는 150%의 폭발적인 증가율을 보인다(勝田伊助, 앞의 책, 1940, 70~71쪽). 식민지 시기 연평균 증가율 1%에 비교해도(차명수, 「우리나라의 생활수준, 1700-2000」, 『한국경제성장사』, 서울대학교출판부, 2001, 15쪽) 증가폭이 컸다. 이로 인해 앞서 언급한 남강교는 개통 10년도 지나지 않아 확장 혹은 신축하라는 요구가 빗발쳤다(『영남춘추』 1936.8.15, '晉州橋의 狹小').

110) 나미키 마사히토는 '공공 영역'의 성립 과정을 통해 식민지 피통치자 다수가 '정치'

는 것이다.

3. 치수사업의 결말

잠깐의 휴지기를 지나 남강치수사업은 1932년 다시 점화되었다. 유
발한 것은 부산의 일본인 토건업자들이었다. 南港埋築 사장 池田浩通
과 家荒井忠, 根本三助 등 청부업자들이 4월 22일 유지 40여 명을 초청
해 읍회의실에서 '사업설명회'를 개최한 것이다.[111] 이 자리에서 업자
들은 과거의 남강치수공사가 인력과 경비만 낭비한 소모적인 사업이
었음을 지적했다. 이들은 총 예산액 920만 원 중 600만 원으로 주식회
사를 세우고 국고 보조금 4백만 원을 신청해 추진하겠다는 계획을 밝
혔다.[112]

전문 시공자들이 예산과 계획을 구체적으로 제시함에 따라 치수사
업문제가 다시 가열되었다. 이들의 제안으로 기성회가 재조직되고 4명
의 발기인(淸水佐太郎, 北川戊太郎, 李章喜, 鄭泰範)이 선출되었다. 기
성회는 4월 26일 총독부에 사업 허가원을 제출하고 8월에 진주좌에서
속성을 촉구하는 시민대회를 개최했다. 진주읍장과 읍회의원, 유지 등
50여 명으로 기성회 역원도 구성하였다.[113] 이들은 몽리 예상지역을
답사하고 사업방향을 토의하며 실현을 추진했다.[114]

를 체험하게 되었다고 주장한다. 물리적으로 적대자를 부정하고 타도하는 것이 아
니라 교섭과 타협을 개입시켜 우회적으로 자신의 요망을 실현하는 수법을 학습했
다는 것이다(竝木眞人, 「식민지시기 조선에서의 '공공성' 검토」, 『식민지 공공성, 실
체와 은유의 거리』, 책과함께, 2010, 150쪽).

111) 『부산일보』 1932년 4월 26일, 「南江治水施行」.
112) 『동아일보』 1932년 4월 27일, 「晋州南江에 治水工事發起」.
113) 『동아일보』 1932년 8월 26일, 「南江治水問題 晋州市民大會」.
114) 『매일신보』 1932년 9월 13일, 「晋州南江治水 去益具體化」.

9월에는 치수사업에 대한 상세한 시행계획서가 언론을 통해 소개되었다. 계획서에는 저수지, 방수로의 규모와 위치가 제시되어 있다. 수력발전의 효과와 기대이익도 자세하게 설명되었다. 干拓, 開鑿, 開沓으로 혜택을 보는 농지를 2,700 정보로 산정했고, 총 공사비는 약 8백만 원으로 책정했다.[115] 일인 업자들이 작성한 것으로 보이는 이 계획안은 당시까지 민간에 알려진 가장 구체적인 사업개요다. 청부업자들이 제기했다 해도 문제가 전면화된 것은 1930년대 초에 와서 진주의 다른 도시 현안이 거의 해결되었기 때문이었다. 지역 최대의 숙원이자 난제였던 남강치수사업에 전념할 수 있는 여건이 형성된 것이다.

하지만 민간사업으로 실현될 것처럼 보이던 공사는 무산되어 해를 넘기고 진주는 1933년 여름 이른바 '홍수란'을 당하게 된다.[116] 언급한 대로 이 해의 대홍수는 삼남지역을 휩쓸었고 경남은 총 6차례의 수해를 입었다. 이를 계기로 이제 진주뿐 아니라 낙동강 하류 연안의 주민들까지도 남강 방수로의 필요성을 절감하게 되었다.

결국 그해 12월 진주를 중심으로 한 9개 군(의령, 함안, 창녕, 창원, 김해, 밀양, 양산, 동래)이 연대하여 남강치수기성동맹회를 결성하게 된다. 동맹회는 주민대표 1,200명의 서명을 받아 아래의 진정서를 조선총독부에 제출했다.

(前略) 낙동강본류의 지류 남강의 氾濫水는 진주읍 상류 약 이십리 지점으로부터 천혜의 지형을 이용하여 泗川灣에 방수하고 남강치수공사를 병행

---

115) 『동아일보』 1932년 9월 30일, 「南江河川改修計劃의 槪要書」.
116) 일본인 업자들이 포기한 이유는 분명하지 않다. 1932년 이른바 '경성토목단합사건' 등 당시 청부업자들의 비리가 연이어 적발되며 물의를 일으킨 것이 영향을 주지 않았나한다(이금도, 「일제강점기 건설청부업단체의 담합에 관한 연구」, 『건축역사연구』 15, 2006, 29~31쪽).

하여 하류연안에 있는 의령 함안 창녕 각군 일대의 수해를 근절케 함에(中略) 남강치수실시의 시에는 낙동강 본류 홍수수위는 低減緩和될 것이오 본 지합류점 이하의 창원 김해 밀양 양산 동래 각군 주민들은 水魔虎口를 逃하여 생명의 保障을 얻을 것이며(下略)117)

낙동강 연안을 둘러싼 경남 동서부지역의 주민들이 일제히 공사를 청원한 것이다. 진주를 벗어나 범도민 차원의 현안으로 확산된 것으로 남강치수사업의 결정점이 되었다. 따라서 이듬해인 1934년에 오면 추진 활동이 역동적으로 전개된다. 읍장과 도회의원, 유지로 구성된 진정위원들이 수시로 상경해 총독부 관료들과 교섭했다. 그 결과 8월 7일 조선총독 宇垣一成이 내진하여 나동면 삼계리 방수로 예정지를 시찰하고 돌아가는 성과를 거두었다. 9월에는 내무국장 牛島省三을 위시한 총독부 치수조사위원들과 토목기사들이 역시 현장을 방문했다.118)

총독의 시찰과 담당 관료들의 현지 조사로 지역은 기대감에 부풀었다.119) 진정위원들은 결정권을 가진 치수조사위원들과 집요하게 접촉했다. 500-660만 원의 예산으로 연내 승인되어 늦어도 1935년 초에는 착수될 것이라는 전망이 돌았다.120) 하지만 위원회는 결정을 미루었고 1935년 착공도 무산되었다. 정확한 경위는 알 수 없으나 이 무렵 격화된 경남 서남부지역 어민들의 반대운동이 영향을 준 것이 아닌가 한다.121)

117) 『조선일보』 1933년 12월 17일, 「南江治水陳情」.
118) 승전이조, 앞의 책, 1940, 54쪽.
119) 『조선일보』 1934년 9월 4일, 「宿案의 南江治水 實現性이 濃厚」.
120) 『조선일보』 1934년 9월 1일, 「嶺南治水의 根本策 南江切堀案이 有力」.
121) 절강공사가 완료되어 탁류가 사천만으로 방수되면 인근 남해안의 어민들은 심각한 피해를 볼 수밖에 없었다. 시공계획이 알려지자 통영, 남해의 주민들은 즉각 반대운동에 돌입했다. 공사가 착수 된 후에도 저항은 계속되었다(『조선일보』 1937년 11월 5일, 「南江工事에 反對 漁民 三千戶憤惋」; 『동아일보』 1937년 12월 2일, 「南

결국 진주읍내를 '전멸상태'로 만든 1936년의 수해 앞에서 식민권력은 더 이상 이 사업을 지연할 수 없었다. 시가가 침수된 8월 27일부터 치수조사위원회에서 시행이 의결된 10월 30일까지의 상황이 勝田伊助의 기록에 서술되어 있다.[122) 요약하면 아래와 같다.

(1) 8.28 - 山下읍장과 기성동맹회 수해참상과 방수공사 속성을 요구하는 전보를 경남도에 전송.
(2) 8.30 - 도 내무국장 진주를 방문하여 위문과 대책 제시. 치수사업 언급.
(3) 9.3 - 총독부 정무총감 대야녹일 진주 순시, 읍장에게 피해상황 보고 받고 영정, 앵정 등 현장 시찰.
(4) 9.18 - 日王이 시종 牧野를 진주에 파견하고 구휼금 하사.
(5) 9.22 - 낙동강 연안 7개 군(진주, 의령, 함안, 창녕, 밀양, 동래, 창원) 진정위원들이 총독부를 방문하여 남강절개공사 즉각 실시 요구.
(6) 10.23~25 - 치수조사위원 中川 吉과 白澤 保 토목기사 大羽, 松尾 등이 유지들과 나동면 유수리 현장을 답사.
(7) 10.29 - 조선총독부 치수조사위원회 개최. 7개 군 대표가 위원들에게 진정서 제출.
(8) 10.30 - 치수조사위원회 총 예산 7백 50만 원으로 남강치수사업의 시행을 의결하고 진주에 통고.

사업의 핵심인 방수로는 유수리 분수령에서 사천 선진만에 이르는 것으로 결정되었다. 남해안 어민들에 대한 보상 문제도 치수위원회에서 논의되었다.[123)

江絶斷코 放水면 江津海岸은 全滅」). 같은 이유로 경남도청 수산계도 이 사업을 반대했다 한다.
122) 勝田伊助, 앞의 책, 1940, 55~60쪽.
123) 『조선일보』 1936년 11월 1일, 「南江廻流工事 明年度부터 實施」.

낭보가 전해지자 진주 시가는 축제 분위기로 뒤덮이었다. 11월 3일
에는 진주신사에서 주민축하대회가 개최되었다. 결정에 이르기까지
파란이 많았기에 일각에서는 환영과 함께 신중한 반응도 보였다. 지역
언론은 제국의회의 승인 절차가 남아있음을 환기시키고 방심을 경계
했다.[124] 공사의 시행이 일본인에 의해 주도되며 실익도 그들 청부업
자에게 돌아간다는 사실을 냉정히 지적했다. 그러나 이 役事가 지역
경기를 호전시키고 호황을 가져올 것이라는 기대는 숨기지 않았다. 사
업을 계기로 지역민들도 "지식을 교환하고 자금을 융합하며 기술을 연
결하여" 도약의 계기로 삼을 것을 촉구했다.[125]

1937년 3월 총독부는 초량토목출장소의 기사들을 파견하여 마지막
실지조사를 완료했다. 이후 판문리에 임시사무소가 설치되고 설계 작
업과 장비 집하 등 공사 준비가 순조롭게 진행되었다.[126] 그리하여 그
해 10월 유수리 방수로 굴착공사를 시작으로 남강치수사업이 실행에
옮겨졌다. 5년 예정으로 착수된 이 공사는 태평양 전쟁과 광복, 한국전
쟁을 거치며 중단과 재개를 거듭했다. 사업을 완결시킨 것은 5. 16으로
탄생한 제3공화국 정권이었다. 1962년 제1차 경제개발 5개년 계획에 책
정되어 1969년 준공되었다.[127] 일제가 구상했던 堰堤는 남강댐과 진양
호로, 절개공사를 통해 만든 방수로는 가화천이라는 이름으로 지금 흐
르고 있다.

124) 『남선공론』 1937년 12월 1일, 「越年한 晉州의 重大問題의 展望」.
125) 『남선공론』 1936년 12월 1일, 「數十年來懸案인 晉州南江治水問題」.
126) 『조선일보』 1937년 9월 25일, 「待望의 南江治水 豫定대로 工事準備」.
127) 진주시사편찬위원회, 『진주시사』 상, 진주시, 1994, 164쪽.

Ⅳ. 맺음말

방수로 건설을 주안으로 하는 남강치수사업은 조선후기 거론되었으나 당시로는 비현실적인 발상이었다. 20세기 초 근대 토목기술이 도입되면서 일본인 전문 기사들에 의해 사업안이 조사, 제기되었다. 이어 개발이익을 염두에 둔 대한제국 고관들에 의해 운하사업으로 포장되어 1910년 전후 진주지역에 선전되었다. 무산되었으나 매년 겪는 수해의 원인이 남강의 범람이었기에 일제하에서 이 사업은 진주의 숙원이었다.

남강치수사업은 1925년 경남도청의 부산이전을 계기로 식민권력과 지역사회 간의 구도를 형성하고 복합적 국면을 만들어냈다. 이전의 대가로 식민 당국이 제시한 보상안의 최우선이 이 사업이었다. 낙동강 방제가 목적이었던 일제는 의지를 가지고 공사를 계획했으나 막대한 비용으로 실행에 옮기지 못했다. 지역은 사업을 담보로 남강철교를 비롯한 부수적인 현안을 획득하고 나름의 실리를 찾았다. 그 과정에는 진정, 면담, 결의, 대회 등 초보적이지만 공적인 주민의 정치 행위가 작동했다. 이에 따라 1930년대 중반까지 진주의 도시기반과 생활환경, 교육여건 등이 상당 부분 개선되었다. 이전 후 10년간의 폭발적인 인구 증가가 이를 반증한다. 따라서 경남의 '首府'였던 진주가 1925년 경남도청 이전으로 낙후되었다는 기존의 이해는 통념의 수준이 아니었는지 점검할 필요가 있다.

사업을 추진하는 과정에서 지역 내의 균열은 거의 발견되지 않는다. 도청 이전 반대운동에서 나타난 거류 일인과의 마찰이나 갈등은 등장하지 않는 것이다. 도청이 떠난 후에도 남은 일본인들은 영주를 결심한 '주민'이었다. 일부는 유지로 처세하며 공사 유치에 적극적인 역할을 했다.

　남강치수사업은 생존권과 지역발전이라는 명제 하에 주민 공동체가 식민권력과 교섭하며 공적 영역을 확보하는 과정을 거쳐 실현되었다. 개수사업이라는 식민당국의 지배정책에 지역은 숙원사업과 현안을 둘러싼 주민운동으로 대응하며 접점을 찾아갔다. 1937년 착공이 결정되자 진주는 물론 환영의 열기로 뒤덮였다. 동시에 추진 과정을 회고하며 반성과 전망을 제시하는 차분한 반응도 보였다. 그러나 이 사업이 진주 도약의 또 다른 계기가 될 것이라는 기대는 안팎에서 쏟아졌다. 대한제국 시기에 일제가 기획하고 중일전쟁기에 시공된 남강치수사업을 완결시킨 것은 대한민국의 제3공화국 정권이었다.

　재난으로부터의 생존이 목적이었던 남강치수사업은 일제 권력과 상호 작용하며 공동체의 이해관계를 조절해간 식민지 지역사회의 양상을 잘 보여주고 있다.

제3장
식민지 진주기생의 존재양상과 표상

I. 머리말

일제강점기 진주를 소개하는 언론 기사에는 빠지지 않고 기생이 등장한다. '기생 많기로 유명한', '유심히 기생이 많은' 등의 문구가 수식어처럼 진주 앞에 붙어 있다. 정확한 통계가 없는데도 진주는 기생이 많고 유명하다는 이미지가 통념화된 것이다. 진주기생은 평양기생과 함께 당시 기생의 대명사이자 상징이었다. 두 도시 모두 義妓를 배출했다는 공통점이 있는데 그것이 이유가 된 것 같지는 않다.

기생에 대한 연구는 20세기 초와 일제시기를 대상으로 활발히 진행되었다. 기생의 존재방식과 양상, 조합과 권번의 구조와 성격 등이 사회사 혹은 여성사의 관점에서 다채롭게 구명되었다. 음악사나 예술사의 영역에서 기생의 가무기예가 분석된 것은 물론이다. 특정 지역 기생이나 권번을 다룬 성과도 적지 않다. 대중적인 서적은 붐을 이룰 정도로 출간되었다.

많은 양이라 할 수 없지만 진주기생에 대한 연구도 이 같은 흐름 속에서 등장했다. 최근에는 식민지시대를 주 대상으로 진주기생과 권번의 활동을 상세히 소개한 논문도 발표되었다.[1] 이러한 연구는 妓業에 머물지 않고 사회구성원으로의 존재감을 이어간 진주기생의 면모를 보여준다는 점에서 의미를 가진다. 다만 활동상의 발굴과 조명에 집착한 나머지 전체적으로 사실의 나열과 제시에 머물지 않았나 하는 아쉬움이 있다. 예컨대 기생의 3·1운동을 애국활동으로, 자선공연을 사회봉사활동으로만 파악하는 것은 다소 표피적인 해석이다. 논개에 대한 현창을 자긍심의 발로 하나로만 보는 시각도 마찬가지다.

진주기생은 식민지에서 전성기를 누리는 동시에 쏟아지는 공세에 대처해야 했다. 풍기문란과 사회악의 원산이라는 비난과 공격 속에서 자신들의 영역에 머물러 있을 수 없었다. 대한제국기부터 식민지 전 기간 동안 진주기생의 대외활동은 여론과 지역의 압박에 대응하는 응전이었다. 주민공동체로의 귀속과 의기표상이라는 이 응전의 형태를 분석함으로 진주기생의 존재와 내면에 조금 더 접근할 수 있을 것이다.

이러한 문제를 해명하기 위해 다음의 순서로 이 글을 구성했다. 첫째, 대한제국기부터 전성기였던 1930년대 까지 진주기생집단의 변천을 간략히 살펴보았다. 두 번째, 1910년대부터 악화되기 시작한 기생인식의 배경과 내용, 구체적인 공격 실태를 찾아보았다. 마지막으로 그러한 압박에 대처하는 진주기생의 대응 양상과 의미를 밝혀보았다.

이상의 과정을 통해 식민지 시대를 관통해 간 진주기생의 실상에 보다 다가갈 수 있으리라 기대한다.

---

1) 양지선·강인숙,「문헌자료를 통해 본 진주기생의 활동양상」,『대한무용학회논문집』71, 2013 ; 김영희,「진주권번의 활동과 의의」,『한국음악사학보』65, 2020.

II. 식민지 진주기생의 변천

전통적인 의미에서 기생은 조선시대의 '관기'를 뜻한다. 기녀라 불렸으며 女樂을 담당했다. '창기'라는 명칭도 있었는데, 이는 접대부의 성격이 강조된 것이다. 창기도 기생의 부류로 양자가 엄격히 구분된 것은 아니었다. 기예와 접대가 기생의 본업이었다. 그런데 19세기 중반에 오면 기안에 올라있지 않은 천민 여성이 기생의 영역에 '진출'하는 현상이 나타난다. '삼패'라 불린 이들은 일종의 유사기생으로 대중적인 창가를 부르고 매음을 일삼았다. 당시 새롭게 등장한 평민 여흥문화의 일원이었다.2)

19세기 말 20세기 초에 오면 이들과 기녀·창기의 구분이 모호해지며 기생의 명칭에 혼란이 일어난다. 갑오개혁으로 관기 신분이 사실상 해체되면서 유흥업에 종사하는 여성 일반이 기생으로 범주화된 것이다. 따라서 기생·창기는 가무공연자뿐 아니라 매춘부와도 동일시되었다. 관기, 예기, 창기, 삼패 등이 기생집단의 명칭으로 혼재되었다.3) 이 문제는 결국 일제에 의해 법령으로 정비된다.

1908년 경시청은 기생과 창기를 법적으로 구분하는 기생단속령과 창기단속령을 공표했다. 이에 따라 기생은 '한말 관기의 총칭'으로 '酒席에서 술을 따르고 技藝를 업으로 하는 여성'으로 규정되었다. 창기는 '불특정 다수에게 性을 제공하고 대가를 받는 직업'으로 단속되었다. 전통사회에서 기생의 일원이었던 창기가 매춘 여성으로 법제화된 것

---

2) 서지영, 「식민지 시대 기생 연구 - 기생집단의 근대적 재편 양상을 중심으로-」, 『정신문화연구』 2005 여름호.
3) 한말 20세기 초 기생의 범주와 구도에 관해서는 서지영, 위의 글 ; 권도희, 「20세기 기생의 음악사회사적 연구」, 『한국 음악 연구』 29, 2001 ; 권희영, 「호기심어린 타자. 구한말 일제시기의 매춘부 검진」, 『사회와 역사』 65, 2004 참조.

이다.

이에 따라 기생은 매음부와 구분되어 정체와 역할을 보장 받는 동시에 식민권력의 통제 망에 편입되었다. 이 시기부터의 기생을 식민지 기생이라 부를 수 있다. 이후 식민지 기생은 조합과 권번에 소속되어 공연활동 등으로 여악의 전통을 이어갔다. '놀음'이라 불리는 유흥 문화의 주역이었던 것도 물론이다. 1930년대에 일부는 대중가수로 전향해 세간의 인기를 얻기도 했다. 일제 강점기가 그들의 전성기였다.

이에 반하여 지역 일각에서 기생은 봉건잔재이자 청산해야 할 폐단이었다. 개조사상과 문화 계몽운동의 열기가 분출하는 당시에 기생집단은 대표적인 '사회악'이었다. 기생업의 성장에 대한 우려와 비판이 끊임없이 제기되었다. 견제와 제제도 빈번했다. 식민지 조선에서 기생을 둘러싼 조건은 이처럼 이중적이었다. 기생은 예술지상, 주민공동체로의 귀속, 집합활동 등을 통해 악조건을 돌파하고자 했다. 식민지 진주기생의 존재와 변천도 이러한 흐름 속에 파악되어야 할 것이다. 관기가 해방된 갑오개혁기부터 진주기생조합, 진주권번이 활동한 일제강점기까지 진주기생의 존재양상을 간략히 살펴보기로 한다.

조선왕조의 관기는 중앙의 京妓와 지방의 鄕妓로 이루어 졌다. 향기는 지방 관아의 연회에서 가무를 담당했다. 사신을 접대하고 변방 군사를 위로하는 '守廳'도 役이었다. 궁중의 중요 행사가 있을 때는 악공과 함께 선상되었다. 妓役은 갑오개혁으로 혁파되었지만 이후에도 비공식적으로 잔존해 물의를 일으켰다. 진주 경우도 마찬가지였다. 1902년 대한제국 궁내부가 주최한 궁중연회에 지방 기생 30명이 동원되었다. 여기에 진주기생 10여 명이 포함되었다.[4] 나머지는 평양과 신천 출신이었다. 갑오개혁 이후에도 진주 관기의 존재와 분포가 뚜렷했음을 짐작

---

4) 『황성신문』 1905년 4월 26일, 「80명 기생」.

케 한다.

이 시기 진주기생의 존재양상은 "藝壇一百人"과 "朝鮮美人寶鑑"에 나오는 진주 출신 예기들의 행적을 통해 엿볼 수 있다. 이른바 동기로 기안에 입문하는 연령은 대체로 10~13세였다. 대안면 출신의 月中仙은 1905년 10살의 나이로 기안에 입적했다. 15세에 경성으로 올라가 광교 기생조합의 취체역까지 지냈다.[5] 김영희가 본명인 錦香은 12세에 입문해 5년간 기예를 수련하고 검무로 이름을 떨쳤다.[6] 소리기생으로 경성 화류계에서 유명했던 蘭紅은 13살이었던 1907년 진주에서 동기 생활을 시작했다.[7] 이외 조선미인보감에 나오는 이매홍, 정진홍 등도 모두 12세에 진주에서 기생으로 출발했다.[8]

대부분의 사례와 같이 이들이 기적에 입문한 이유는 가정형편이었다. '조실모친 후 부친공양을 위해(월중선)', '원만한 가정이나 가세가 어려워(금홍)', '초년 박명한 신세(향심)' 등 스스로 밝힌 사정에서 드러난다. 당시 평양에서는 딸을 혼인 시키지 않고 기생으로 보내는 풍조가 있어 지탄의 대상이 되었다는데[9] 진주도 마찬가지였을 것이다.

동기들의 교육기관으로 진주에는 기생서재가 있었던 것으로 보인다. 1908년 진주보통학교에 입학한 眞紅은 8개월 뒤 중퇴하고 기생서재에 들어가 가무음곡을 익혔다 한다.[10] 기생서재는 대한제국기 설립된 사설 기생 양성기관이다. 실태와 교육내용은 평양의 경우만 구체적으로 알려져 있다.[11] 7~15세의 동기 수십 명이 2개월 과정으로 예기교육을

---

5) 『매일신보』 1914년 2월 5일, 「예단일백인」.
6) 조선연구회 편, 『조선미인보감』, 1918, 6쪽.
7) 『매일신보』 1914년, 2월 7일, 「예단일백인」.
8) 조선연구회 편, 『조선미인보감』, 1918, 7쪽.
9) 『독립신문』 1897년 2월 16일, 「잡보」.
10) 『매일신보』 1914년 6월 10일, 「예단일백인」.
11) 박찬승, 「식민지시기 다중적 표상으로서의 평양기생」, 『동아시아문화연구』 62,

이수했다. 소단위 학교로 나뉘어 수업료를 받았고 졸업식도 거행했다. 조선의 전통 가무를 가르쳤지만 1910년대는 일본인 교사를 초빙해 일본어와 가곡도 강습했다. 관광객 유치가 목적이었다.[12] 진주 기생서재의 양상을 알려주는 자료는 없으나 평양의 경우와 유사했을 것으로 보인다.

대한제국기 진주기생의 입지는 퇴기들의 동향에서도 발견된다. 진주는 '船遊'라는 이름의 기생을 동원한 남강 뱃놀이가 유행했다. 그런데 1910년 5월 진주 退妓 30여 명이 악공을 대동하고 자체적으로 뱃놀이를 즐겼다는 기록이 있다.[13] 퇴물 관기 출신인 이들의 행락은 당시 진주기생의 여력을 짐작케 하는 사실이다. 老妓로도 불렸던 이들은 이후 진주권번의 운영에 영향력을 행사했다. 야학·강습소를 설립한 경우도 있고 수해 자선공연 등을 개최하며 존재감을 이어갔다.[14] 동기들의 收養母로 진주기생의 재생산에 기여했음은 물론이다.

단속령과 함께 식민지 기생은 조합이라는 새로운 운영 시스템에 의해 재편되었다. 기생조합은 기생을 식민권력의 통제하에 재배치하기 위한 관제적 수단이었다. 하지만 변화된 환경에서 생존하기 위한 기생의 이해타산도 반영된 것이라 한다.[15] 이러한 배경과 함께 진주는 예기와 창기를 엄격히 분리, 관리함으로써 지역의 현실인 기생 집단을 양성화 시키자는 여론이 작용한 것으로 보인다. 사교상 기생의 존재가 필요했던 유지와 갑종기생이 당국과 협의해 자치조합의 결성을 추진

2015.
12) 박찬승. 위의 글, 21쪽.
13) 『경남일보』 1910년 5월 26일, 「退妓船遊」.
14) 『매일신보』 1913년 3월 13일, 「경남통신」 ; 『동아일보』 1934년 8월 17일, 「老妓들이 音樂大會」.
15) 서지영, 앞의 글, 436~439쪽.

했다.16)

이에 따라 1913년 5월, 대표 기생 6명의 청원을 진주경찰서가 인가하고 일부 유지들이 기부하여 진주기생조합이 설립되었다.17) 조합장이나 소속 기생의 실태는 알 수 없다. 업소와의 계약, 화대수입 배분 등을 관리했겠지만 구체적인 내용은 전하지 않는다. 다만 교육기관은 부설했던 것으로 보인다. 기량 저하를 우려해 강습소를 설치하고 명창을 초빙해 음률과 악기를 가르쳤다는 것이다. 과정이 끝나면 졸업식도 거행했다.

조합을 통해 진주기생은 자기쇄신과 이익보호를 동시에 구현했다. 당시 지역에서 기생이 지탄받았던 문제 중 하나가 일부의 사적인 매음 행위였다. 진주기생조합은 회원들로 단속반을 구성해 밤마다 동, 리로 파견하여 이를 적발했다.18) 1925년에는 화대 액수는 인하하고 수수료는 인상하라는 요리업계의 요구를 거부해 분쟁이 발생하기도 했다.19) 진주기생조합은 재정난으로 1915년 잠시 해산되었으나 퇴기들에 의해 재건되어 1927년 진주권번으로 개편된다.20)

각지의 기생조합은 1920년을 전후해 일본식 명칭인 권번으로 이름을 바꾸었다. 성격과 역할은 차이가 없으나 기생의 영업방식을 보다 '일본화'하기 위한 목적이었다. 진주는 타지에 비해 변경이 늦은 편인데 이유는 알 수 없다. 흥미로운 것은 개편이 기생 스스로의 요구라기보다는 규제의 필요성을 느낀 당국과 유지들의 주도로 이루어졌다는 것이다.

당시 진주경찰서장 植村玄厚는 권번 창립의 이유로 풍기문란과 함

---

16) 『매일신보』 1913년 2월 6일, 「진주기생조합계획」.
17) 『매일신보』 1913년 5월 16일, 「진주기생조합설립」.
18) 『매일신보』 1913년 12월 10일, 「妓生이 밀매음 조사」
19) 『동아일보』 1925년 8월 16일, 「妓生不買運動」.
20) 승전이조, 『晋州大觀』, 1940, 161쪽.

께 기생조합에 대한 통제력 상실을 지적했다. '監督'과 '通御'가 어려워진 기생조합을 폐지하고 자산을 처리하여 권번을 설립하자는 의견이 대두하니 이를 긍정적으로 검토하겠다는 것이다.[21] 이는 1920년대 진주기생조합이 외형적으로 성장하고 비대해졌으며 그에 따라 경영상의 난맥이 노출되었음을 의미한다. 초기, 부채에 시달리던 조합은 노기들이 회계를 맡아 재정을 확충하고 견실한 조직으로 재탄생했다. 그러나 경영권을 둘러싸고 이들 퇴기들과 유지 사이의 다툼이 격화된 것으로 보인다.[22] 도청 소재지였던 진주는 관기폐지, 단속령 발포, 조합설치 등의 변천을 통해 1920년대 기생영업이 일대 호황을 이루었다. 이에 규제의 필요를 느낀 당국의 대응과 운영권을 노린 일부 유지의 이해관계가 상응해 권번으로의 개편이 추진된 것이다.

관리 감독의 강화라는 목적에서 개편되었으나 권번의 운영방식은 조합과 거의 동일했다. 공연과 '놀음'이 기생의 주 활동이자 수입원이었다. 권번은 조합과 마찬가지로 행사의 매니지먼트 역할을 수행했다. 기예교육도 체계화되었다. 學藝妓라 불리는 입문자들은 월사금을 내고 가무악기는 물론 예의범절과 같은 교양교육, 어학까지 익혔다. 분야별 남녀전문가들이 교사로 초빙되었다.[23]

초기 진주권번의 대표자인 권번장을 맡은 인물은 서진욱이다. 대농지주 출신으로 대한제국기 경남관찰부 주사를 지냈다. 이후 다양한 공직과 사회활동으로 알려진 진주의 명망가였다. 서진욱에 이어 오랜 기간 대표를 지낸 인사는 김창윤이다. 진주에서 그의 이력은 확실하지 않다. 권번장을 맡은 후 여러 가지 행적이 나타난다.[24] 1938년 사망할

21) 『중외일보』 1927년 1월 15일, 「晉州藝妓組合 晉州券番으로」.
22) 승전이조, 앞의 책, 161쪽.
23) 이경복, 「晉州妓와 論介의 후예들-晉州,券番을 중심으로-」, 『전통문화연구』 2, 1984
 ; 김영희, 「진주권번의 활동과 의의」, 『한국음악사학보』 65, 2020, 364~368쪽.

때까지 진주권번에 영향력을 행사했으며 독단적인 경영으로 물의를 일으켰다. 경영을 둘러싸고 끊임없이 갈등을 야기해 기생의 동맹파업을 불러왔다. 이러한 문제로 인해 결국 주식회사로의 전환이 시도된 것으로 보인다.

권번의 주식회사 개편은 1930년을 전후해 각지에서 활발히 이루어졌다. 경찰 당국의 주선으로 지역 인사들이 자금을 모아 추진했다. 권번의 경영난 개선이 명분이었다. 이로 인해 식민지 기생은 보다 자본주의 통제하에 놓이게 되었다.[25] 진주권번의 변경이 구체적으로 논의된 것은 1934년 초였다. 이장희, 정태범을 비롯해 유지 7명이 경찰서장 野口와 면담하고 주식회사 설립을 논의했다. 권번의 취지가 변질되었다는 것이 이유인데 원인을 사유화. 즉 1인 경영에 두었다. 서장의 긍정적인 반응과 함께 당일 규약 제정과 준비위원회 선정이 결정되었다.[26]

하지만 전환 작업은 지지부진했고 '그사이 이익금은 농단되었으며 야심가들의 암약으로 진주경찰서도 손을 들 정도'였다는 증언[27]으로 보아 경영권을 둘러싸고 암투가 있었던 것으로 보인다. 지역에서는 계속 전환 여론이 비등했으나[28] 진척을 보지 못했다. 권번의 실세였던 김창윤의 존재가 걸림돌이 되지 않았나 한다. 결국 1938년 그가 급사하자 진전을 이루어 8명의 대주주(최치환, 전두옥, 박규식, 김용익, 정태범, 허억, 강주수)가 출자하는 조건으로 경영 허가가 주어졌다. 그리고 1년의 준비 끝에 1939년 11월 2일 창립총회를 가짐으로 주식회사 진주

24) 『중외일보』 1927년 11월 4일, 「晋州慈善會 後援會組織」 ; 1930년 9월 9일, 「晋州勞動組合會館問題懇談會」.
25) 황미연, 『권번과 기생으로 본 식민지 근대성』, 민속원, 2013, 77쪽.
26) 『매일신보』 1934년 2월 2일, 「晋州券番을 株式制로 變更」.
27) 승전이조, 앞의 책, 161쪽.
28) 『매일신보』 1936년 2월 7일, 「晋州券番을 株式會社로 組織코저 活動」.

예기권번이 출범했다. 출자금은 5만 원이며 초대 회장은 최치환이 맡았다.[29)]

　재정이 안정되자 진주권번은 기생 양성과 교육에 더 집중했던 것으로 보인다. 1939년 말 권번 학부에는 학예기 100여 명과 견습생 50~60명이 재학하여 교육을 받았다. 수업은 오전, 오후 두 차례 걸쳐 진행되었다. 가무, 음곡에서부터 예법, 수신, 산수, 시조, 서화 등 기예, 교양, 학술과정이 망라되었다. 3년의 의무 연한제가 정해졌고 시험 합격자에 한해 기생 자격이 부여되었다.[30)] 주식회사의 전환으로 진주권번은 보다 안정적인 환경에서 기생을 배출할 수 있었다. 이로 인해 진주는 식민지 말기까지 기생영업이 호황을 누릴 수 있었다.

　관기제도가 폐지된 대한제국기부터 주식회사 진주권번이 활동한 1940년대까지 진주의 기생업은 끊임없이 성장했다. 조합으로 몸집을 불린 기생집단에 경찰당국이 노골적인 규제를 가할 정도였다. 이권을 둘러싼 유지 부호들의 관심과 엄호로 기생의 인기와 주가는 상승했다. 그와 함께 기생에 대한 부정적인 인식과 여론도 확산되어 갔다. 지역 내에서는 물론 외부에서도 기생도시 진주에 대한 비난과 공격이 쏟아졌다. 진주기생들은 주민공동체로의 편입과 의기표상을 통해 이러한 공세에 대처해 갔다.

29) 『동아일보』 1939년 11월 7일, 「晋州藝妓券番 五萬圓 會社創立」.
30) 승전이조, 앞의 책, 162쪽.

Ⅲ. 주민공동체로의 진주기생

1. 식민지 진주기생에 대한 인식과 압박

기생업의 성장과 별도로 진주기생에 대한 인식은 악화되어 갔다. 지역에서의 우려도 컸지만 외부의 비판도 강했다. 이는 천도교의 기관지 "개벽"의 기사와 논조에서 잘 나타난다. 신문화 운동의 전단이었던 개벽은 식민지 조선의 기생문제를 끊임없이 제기했다. 기생의 전통성을 부정한 것은 아니고 현재의 타락상과 폐해를 지적한 것이다. '과거의 기생은 귀족적이고 예의염치를 아나 지금 기생은 평민적이며 금전만 안다'. '전일의 妓生宰相은 이제 妓生苦生이 되었다' 등의 표현이 그것이다.[31] 개벽의 대표적인 공격 대상이 진주였다.

1923년 2월 조사원 자격으로 진주를 방문한 차상찬은 5일간의 여정을 기고했는데, 역시 기생문제가 언급되어 있다. 그는 '三步逢一妓'라는 진주 속어를 소개하고 '골목마다 紅粧羅裙이 眼을 현란케 한다'며 기생이 흔함을 알렸다. 그런데 차상찬은 진주에 기생이 많은 원인을 경남 관찰사를 지낸 황족 이재현의 폐정에서 찾고 있다. 그가 재임 중 진주 남강과 사찰에서 각종 행락을 일삼았고, 여기에 필요한 기생을 충원하느라 수가 급격히 늘어났다는 것이다. 부임 1년 만에 20여 명이던 관기가 700여 명으로 증가했으니 진주가 기생고을이 된 것은 농민의 고혈을 짠 그의 '遺德'이라며 강하게 비판했다.[32]

물론 진주에 기생이 늘어난 책임을 이재현 개인에게만 돌릴 수는 없을 것이다. 하지만 그의 폐정으로 상징되는 봉건권력의 착취, 유흥문화

---

31) 『개벽』 48, 1924년 6월 1일, 「京城의 화류계」.
32) 『개벽』 34, 1923년 4월 1일, 「우리의 족적-경성에서 함양까지-」.

가 기생의 확산을 불러왔다는 의식이 자리 잡고 있는 것이다. 진주기생에 대한 부정적 인식의 근저라 할 수 있다. 심지어 개벽은 진주의 기생 요리집을 두고 '인육장사 원산지'라는 극한 표현을 쓰기도 했다. 여기에 출입하는 진주청년들은 '총독부 말뚝'이라며 비난했다.[33]

개벽이 진주기생의 사회적 폐해로 가장 우려했던 것이 청년 학생 문제였다. 식민지 조선의 자산인 이들이 화류계의 향락과 퇴폐에 빠져드는 풍조를 경계하고 지적했다. 20세 전후의 진주청년들이 주야로 골목의 기생집을 '訪問 專攻'하며 부모의 피땀을 짜니 '한심'하고 '可憐'하다며 개탄했다. 심지어 학교 시험에서 일본어 '진취의 기상'을 상당수 학생들이 '진주의 기생'으로 오역했다며 이 또한 기생이 많은 탓이라 비꼬았다.[34] 가르치는 교사의 기생집 출입도 본인과 사회에 대한 죄악이라 꾸짖었다.[35]

기생으로 인한 풍기문제는 지역 내에서도 제기되었다. 1925년 진주에 남녀 중등교육기관이 설립되자 보다 심각하게 대두되었다. 이 해 5월 조선일보는 진주의 '불량학생'들이 교모를 쓰고 요리집을 출입하며 기생과 유흥을 즐기는 풍조가 있다고 우려했다. 여성고등교육기관이 개설된 지역에서 좌시할 수 없는 현상이라며 단속을 예고한 진주경찰서 간부의 아래 발언을 소개했다.

> " 근일에 자꾸 기생수가 늘어나고 따라서 산이나 배놀음(船遊)하는 곳에 반드시 기생을 데리고 춤추고 노래하며 시가르 행행하는 것은 엄중히 취체할 예정이오. 더구나 진주는 여자고등교육기관이 설립됨에 따라 불량배를 그냥 볼 수 없소이다."[36]

33) 『개벽』 41, 1923년 11월 1일, 「鐵原雜信」.
34) 『개벽』 35, 1923년 5월 1일, 「육호통신」.
35) 『개벽』 40, 1923년 10월 1일, 「晋州小言」.

청년 학생들이 기생유흥에 빠져 '불량화'되니 그것은 여자고등학교가 설립된 진주사회의 풍기에 큰 위험을 줄 수 있다는 경고와 함께 단속 의지를 밝힌 것이다. 1930년대에도 진주는 이른바 '假字學生'이라 불리는 탈선 청소년 문제가 대두되었다. 원인의 상당부분을 역시 기생영업에 두고 있다.[37]

사회악으로 기생의 존재를 경멸하고 타락상을 지적한 것은 기독교였다. 한 교회 기록에는 호주 장로교 선교사 커렐(H. Currel. 한국명 거열휴) 가족이 파송된 1906년의 '진주형편'이 아래와 같이 기술되어 있다.

> "연락(宴樂)에 취한 탕자들은 주사청루(酒肆靑樓)에 방황 골몰하여 가산을 탕진하니 창기(娼妓)가 많음은 파리의 수효에 비교하며 부교사치(富驕奢侈)함은 제이의 음란한 고린도성이라 할 수 있고 사신우상 숭배하는 습성은 아덴성에 지지 아니하더라"[38]

기생을 파리에, 주민을 탕자에, 지역은 성경에 나오는 음란 도시 코린토에 비유하고 있다. 이같이 인심이 '敗壞'하고 행실이 '强暴'하며 음란이 '可憎'한 때에 선교사에 의해 구원의 은혜를 입었다는 것이다. 이것이 커렐이 도착한 1906년의 정황인지 아니면 기록이 작성된 1930년의 진주 묘사인지 명확하지 않다. 기생영업은 1930년이 더 성행했기 때문이다. 또 진주 개신교의 인식인지, 선교사의 개인적인 감상인지도 불분명하다. 어쨌든 기생이 많은 도시 진주를 바라보는 기독교의 시각이 적나라하게 나타나 있다. 미개한 조선 땅에 복음과 문명을 전파한다는 서양 선교사의 시혜의식도 엿볼 수 있다.

36) 『조선일보』 1925년 5월 16일, 「晋州의 風紀取締」.
37) 『조선일보』 1932년 2월 17일, 「假字學生跋扈로 風紀가 極度紊亂」.
38) 『진쥬면옥봉리예수교장로회연혁사』, 1930.

부정적인 인식에 따라 기생에 대한 각종 규제와 압박이 가해졌다. 진주지역 사회운동을 선도한 청년단체와 교육계에서 두드러졌다. 1925년 12월 결성된 진주여자청년회는 지역 여성운동의 선봉 역할을 자임한 단체였다. 여성을 대상으로 강습회와 야학을 실시하는 등 봉건적 인습에 맞서 여성교육과 차별타파에 주력했다.[39] 이런 단체가 기생에게는 회원자격을 부여하지 않고 모집대상에서도 제외한 사실이 있다. 정기총회에서는 참가 자체를 제한했다.[40] 민족유일당의 일환으로 조직된 근우회 진주지회도 기생의 참여를 불허했다.[41] 여성해방, 여권신장의 영역에조차 기생은 진입 자체가 금지되고 배제된 것이다.

언급한 대로 고등 여자교육기관이 설립된 1925년 이후 진주 교육계에서 기생에 대한 감시와 경계는 더욱 강화되었다. 1925년 4월 진주의 보통학교가 '妓家女兒', 즉 기생집안 딸의 입학을 거부해 문제가 발생했다.[42] 기생에 대한 일종의 연좌제가 적용된 것이다. 기생 수입인 화대를 교육예산과 비교해 공박한 경우도 있다. 1930년 9월 동아일보는 1년간 진주에서 소비된 酒草費와 '놀음채'가 99만 원으로, 이는 보통학교 40개의 운영비에 해당한다며 개탄했다.[43]

급기야 1930년에 오면 진주의 지도층 사이에서 인위적으로 기생을 축소하는 방안이 논의되기에 이른다. 같은 해 11월 6일 진주 경성좌에서 열린 사회단체장 간담회에서 풍기문란과 기생 규제가 심각하게 토의되었다. 기생의 수를 줄이는 방안이 핵심이었다. 구체적으로 기생세

39) 김희주, 「1920년대 진주지역의 청년운동과 진주청년동맹」, 『한국민족운동사학회』 72, 2012, 98쪽.
40) 『동아일보』 1927년 1월 27일, 「진주녀청집행위원회」.
41) 김형목, 「진주지역 3·1운동과 사회적 약자」, 『진주 3·1운동과 근대 사회 발전』, 북코리아, 2020, 249쪽.
42) 『조선일보』 1925년 4월 11일, 「妓家女兒는 입학거절」.
43) 『동아일보』 1930년 9월 14일, 「酒草와 妓生代 九十九萬圓 보통학교 사십개의 경비」.

인상, 당국의 허가제한, 연회 불참 권유 등이 제시되었다. 심지어 연령 제한, 거주 제한 등의 극한 처방을 통해 강제 제거해야한다는 주장도 등장했다. 참석 인사는 신간회지회장(박태홍), 농민조합장(조우제), 일신여고 교장(백남훈), 변호사(이풍구). 도평의원(이장희) 등이었다.[44] 이른바 진주의 사회 지도층에게까지 기생문제가 심각하게 인식되었음을 알 수 있다.

부정적인 정서는 가정생활에도 영향을 끼쳐 기생의 수난을 불러왔다. 내성동의 처녀 서복덕은 家勢와 壽命을 위해 기생의 길을 걷기로 결심하고 권번에 들어갔다. 그러나 동생의 장래를 염려한 오빠의 반대에 부딪쳐 좌절하자 17세의 나이에 남강에 투신해 목숨을 끊었다.[45] 동성동 기생 양옥경은 비봉동 부호 조씨의 첩으로 갔으나 기생첩을 수치로 생각하는 일가의 핍박을 견디지 못하고 하동 쌍계사로 출가했다 한다.[46]

기생에 대한 비난과 규제는 일제 강점기 지역 내·외에서 끊임없이 제기되었다. 우려와 비판 여론도 확산되었다. 외형적인 성장과 별도로 이는 식민지 진주기생을 압박하는 조건이었다.

2. 주민공동체로의 참여

사회적인 비난과 압박에 식민지 진주기생은 어떤 형태로든 대처하지 않을 수 없었다. 기예와 놀음이라는 본령에 머물러 있기에 여론과 지역 정서는 계속 악화되어 갔다. 정체를 인정받고 존속하기 위해서는 주민사회에 편입되는 길밖에 없었다. 주민 공동체로의 귀속이야말로

44) 『동아일보』 1930년 11월 14일, 「주요도시순례좌담회, 진주편」.
45) 『조선일보』 1931년 8월 7일, 「妓生노릇 말린다고 悲觀끝에 自殺」.
46) 『조선일보』 1926년 1월 17일, 「斷髮하고 僧이된 晋州妓生」.

진주기생의 생존 방도였다. 대한제국기부터 일제강점기까지 진주기생의 대외활동은 민족의식이나 사회운동이라는 거대 명제보다 주민사회에 편성되기 위한 자구적인 참여 행동으로 파악하는 것이 옳을 듯하다.

공동체로서 진주기생의 참여 활동은 국채보상운동에서 시초를 찾을수 있다. 진주국채보상운동은 1907년 3월, 국채보상 경남찬성회의 취지서가 발표되면서 가동되었다. 이어 경남애국회 진주군 본회가 결성되어 모금활동이 시작되었다. 연설회를 통해 보상의 목적과 방법이 계도되었다. 진주기생이 참여한 경위도 이 연설회였다.[47]

기생 芙蓉은 3월 6일 儀鳳樓에서 들은 국채보상연설에 감명 받아 진주애국부인회(이하 부인회)를 결성했다. 여기에 국향, 비봉, 금련, 옥연등 상당수의 진주기생이 가담했다. 이들 중 금련은 부인회가 개최한연설회에 연사로 등단하기도 했다. 부인회는 기생뿐 아니라 일반 부녀도 가입해 회원이 100여 명으로 늘어났다. 5월에는 총 489원을 모금해황성신문에 기탁했다.[48]

기생이 주도한 이 단체에 대한 방해와 압력도 있었다. 유지 강주식은 보상운동의 주도권을 둘러싸고 부인회를 공격하고 위협을 가했다. 모집금의 이월을 요구하는가 하면 경찰을 대동하고 난입해 협박을 일삼았다.[49] 그의 행패는 한성의 국채보상부인회에까지 알려져 여론의역풍을 맞았다. 강주식의 패행은 부인회의 주역이 기생이었다는 점도작용했을 것이다.

시련도 있었지만 국채보상운동에서 이정도 역할을 했다는 것은 대한제국기 진주 기생의 입지가 유연했음을 보여준다. 주민공동체로서

---

47) 김희주, 「대한협회 진주지회의 결성과 활동」, 『역사와 교육』 21, 2015, 507쪽.
48) 『황성신문』 1907년 5월 22일, 「진주군부인회」.
49) 『대한매일신보』 1907년 3월 23일, 「芙蓉吐香」.

최초의 참여 경험이기도 하다. 이후 식민지 진주기생의 사회적 처신과 집합행동에 상당한 영향을 주었을 것이다.

당시 주민의 관심사이자 부인층의 움직임이 돋보이는 근대 교육운동에도 기생은 참여했다. 신교육에 대한 열기는 대한제국기부터 진주지역에 고조되어 있었다. 사립학교 설립은 개항지에 비해 부진했으나 야학·강습소가 활발히 개설되어 교육열을 수렴했다. 1906년 문을 연 옥봉면 개경야학은 여학생 20여 명이 출석했다. 여성차별의 인습이 잔존한 당시 세태에서 대단한 변화가 아닐 수 없다.[50] 부응하여 진주기생도 동참하는 모습을 보인다. 같은 해 기생들은 대안면 2동에 야학을 설치하고 교사를 초빙해 여성교육을 실시했다. 기생집으로 오인한 일본군 수비대 중위가 수업 중 난입한 소동도 있었다.[51] 기생이 설립한 이 야학에 양가의 부녀들도 참석해 교육받았다 한다.[52] 국채보상운동과 마찬가지로 이 시기까지 기생에 대한 지역의 입장은 너그러운 편이었다.

진주기생의 야학 운영은 1910년대에도 이어졌다. 기생 김한경은 여성 사회활동의 일환으로 여자야학을 세웠다. 그는 지역 사립학교 교사들의 지원을 받아 수신·일본어·한문 등을 교수했다. 김취련, 김비봉, 장목란, 홍봉란 등 8인은 수년 전 기생을 그만두고 결혼한 부인들이었다. 이들은 생존경쟁 시대에 실력을 양성하고자 중앙동 상무조합 내에 야학·강습소를 설립했다. 일어·한문·산술은 광림학교 교사를 초빙하고 양잠업은 김취련이 직접 가르쳤다. 기생출신인 이들의 야학에 진주부녀들도 참여했고 이는 1920년대 여자야학으로 계승되어 발전한

50) 김형목, 『대한제국기 야학운동』, 경인문화사, 2005, 169쪽.
51) 『경남일보』 1909년 11월 18일, 「謝過勸學」.
52) 『경남일보』 1909년 11월 19일, 「女學漸進」.

다.53) 주민교육운동이라 할 수 있는 야학·강습소 운영에 진주기생들은 이처럼 적극적인 모습을 보인다. 주민공동체로 인정받기 위한 노력의 일환이었다.

이러한 노력이 응집되어 조직적으로 폭발한 것이 진주 3·1운동에서 기생들의 만세 시위였다. 진주 3·1독립운동은 공세적이고 조직적이며 자발적인 양상으로 전개되었다. 개시 다음날인 3월 19일 시위대의 공격 목표는 당시 경남도경의 역할을 했던 진주경찰서였다. 8,000여 명의 군중은 경찰의 진압에 투석으로 대항했다. 당일 주도자 대부분이 검거되었음에도 계층과 직업별로 자발적인 시위대가 조직되어 4월 중순까지 항쟁을 이어갔다.54)

이 시위대의 일단으로 진주기생이 참여했다. 3월 19일 읍내 상점이 철시하자 진주기생조합 회원 50여 명이 시위 행렬에 가담한다. 곧 이들은 따로 집단을 이루어 태극기를 들고 촉석루로 행진했다.55) 현장에서 한금화를 비롯해 기생 6명이 체포되었으나 시위는 밤까지 계속되었다.56) 이날의 활약으로 이른바 진주의 '기생독립단'이라는 명칭이 만들어지게 된다. 3·1운동이라는 최대의 민족해방운동에 진주기생은 조선민중의 일원이자 진주주민의 일단으로 참여한 것이다. 1920년 박은식은 학생·교인·노동자·농민과 함께 진주 '기녀독립단'의 의거를 높이 평가하고 소개했다.57)

3·1운동을 거친 기생은 1920년대 진주지역의 주요 현안이나 주민운

53) 김형목, 「3·1운동 이전 진주지역의 야학운동」, 『숭실사학』 22, 2009, 52쪽.
54) 김희주, 「진주 3·1운동과 지역사회운동」, 『진주 3·1운동과 근대 사회 발전』, 북코리아, 2020, 173쪽.
55) 『매일신보』 1919년 3월 25일, 「晋州, 기생이 앞서서 형세 자못 불온」.
56) 독립운동사편찬위원회 편, 『독립운동사』 3, 1972, 291~292쪽.
57) 박은식, 「韓國獨立運動之血史」, 『朴殷植全書』 上, 단국대동양학연구소, 1975, 555~557쪽.

동에도 빠짐없이 등장한다. 문화운동의 조류와 사회주의의 수용으로 1920년대 진주는 각종 사회운동이 분출했다. 동시에 지역 현안이나 숙원사업을 둘러싸고 유지와 주민의 집합행동이 활발히 나타난다. 3·1운동 직후 진주의 현안은 중등교육기관인 일신학교 설립 문제였다. 유지청년들의 발의로 시작된 건립운동은 곧 범주민 차원의 교육운동으로 확산되었다.[58] 사업의 일차적 과제는 자금 확보였다. 김한경을 비롯한 기생 4명은 진주기생조합을 대상으로 의연금을 모집했다.[59]

일신고보 설립은 지역민뿐 아니라 출향 인사 전체의 관심사였다. 1923년 3월 준비위원 양지환, 허만정이 총독부와의 교섭을 위해 상경했다. 이들을 격려하고자 재경 경상도 인사들이 환영회를 열었다. 여기에 진주출신 기생 10여 명이 참석해 축사까지 하게 된다.[60] 이처럼 성의와 관심을 보였으나 일신여고가 개교한 후 진주기생의 입지가 더 좁아졌다는 사실은 언급한 바와 같다.

1920년대 진주사회의 최대 현안이었던 경남도청이전 반대운동에도 기생은 등장한다. 반대운동은 이전이 발표된 12월 8일부터 연말까지 진주는 물론 서부경남 일대에서 격렬한 형태로 전개되었다.[61] 12월 11일은 군중 2천여 명이 진주공원에 운집해 도청을 포위하고 규탄대회를 펼쳤다, 화전 지사로부터 총독부와 협의하겠다는 약속을 받고 해산했으나 일부 군중은 결사대를 조직하고 남강 주교를 파괴하는 등 저항을 이어갔다. 가장 많은 주민이 가담한 이날 시위에 기생들도 합류해 끝까지 행동을 같이 했다.[62]

58) 김중섭, 「일제식민통치와 주민교육운동」, 『한국사회시학회논문집』 47, 1995.
59) 『동아일보』 1923년 1월 11일, 「晋州妓生四名美擧」.
60) 『조선일보』 1923년 3월 7일, 「晋州一新高普는 實現?」.
61) 손정목, 「경남도청 이전의 과정과 결과」, 『일제강점기 도시화과정 연구』, 일지사, 1996.

노동운동의 발전과 직업별 노조의 결성에 따라 1920년대 진주지역에
도 동맹파업이 일어났다. 공장 노동자층이 형성되지 않은 환경에서 운
수·정미 근로자들이 선봉에 섰다. 임금과 처우를 둘러싸고 폭발한 쟁
의에 기생들도 가담했다.

1929년 7월 4일 진주권번 소속예기 60여 명이 처우와 경영에 관한 요
구조건을 제시하고 파업에 돌입했다. 이해 1월 진주 牛車夫 70여 명이
임금 삭감에 대항해 맹파를 단행하는 등 노동운동의 열기가 고조되어
있었다. 권번 운영자와 소속 예기는 일종의 노사관계로 갈등구조가 형
성되어 있었다.

기생의 개선요구는 5가지인데, 비 오는 날의 출근 여부, 월사금 인하
같은 처우 문제와 권번 수입 공개 등 운영에 관한 사항이 포함되어 있
었다.[63] 권번장 김창윤이 재정에 관한 요구는 수용 불가하다는 입장을
밝히자 예기 60여 명은 출석을 거부하고 단체행동에 들어갔다.[64] 당황
한 권번이 요구조건을 모두 받아들이기로 하여 파업은 이틀 만에 종료
되었다. 그러나 비참여 기생의 징계 문제로 갈등이 재현되었다. 이 과
정에서 진주 경찰서가 주모자를 구금하자 예기 50여 명이 경찰서에 난
입하는 등 소요가 이어졌다.[65]

기생의 파업은 1923년을 기점으로 고조된 진주지역 노동운동의 열기
에 고무 받아 이루어진 것이다. 인력거부·우거부·와공과 마찬가지로
기생도 직종별로 단결하여 교섭과 단체행동을 감행했다. 노동운동으로
인정받았는지는 알 수 없으나 지역에서 화제가 되었던 것은 사실이다.

진주기생이 재능을 활용해 주민사회와 친화감을 형성할 수 있는 유

62) 『시대일보』 1924년 12월 13일, 「和田도지사의 무성의를 규탄」.
63) 『중외일보』 1929년 7월 6일, 「晋州券番妓生一同 動搖」.
64) 『중외일보』 1929년 7월 7일, 「晋州妓生 盟罷斷行」.
65) 『동아일보』 1929년 7월 10일, 「藝妓五十名 晋州署에 殺到」.

용한 수단이 자선공연이었다. 거의 매년 진주를 강타한 수재 때마다 기생은 '동정연주회'라는 이름으로 구제활동을 펼쳤다. 종류는 가무·연극·명창대회 등 다양했다. 타지에 재해가 발생했을 시에도 개최되었다.[66]

진주기생의 자선공연에 지역의 관·민 모두 우호적인 태도를 보였다. 일제 당국은 조선인 사회단체의 수제구제활동을 불온시 했다. 구제활동을 통해 반일의식이 확산되고 자금이 전용될 가능성을 우려한 것이다. 1925년에는 청년단체로 구성된 진주수해구제회의 활동을 금지시켰다. 하지만 기생의 자선공연에는 어떤 규제도 가하지 않았다. 이는 민간도 마찬가지였다. 1933년의 대홍수에는 진주기자단, 재향군인회, 진주부인위친계 등의 주민단체들이 권번과 손잡고 구호활동을 펼쳤다. 자선공연은 기생에 대한 주민인식을 완화시킬 수 있는 좋은 통로였다.

주민공동체를 향한 기생의 의지는 단발 시도와 같은 사소한 일상에서도 발견된다. 1920년대 성행했던 단발 풍조는 진주 기생계에도 파급되었다. 1926년 평안동 거주 기생 이명월이 사생활로 인해 단발하자 유행이 되어 단발 기생이 급증했다 한다.[67] 시류에 편승하는 진주 기생의 일면이 드러난다.

IV. 의기표상의 진주기생

사회적 압박에 대처하는 식민지 진주기생의 또 다른 방어기제는 의

---

66) 『조선일보』 1929년 6월 11일, 「慶北饑饉救濟로 晋州에 演奏會」.
67) 『조선일보』 1926년 2월 4일, 「晋州花柳界에 斷髮妓生流行」.

기표상이었다. 논개의 존재는 진주기생이 의기 이미지를 선점할 수 있는 조건이었다. 당시 언론이 기생의 처신을 비판할 때 반면교사로 등장하는 것이 논개였다. 개벽은 작금의 기생사회에서는 논개와 계월향 같은 여장부를 다시 볼 수 없다며 한탄했다.[68] 진주기생은 이 논개의 후예로 의기표상을 형성하고 각인시키고자 했다. 이를 위해 논개의 존재를 끊임없이 상기시키고 정형화하는 작업이 추진되었다. 대중의 논개 인식은 식민지 진주기생의 위상과 직결되는 문제였다.

한 인물을 추모하고 기리는 후대의 기본적인 임무는 선영 보존에서부터 시작된다. 묘소와 후손을 남기지 못한 논개를 위해 영조대에 의기사가 건립되었다. 후예를 자임한 식민지 진주기생은 이 의기사를 유택으로 간주하고 보존과 관리에 정성을 기울였다. 논개사당으로 불린 의기사는 퇴락과 중수를 거듭하며 대한제국기까지 유지되었다. 그러나 20세기 초에 오면 참배자가 전무하고 기일까지 망각될 정도로 쇠락하게 된다.

이 사당을 중수, 재건하여 논개를 추증하는 사업이 1920년 진주기생을 중심으로 시작되었다.[69] 앞서 기생들은 방치되었던 의암사적비부터 수리했다. 일명 논개비각으로 불리는 이 비는 논개가 왜장과 투신한 남강 바위 의암의 사적을 기록한 비석이다.[70] 순국사실을 인정받고 의기로 공인된 경종 2년 1722년에 만들어졌다. 이후 사당과 함께 방치되어 1920년에 오면 붕괴를 우려해야할 정도의 상태가 된다. 이에 기생 박점도, 문수향, 이명월이 6월 1일 직접 비각을 수리하고 주변을 정화하는 모범을 보였다.[71]

---

68)『개벽』48, 1924년 6월 1일,「京城의 화류계」.
69)『매일신보』1920년 12월 13일,「地方通信, 義妓祠堂重修」.
70) 진주문화원,『진주의 역사와 문화』, 2001, 82쪽.
71)『조선일보』1920년 6월 4일,「論介碑閣修理」.

곧이어 진주기생조합은 유지들과 중수발기회를 조직하고 의기사 정비에 착수했다. 비각을 수리했던 이명월 등이 이때도 모금을 주도했다.[72] 작업은 연말까지 진행된 것으로 보이나 정확한 경과는 알 수 없다. 복원되어 의암별제가 부활될 때까지 별다른 문제 없이 보존된 것으로 생각된다. 기생조합이 지속적으로 관리했을 것이다. 의기사는 1934년 대대적으로 재정비되는데 역시 권번 소속 기생들이 역할을 다했다. 의암별제라는 이름의 논개 제사가 일종의 축제로 관심 받자 의기사도 재단장이 요구되었다. 중수되고 상당 시간이 흘렀기에 개수의 필요도 있었을 것이다.

비용을 마련하기 위해 진주기생은 1934년 기구를 결성하고 두 차례 대규모 공연을 개최했다. 퇴기 최완자, 박근영은 권번회원들과 의기사당건축회를 조직하고 2월 28일 진주좌에서 연극을 공연했다.[73] 3월 1일에는 진주권번과 동아일보지국의 후원으로 '의기사당조선가무대회'라는 음악회가 개최되었다.[74] 개인 성금에 의존했던 1920년의 중수와 달리 행사를 통한 대대적인 모집이 이루어진 것이다. 꾸준한 연주활동으로 진주기생의 기예가 향상되고 대중적인 인기를 얻었기 때문이다.

의기사는 이렇게 마련된 공사비 500원으로 수리에 들어가 1934년 7월 촉석루에서 낙성식을 거행하게 된다. 위패봉안이 끝난 후 열린 축하연에서 퇴기와 권번기생들이 검무를 추고 의암곡을 부르며 오후 6시까지 공연을 펼쳤다.[75]

진주기생의 논개에 대한 현창은 의암별제 부활에서 절정을 이룬다.

72) 『동아일보』 1927년 2월 22일, 「錦繡江山의 晋州」.
73) 『조선중앙일보』 1934년 2월 27일, 「義妓祠堂建築코저 妓生舊劇興行」.
74) 『동아일보』 1934년 2월 27일, 「義妓祠堂修理朝鮮歌舞大會」.
75) 『동아일보』 1934년 7월 12일, 「義妓祠修理落成」.

논개의 제례인 의암별제는 1868년 진주목사 정현석이 처음 거행한 것으로 알려져 있다.[76] 후손이 없는 기생의 제사기에 의암별제라는 명칭이 만들어졌을 것이다. 매년 6월 기일을 택해 제를 올렸다는데 뒤에 29일로 지정되었다. 대한제국기까지 명맥을 이어오다 한일병합 후 폐지되었다. 그러나 진주에서는 특히 기생집단에서는 논개의 기일이 기억되고 추념된 것으로 보인다. 1925년 7월 2일, 16세의 학예기가 신상을 비관해 남강에 투신했는데 지역에서는 이를 두고 祭日에 맞춰 기생이 논개의 뒤를 따른 것으로 해석했다.[77]

의기사를 중수한 직후부터 기생조합은 제사 부활을 논의했던 것으로 보인다. 의암별제 사실은 노기들을 통해 전승되었고 조합으로 세를 불린 기생은 제사의 의미와 효과를 기대했다. 결국 조합이 권번으로 개편된 1927년 식민지 진주기생에 의해 논개 제례인 의암별제가 재개최되었다. 권번으로의 전환은 기생과 기생영업의 쇄신이 목적이었다. 그에 맞춰 별제를 부활한 것은 시의에 적절했다. 권번은 조합에서 이월된 이백여 원을 적립해 매년 제사를 개최하기로 했다. 그리하여 1927년 7월 27일 오후 10시 오옥엽, 김봉란 등을 제주로 기생 10여 명이 모여 논개 제사를 거행했다.

의암별제는 이후 진주에서 정기적으로 봉행되며 규모도 커졌다. 제사가 주목받은 것은 의식에 가무가 들어가고 끝난 후 여흥 무대가 마련되었기 때문이다. 제주는 전원 예기들이 맡았다. 진주권번기생이 총출동했다는 1931년의 제관은 다음과 같다.

초헌관- 김계란 아헌관- 최완자 종헌관- 정병자

76) 성계옥 편, 『진주의암별제지』, 진주민속예술보존회, 1986, 20쪽.
77) 『동아일보』 1925년 7월 10일, 「지방단편」.

대축 박성자   집예- 최덕경   봉노- 손또순[78]

제례는 정헌식이 편찬한 "의암별제가무"에 근거하여 재현되었다. 유교의례에 전통 연희가 가미되었다. 제사의 전 과정에 풍악과 가무가 등장한다. 우리말로 된 가사와 시조도 헌송되었다.[79] 의식이 끝난 후 이어진 기생들의 공연은 주민의 놀이판이자 축제였다. 1938년까지 거행되었으나[80] 전시체제에 들어가며 중단된 것으로 보인다.

의암별제를 통해 식민지 진주기생은 의기표상에 더 다가갈 수 있었다. 헌관으로 제사를 주관하며 논개의 적통임을 입증했다. 의기 논개와 후예 진주기생의 서열이 증명되는 의식이었다. 제사 과정과 이어진 무대에서는 歌ㆍ樂ㆍ舞로 자신들의 기예를 과시했다. 진주기생의 '義'와 '妓'가 표출되는 장이었다. 사회적 압박에 포위된 식민지 진주기생의 절실한 대처이기도 했다.

V. 맺음말

1908년 기생단속령의 공포로 식민지 진주기생이 등장했다. 관기 제도 해체 후 명맥을 이어가던 진주기생은 식민 당국의 통제 아래 여악과 유흥문화의 주연으로 재편되었다. 수요자인 일부 유지의 엄호 아래 진주의 기생영업은 번창을 거듭했다. 이들 집단을 양성화시켜야 한다는 여론과 기생 자신의 이해관계가 합쳐져 1913년 진주기생조합이 결

---

78) 『조선일보』 1931년 1931년 8월 19일, 「千秋의 義妓인 論介의 祭典擧行」.
79) 김수업, 『논개』, 지식산업사, 2001, 128쪽.
80) 『동아일보』 1938년 7월 31일, 「촉석루에 義妓祭」.

성되었다. 조합은 1927년 진주권번으로 1939년 주식회사 진주권번으로 개편되었다. 기생의 수는 날로 증가했고 영업은 지속적으로 성장했다. 진주가 1925년까지 경남도청소재지로 행정과 문화의 중심지였다는 사실도 작용했다.

반하여 진주기생에 대한 인식은 지역 내, 외에서 계속 악화되어 갔다. 문화계몽운동의 시대에 기생 많은 도시 진주는 지탄의 대상이었다. 진주를 소개하는 당시 언론에 빠지지 않고 등장하는 것이 기생문제였다. 지역 내에서의 비난과 우려도 증폭되었다. 여성청년단체조차 기생을 배척하고 차별했다. 개신교회는 기생을 파리에 비유하며 경멸했다. 가장 심각하게 고민하고 대책을 강구한 것은 진주 교육계였다.

3·1운동 이후 진주지역은 소년운동과 청년운동이 발흥했다. 미래의 자원이자 현재의 자산인 이들에게 기생사회는 해악이었다. 청년 학생의 탈선과 '불량'을 이끄는 원산지로 기생유흥이 지목되었다. 이러한 우려는 1925년 여성 고등교육기관인 일신여고가 설립되자 정점에 달한다. 진주경찰서가 여학생 보호를 위해 불량배와 기생 단속을 예고할 정도였다. 마침내 1930년 진주의 사회지도층들이 기생을 '축소'하는 방안을 공론화하는 지경에 이르게 된다.

사방에서 포위해 오는 비난과 압박에 식민지 진주기생은 대처하지 않을 수 없었다. 공연과 놀음에 머물러 있기에 그들을 둘러싼 여론은 계속 악화되어 갔다. 위기에 대처하는 첫 번째 돌파구는 주민공동체로의 편입이었다. 주민사회에 소속되어 주민의 일환으로 동참할 때 거부감과 부정적인 정서는 완화될 수 있었다.

입지가 비교적 유연했던 대한제국기의 국채보상운동에서부터 야학, 3·1운동, 일신고보 설립, 도청이전 반대에 이르는 모든 민족운동과 주민운동에 진주기생은 참여했다. 노동자로 인정받지 못하는 처지에서 파업을 단행한 것도 같은 맥락이다. 자선공연은 재능을 활용해 지역사회와 친화감을 형성할 수 있는 유용한 수단이었다. 심지어 단발과 같은 시류에 편승하면서까지 주민사회로의 귀속을 갈구했다.

식민지 진주기생의 또 다른 방어기제는 의기표상이었다. 논개의 후예라는 이미지를 끊임없이 형상화하고 파급했다. 논개비각이라 불리는 의암사적비를 직접 수리하는가 하면 사당인 의기사의 중수를 주도했다. 비용 마련을 위해 권번차원의 대규모 공연도 개최했다. 진주기생의 의기표상은 논개제례인 의암별제를 부활하며 절정을 이룬다. 후손을 자임한 이들은 제사를 주관하며 의기의 적통임을 증명했다. 제사 과정과 뒷무대에서 펼쳐진 가무공연은 진주예기의 본연을 과시하는 자리였다.

여악과 유흥의 꽃이었던 식민지 진주기생은 이러한 대응으로 자신을 옥죄었던 사회적 비난과 압박을 돌파해 갔다.

『독립신문』, 『皇城新聞』, 『대한매일신보』, 『매일신보』, 『釜山日報』, 『慶南日報』, 『국민보』, 『동아일보』, 『조선일보』, 『중외일보』, 『시대일보』, 『조선중앙일보』, 『중앙일보』, 『嶺南春秋』, 『中央公衆報』, 『南鮮公論』, 『부녀일보』, 『思想運動』, 『개벽』, 『大韓民報』. 『大韓自彊會月報』, 『大韓協會會報』, 『嶠南敎育會雜誌』, 『大韓學會月報』, 『太極學報』, 『大韓留學生會月報』, 『朝鮮之光』, 『삼천리』, 『朝鮮農民』, 『天道敎靑年會會報』, 『天道敎會月報』, 『신생활』, 『신인간』, 『長恨』.

大邱覆審法院, 『判決文』, 昭和八年刑控第479號.

大邱覆審法院, 『判決文』, 昭和八年刑控第151 · 152號.

大邱覆審法院, 『判決文』, 昭和八年刑控第568號.

『韓末近代法令資料集』 1~11, 대한민국국회도서관, 1972.

『국채보상운동100주년기념자료집』 1~5, 대구광역시, 2007.

姜德相, 『現代史資料』, 25, 26, みすず書房, 1967.

金正明, 『朝鮮獨立運動(共産主義 篇)』, 原書房, 1967.

金正明, 『三 · 一 獨立運動』 1~4, 高麗書林, 1989.

경상남도경찰국, 『高等警察關係摘錄』, 1936.

경상북도경찰국, 『高等警察要史』, 1934.

국사편찬위원회 편, 『高宗時代史』 3, 1969.

국사편찬위원회 편, 『大韓帝國官員履歷書』, 1972 영인본.

국사편찬위원회 편, 『東學亂記錄』 上 · 下, 1959.

국사편찬위원회 편, 『한국독립운동사』 1~4, 1969.

국사편찬위원회 편, 『한민족독립운동사 자료집』 16~17, 1993.

국사편찬위원회 편, 『한민족독립운동사 자료집』 18, 1994.

국사편찬위원회 편, 『駐韓日本公使館記錄』 26, 1992.

독립운동사편찬위원회 편, 『독립운동사』 2, 3 · 1운동사(상), 1971.

독립운동사편찬위원회 편, 『독립운동사』 3, 3 · 1운동사(하), 1972.

독립운동사편찬위원회 편,『독립운동사자료집』4, 3·1운동사자료집, 1972.

독립운동사편찬위원회 편,『독립운동사자료집』5, 3·1운동사자료집, 1973.

독립운동사편찬위원회 편,『독립운동사자료집』6, 3·1운동사자료집, 1973.

국회도서관 편,『한국민족운동사료』, 3·1운동 1, 1977.

국회도서관 편,『한국민족운동사료』, 3·1운동 2, 1978.

국회도서관 편,『한국민족운동사료』, 3·1운동 3, 1979.

역사문제연구소 편,『日帝下 社會運動 人名索引集』(下), 여강출판사, 1992.

동학농민전쟁백주년기념사업추진위원회 편,『東學農民戰爭史料大系』1~6, 1994.

한국농촌경제연구원,『農地改革時 被分配地主 및 日帝下大地主 名簿』, 1985.

한국학문헌연구소 편,『東學思想資料集』3, 아세아문화사, 1978.

한국역사연구회 편,『일제하 민족해방운동사자료총서』1~12, 1992.

강만길·성대경 엮음,『한국사회주의운동인명사전』, 창작과 비평사, 1996.

김경현 편,『일제강점기 인명록 I-진주지역 관공리·유력자』, 민족문제연구소, 2005.

김정주 편,『朝鮮統治史料』6, 한국사료연구소, 1970.

金俊燁·金昌順 공편,『韓國共産主義運動史』자료편 I, 고려대아세아문제연구소, 1979.

金俊燁·金昌順 공편,『韓國共産主義運動史』자료편 II, 고려대아세아문제연구소, 1980.

金奉雨 편,『일제하사회운동사자료집, 경상남도』12, 한울, 1991.

박경식 편,『朝鮮問題資料總書』6, 三一書房, 1982.

成季玉 編著,『晋州義巖別祭誌』, 진주민속예술보존회, 1986.

이재화·한홍구 편,『한국민족해방운동사자료총서』2, 1988.

吳知泳,『東學史』, 1938.

李能和,『朝鮮解語花史』, 1927.

李敦化,『天道教創建史』, 1933.

李敦化,『天道教創建錄』, 1934.

趙基竿,『天道教靑年黨小史』, 1935.

趙基周 편저,『天道教宗令集』, 1983.

晋陽文化院,『晋州牧正史』3, 1994.

晋州市史編纂委員會,『晋州市史』, 下, 1994.

묵암강화집편찬위원회,『묵암 신용구 강화집 글로 어찌 기록하며』, 신인간사, 2000.

천도교중앙총부,『갑진개화운동자료집』, 천도교중앙총부출판부, 2005.

天道敎中央摠部敎史編纂委員會,『天道敎百年略史』上, 1981.

천도교청년회중앙본부,『天道敎靑年會八十年史』, 2000.

天道敎南海敎史編纂委員會,『天道敎南海敎史』, 2001.

如菴先生文集編纂委員會,『如菴文集』上·下, 1971.

義庵孫秉熙先生紀念事業會,『義庵孫秉熙先生傳記』, 1967.

愛國同志援護會,『韓國獨立運動史』, 1957.

옥봉리야소교장로회,『진주면옥봉리야소교연혁사』, 1930.

『식민지 조선과 제국 일본의 지방제도 관계법령 비교자료집』, 고려대학교 한국
　　　　사연구소 일제 시대 연구실, 선인, 2010.

張志淵,『韋庵文稿』, 국사편찬위원회, 1956.

黃 玹,『梅泉野錄』, 국사편찬위원회, 1955.

이대수 편저,『경남항일운동 참여자록』, 국가보훈처 마산보훈지청, 2001.

이동초 편,『동학천도교 인명사전』, 모시는사람들, 2015.

이석태 외,『48년판 社會科學大辭典(영인본)』, 한울림, 1987.

편집부 편역,『코민테른 자료선집』1~3, 1989.

국가기록원,『日帝文書解題-土木 篇-』, 행정안전부, 2010.

친일인명사전편찬위원회,『일제협력단체사전-국내 중앙편-』, 민족문제연구소, 2004.

친일인명사전편찬위원회,『친일인명사전』1~3, 민족문제연구소, 2009.

京城覆審法院檢事局,『倭政時代人物史料』, 1927.

朝鮮史硏究會 編,『朝鮮美人寶鑑』, 1918.

조선총독부, 한국건설기술연구원역,『1935년 조선직할하천공사연보(1938년)』, 국
　　　　토해양부, 2010.

조선총독부, 한국건설기술연구원역,『조선의 하천(1923년)』, 국토해양부, 2010.

조선총독부, 한국건설기술연구원역,『조선의 하천(1935년)』, 국토해양부, 2010.

조선총독부, 한국건설기술연구원역,『조선하천조사서(1929)』, 국토해양부, 2010.

조선총독부, 한국건설기술연구원역,『1934년 남선의 홍수(1936년)』, 국토해양부, 2010.

조선총독부, 한국건설기술연구원역,『조선수력조사서총론(1930년)』, 국토해양부, 2010

조선총독부, 한국건설기술연구원역,『1928년까지 조선토목사업지 하천개수편(1937)』, 국토해양부, 2011.

조선총독부, 한국건설기술연구원역,『치수 및 수리답사서』, 국토해양부, 2011.

大村友之丞 編,『朝鮮貴族列傳』, 1910년

大垣丈夫,『朝鮮紳士大同譜』, 朝鮮紳士大同譜發行事務所』, 1923.

伊作友八,『晉州案內』, 1914.

勝田伊助,『晋州大觀』, 1940

朝鮮總督府,『朝鮮の小作慣習』, 1929.

朝鮮總督府,『朝鮮の小作慣行』上・下, 1932.

朝鮮總督府,『朝鮮の洪水』, 1926.

朝鮮總督府,『朝鮮の災害』, 1928.

朝鮮總督府,『國民情神總動員』, 1940.

朝鮮總督府 警務局,『朝鮮の治安狀況』, 1922.

朝鮮總督府 警務局,『大正11年朝鮮治安狀況』, 1923.

朝鮮總督府 警務局,『朝鮮の治安狀況』, 1927.

朝鮮總督府 警務局,『朝鮮の治安狀況』, 1929.

朝鮮總督府 警務局,『高等警察關係年表』, 1930.

朝鮮總督府 警務局,『最近に於ける朝鮮治安狀況』, 1934.

朝鮮總督府 警務局,『共産主義運動に關する文獻集』, 1936.

朝鮮總督府 法務局,『朝鮮獨立思想運動の變遷』, 1931.

朝鮮總督府 高等法院檢事局思想部,『思想月報』, 1934.

姜東鎭,『日本의 韓國侵略政策史』, 한길사, 1980.

국사편찬위원회,『'지방을 살다' 지방행정, 1930년대에서 1950년대까지』, 2006.

개천예술제40년사편찬위원회,『開天藝術祭四十年史』, 1991.

경상남도교육위원회,『慶南敎育史』, 1980.

고석규,『근대도시 목포의 역사·공간·문화』, 서울대학교출판부, 2004.

고영훈,『진주의 옛건축』, 알마, 2001.

김경일,『일제하 노동운동사』, 창작과 비평사, 1992.

김도형,『대한제국기의 정치사상연구』, 知識産業社, 1994.

김동명,『지배와 저항, 그리고 협력』, 경인문화사, 2005.

김상환,『경상남도의 3·1독립만세운동』, 경인문화사, 2012.

김수업,『논개』, 지식산업사, 2001.

김영희,『개화기 대중예술의 꽃, 기생』, 민속원, 2006.

金容燮,『韓國近現代農業史硏究』, 1992, 일조각.

김정인,『천도교 근대 민족운동 연구』, 한울, 2009.

김정의,『한국소년운동사』, 민족문화사, 1993.

김종준,『일진회의 문명화론과 친일활동』, 신구문화사, 2010.

金俊燁·金昌順 공편,『韓國共産主義運動史』, 1~5, 청계연구소, 1986.

김중섭 외,『진주 3·1운동과 근대 사회 발전』, 북코리아 2020.

김중섭,『형평운동 연구-일제 침략기 백정의 사회사-』, 민영사, 1994.

김중섭,『사회운동의 시대: 일제강점기 지역 공동체의 역사 사회학』, 북코리아, 2012.』

김진균·정근식 편저,『근대주체와 식민지 규율권력』, 문화과학사, 1997.

金昌洙,『韓國近代의 民族意識 硏究』, 同和出版公社, 1987.

金昌洙,『韓國民族運動史 硏究』, 汎友社, 1995,

김형목,『대한제국기 야학운동』, 경인문화사, 2005.

남부희,『儒林의 獨立運動史 硏究』, 범조사, 1994.

단국대동양학연구소,『朴殷植全書』 上, 1975.

도면회,『한국근대형사재판제도사』, 푸른역사, 2014.

동선희,『식민권력과 조선인 지역유력자-道平議會·道會議員을 중심으로-』, 선인, 2011.

동아일보사, 『3·1운동50주년기념논집』, 1969.

동학농민혁명기념사업회, 『동학농민혁명의 지역적 전개와 사회변동』, 새길, 1992.

로버트 스칼라피노·이정식, 『한국공산주의운동사』 1, 돌베개, 1986.

민세 안재홍선생기념사업회 편, 『안재홍과 신간회의 민족운동』, 선인, 2012.

박찬승, 『한국근대정치사상사연구』, 역사비평사, 1992.

卞志燮, 『慶南獨立運動小史』 上, 삼협인쇄사, 1966.

배성찬 편역, 『식민지시대 사회운동론 연구』, 돌베개, 1987.

白南薰, 『나의 一生』, 新現實社, 1969.

3·1동지회, 『부산·경남 3·1운동사』, 1979.

사이토 준이치, 『민주적 공공성』, 이음, 2009.

서울특별시사편찬위원회, 『漢江史』, 1985.

서중석, 『한국근현대의 민족문제연구』, 지식산업사, 1989.

鮮于基聖, 『韓國靑年運動史』, 錦文社, 1973.

성대경 엮음, 『한국현대사와 사회주의』, 역사비평사, 2000.

孫禎睦, 『韓國地方制度·自治史研究(上)』, 일지사, 1992.

孫禎睦, 『日帝强占期 都市化過程研究』, 일지사, 1996.

孫禎睦, 『日帝强占期 都市社會相研究』, 일지사, 1996.

손종흠 외, 『근대 기생의 문화와 예술』 자료편 1, 보고사, 2009.

손종흠 외, 『근대 기생의 문화와 예술』 자료편 2, 보고사, 2009.

수요역사연구회 편, 『식민지 조선과 매일신보-1910년대』, 신서원, 2002.

신기욱·마이클 로빈슨, 『한국의 식민지 근대성』, 삼인, 2006.

신용하 외, 『일제경제침략과 국채보상운동』, 아세아문화사, 1994.

오미일, 『한국근대자본가연구』, 한울, 2002.

안용식 편, 『大韓帝國官僚史研究』 1~3, 연세대학교사회과학연구소, 1995.

안종철 외, 『근현대의 형성과 지역 사회운동』, 새길, 1995.

역사문제연구소, 『한국근현대지역운동사』 Ⅰ·영남편, 여강, 1993.

연세대학교 국학연구원, 『한국 근대이행기 중인연구』, 신서원, 1999.

윤해동·황병주 엮음, 『식민지 공공성, 실체와 은유의 거리』, 책과함께, 2010.

은초탄신 100주년 기념사업회, 『隱樵 鄭命壽』, 가람출판사, 2009.

이균영, 『신간회 연구』, 역사비평사, 1993.

이동초, 『천도교 민족운동의 새로운 이해』, 모시는사람들, 2010.

李炳憲, 『3·1運動秘史』, 시사시보사출판국, 1959.

李月洙 編, 『一新六十年史』, 진주여자고등학교동창회, 1985.

이영호, 『동학·천도교와 기독교의 갈등과 연대, 1893~1919』, 푸른역사, 2020.

李龍洛, 『3·1독립운동실록』, 3·1동지회, 1969.

이정은, 『3·1독립운동의 지방시위에 관한 연구』, 국학자료원, 2012.

이준식, 『농촌사회변동과 농민운동』, 민영사, 1994.

이현주, 『한국사회주의 세력의 형성』, 일조각, 2003.

임경석, 『한국사회주의의 기원』, 역사비평사, 2003.

임경희, 『경상도에서 조선의 보부상을 만나다』, 민속원, 2014.

임영태 편, 『식민지시대 한국사회와 운동』, 사계절, 1985.

역사문제연구소 민족해방운동사연구반, 『쟁점과 과제-민족해방운동사』, 역사비
　　　평사, 1990.

역사문화학회 엮음, 『지방사연구입문』, 민속원, 2008.

정근식 외, 『근현대의 형성과 지역 엘리트』, 새길, 1995.

鄭寅燮, 『색동회 어린이 運動史』, 학원사, 1975.

정헌식, 『진주시민과 茶생활』, 형평출판사, 2001.

성주현, 『식민지시기 종교와 민족운동』, 선인, 2013.

성주현, 『근대 신청년과 신문화운동』, 모시는사람들, 2019.

전상숙, 『일제시기 한국사회주의 지식인 연구』, 지식산업사, 2004.

조규태, 『천도교의 민족운동 연구』, 선인, 2006.

조규태, 『천도교의 문화운동론과 문화운동』, 국학자료원, 2006.

趙東杰, 『日帝下韓國農民運動史』, 한길사, 1979.

조성운, 『일제하 농촌사회와 농민운동』, 혜안, 2002.

조성운, 『일제하 수원지역의 민족운동』, 국학자료원, 2003.

조성운, 『일제하 경기도의 민족운동과 증언』, 선인, 2016.

조성운, 『소년운동을 민족운동으로 승화시킨 방정환』, 역사공간, 2012.

조재곤,『한국 근대사회와 보부상』, 혜안출판사, 2001.

조항래 편저,『1900년대의 愛國啓蒙運動研究』, 아세아문화사, 1993.

조항래,『국채보상운동사』, 아세아문화사, 2007.

조헌국,『진주에 뿌려진 복음-진주지방 장로교회 설립과 발전-』, 디자인모토, 2015.

지수걸,『일제하 농민조합운동 연구』, 역사비평사, 1993.

晋高六十年誌編纂委員會,『晋高六十年誌』, 1985.

진농·진산대 100년사 편찬위원회,『진농·진산대 100년사, 역사편』, 2010.

진주교육대학교 경남권문화연구소,『진주의 역사 인물』, 월인, 2013.

진주교육대학교발전사편집위원회,『晋州教育大學校發展史』, 1994.

진주농민항쟁기념사업회, 경상대학교 경남문화연구원,『진주 농민운동의 역사적 조명』, 2003.

진주문화원,『진주의 역사와 문화』, 2001.

진주박물관,『진주상무사-보부상에서 근대 시장상인으로-』, 사회평론아카데미, 2017.

진주상공회의소120년사편찬위원회,『百二十年史』, 진주상공회의소, 2006.

진주시·경상대학교박물관,『文化遺蹟分布地圖-晋州市-』, 2003.

진주시교육위원회,『晋州의 古蹟과 名勝』, 1955.

진주시사편찬위원회,『晋州市史』上 中 下, 1994, 1995.

추경화,『진주항일운동사』, 진주문화원, 2008.

충남대학교 내포지역연구단,『근대 이행기 지역엘리트 연구 Ⅱ』, 경인문화사, 2006.

천관우 외,『위암 장지연의 사상과 활동』, 민음사, 1993.

최기영,『韓末近代啓蒙運動研究』, 일조각, 1997.

최명표,『한국근대소년운동사』, 선인, 2011.

한국노동조합운동사 편찬위원회,『한국노동조합운동사』, 한국노동조합총연맹, 1979.

한국역사연구회·역사문제연구소,『3·1민족해방운동연구』, 청년사, 1989.

한국사연구회 편,『韓國地方史 研究의 現況과 課題』, 경인문화사, 2000.

한국사연구회 편, 『3·1운동의 역사적 의의와 지역적 전개』, 경인문화사, 2019.

한국역사연구회 근현대청년운동사연구반, 『한국근현대청년운동사』, 풀빛, 1995.

한국역사연구회 조선시기 사회사 연구반, 『조선은 지방을 어떻게 지배했는가』, 아카넷, 2000.

한국역사연구회 3·1운동 100주년기획위원회, 『3·1운동 100년, 4 공간과 사회』, 휴머니스트, 2019.

한국역사연구회 1930년대 연구반, 『일제하 사회주의운동사』, 한길사, 1991.

한순정, 『나의 조국 나의 교회; 고 근산 한규상 선생 회고록』, 보이스사, 1980.

한일관계사연구논집 편찬위원회, 『일제 강점기 한국인의 삶과 민족운동』, 경인 문화사, 2005.

황미연, 『권번과 기생으로 본, 식민지 근대성』, 민속원, 2013.

황선희, 『동학·천도교 역사의 재조명』, 모시는 사람들, 2009.

홍성찬 외, 『일제하 만경강 유역의 사회사』, 혜안, 2006.

홍순권, 『근대도시와 지방권력』, 선인, 2010.

하수열, 『개발 없는 개발』, 은행나무, 2005.

善生永助, 『朝鮮人の商業』, 朝鮮總督府, 1925.

淺田喬二, 『日本帝國主義下の民族革命運動』, 未來社, 1973.

姜東鎭, 「日本支配下의 勞動夜學」, 『역사학보』 46, 1970.

강윤정, 「안동콤그룹의 조선공산당 재건운동」, 『安東私學』 8, 2003.

강혜경, 「1930년대 후반 경남 삼천포지역의 인민전선전술의 수용」, 『숙대 한국사 론』 창간호, 1993.

권도희, 「20세기 관기와 삼폐」, 『여성문학연구』 16, 2006.

고숙화, 「일제하 사회운동과 형평운동의 연관관계」, 『형평운동의 재인식』, 형평 운동70주년기념사업회, 1993.

고태우, 「일제 식민권력의 재해대책 추이와 성격」, 『역사문제연구』 31, 2014.

고태우, 「일제시기 재해문제와 '자선·기부문화'-전통·근대화 '공공성'-」, 『동방 학지』 168, 2014.

김건태, 「朝鮮後期 農家의 農地所有 現況과 그 推移-晋州地方을 중심으로-」, 『歷

史學報』172, 2001.

김기성, 「1910년대 유길준의 경남지역 토지경영-진주, 의령, 함안을 중심으로」, 『한국사연구』 177, 2017.

김기승, 「대한협회 안동지회」, 『안동사학』, 1994.

김도형, 「한말 계몽운동의 지방지회」, 『손보기박사 정년기념 한국사학논총』, 1988.

김동명, 「일본제국주의와 조선인의 지방정치 참여」, 『한일관계사연구』 50, 2015.

김 승, 「1920년대 경남동부지역 청년운동」, 부산대대학원 사학과 박사학위논문, 2003.

김영미, 「일제시기 京城二村洞民들의 수해대책운동과 지역정치」, 『도시역사문화』 5, 2006.

김영희, 「진주권번의 활동과 의의」, 『한국음악사학보』 65, 2020.

金潤煥, 「韓國勞動運動史-日帝下 篇-」 Ⅰ, 靑史, 1981.

김익한, 「1920년대 일제의 지방지배정책과 그 성격」, 『한국사연구』 93, 1996.

김인걸, 「1920년대 전반기 노동운동의 성장」, 『일제하조선노동운동사』, 일송정, 1989.

김일수, 「대한제국말기 대구지역 계몽운동과 대한협회 대구지회」, 『민족문화논총』 25, 2002.

金義煥, 「일제치하의 형평운동고」, 『향토서울』 31, 1967.

김정녀, 「券番의 춤에 대한 연구: 晋州券番을 중심으로」, 『한국무용연구』 7, 1989.

김정인, 「1910~25년간 天道敎勢力의 動向과 民族運動」, 『한국사론』 22, 1994

김정인, 「일제강점기 천도교사 관련 자료 연구」, 『國史館論叢』 77, 1997.

김정인, 「1920년대 천도교 소년운동의 이론과 실천」, 『한국민족운동사연구』 73, 2012.

金丁海, 「1895~1910 私立學校의 設立과 運營」, 『역사교육논집』 11, 1987.

김종근, 「일제하 京城의 홍수에 대한 식민정부의 대응 양상 분석-정치 생태학적 관점에서」, 『한국사연구』 157, 2012.

김준형, 「서부경남지역의 동학군 봉기와 지배층의 대응」, 『경상사학』 7 · 8, 1992.

김준형, 「조선시대 圃隱 후손의 경남 서부지역 정착과 활동」, 『圃隱學研究』 7,

2011.

김준형, 「조선시대 지리산을 중심으로 한 저항운동」, 『南冥學硏究』 31, 2011.

김준형, 「진주지역 3·1운동의 배경」, 『진주 3·1운동과 근대 사회 발전』, 북코리아, 2020.

김중섭, 「1920년대 형평운동의 형성과정-진주지역을 중심으로-」, 『동방학지』 59, 1988.

김중섭, 「일제식민통치와 주민교육운동-진주지역을 중심으로」, 『한국사회학회논문집』 47, 문학과 지성사, 1995.

김중섭, 「일제하 3·1운동과 지역 사회운동의 발전: 진주지역을 중심으로」, 『한국사회학』 30, 1996.

김중섭, 「일제하 경남도청이전과 주민저항운동」, 『경남문화연구』18, 1996.

金昌洙, 「韋菴 張志淵의 民族意識」, 『尹炳奭敎授華甲紀念韓國近代史論叢』, 知識産業社, 1990.

金昌洙, 「문화운동연구의 현단계와 과제」, 『한민족독립운동사』 12, 국사편찬위원회, 1993.

김태웅, 「1925년 京城府二村洞 水害對策과 都市開發 構想」, 『역사연구』 33, 2017.

김항구, 「대한협회 지회의 설립과 자강운동」, 『인문논총』 11, 한국교원대학교 인문과학연구소, 2011.

김형국, 「1929~1931 사회운동론의 변화와 민족협동전선론」, 『국사관 논총』 89, 2000.

김형목, 「3·1운동 이전 진주지역의 야학운동」, 『숭실사학』 22, 2009.

김형목, 「일제강점기 경남지방 유치원 설립운동과 공공성」, 『숭실사학』 26, 2011.

김희주, 「한말 대한자강회의 교육자강론과 그 성격」, 『대학원연구논집』 27, 1997, 동국대학교 대학원.

김희주, 「每日申報에 비친 경남서부지역의 3·1운동과 日帝의 대응」, 『강우문화연구』 1, 2006.

김희주, 「1920년대 진주지역의 청년운동과 진주청년동맹」, 『한국민족운동사연구』 72, 2012.

김희주, 「일제하 진주지역 天道敎의 문화운동」, 『동국사학』 55, 2013.

김희주, 「대한협회 진주지회의 결성과 활동」, 『역사와 교육』 21, 2015.

김희주, 「진주지역의 사회주의운동과 조선공산당 재건운동」, 『동국사학』 61, 2016.

김희주, 「일제하 진주지역 鄭相珍의 성장기반과 유지활동」, 『동국사학』 64, 2018.

김희주, 「합천지역 3·1운동연구의 현황과 과제」, 『동국사학』 66, 2019.

김희주, 「일제하 진주지역의 수해와 남강치수사업」, 『지역과 역사』 47, 2020.

김희주, 「진주 3·1운동과 지역사회운동: 청년, 농민, 노동운동을 중심으로」, 『진주 3·1운동과 근대 사회 발전』, 북코리아, 2020.

김희주, 「3·1운동 이후 진주지역 천도교의 성장과 민족운동」, 『동학농민혁명 전후의 경남지역 동학·천도교 활동』, 경남동학농민혁명기념사업회, 2020.

박경수, 「일제강점기 진주지역 소년문예운동과 진주새힘사 연구」, 『우리문학연구』 35, 2012.

박찬승, 「일제하 '지방자치제도'의 실상」, 『역사비평』 13, 1991.

박찬승, 「식민지시기 다중적 표상으로서의 평양기생」, 『동아시아문화연구』 62, 2015.

박철하, 「1925년 서울지역 수해이재민 구제활동과 수해대책」, 『서울학연구』 13, 1999.

박철하, 「1920년대 사회주의 사상단체 연구」, 숭실대 대학원 사학과 박사학위논문, 2003.

변광석, 「18·19세기 경상도 남부지역의 상품유통구조」, 『지역과 역사』 5, 1999.

서일수, 「을축년 대홍수(1925) 이후 한강치수사업의 추이와 성격」, 『동서양 역사 속의 공공건설과 국가경영』, 학고방, 2010.

서지영, 「식민지 시대 기생 연구(1)-기생집단의 근대적 재편 양상을 중심으로-」, 『정신문화연구』 28권 2호, 2005.

서지영, 「식민지 시대 기생 연구(II)-'기생조합'의 성격을 중심으로-」, 『한국고전여성문학연구』 10, 2005.

성주현, 「일제강점기 천도교 청년단체의 창립과 그 배경」, 『문명연지』 16, 2006.

성주현, 「대한협회의 민권의식과 근대 민권운동」, 『한국민족운동사연구』 90, 2017.

孫禎睦,「慶南道廳 이전의 과정과 결과」,『李元淳敎授華甲紀念史學論叢』, 1986.

손태룡,「대구지역 기생단체연구」,『한국학논집』46, 2012.

송연옥,「대한제국기의 〈기생단속령〉, 〈창기단속령〉 : 일제식민지화와 공창제 도입의 준비과정」,『한국사론』40, 1980.

송준식,「1920년대 진주지역 청년단체의 교육운동」,『교육사상연구』28, 2014.

신용하,「朝鮮勞動共濟會의 창립과 노동운동」,『한국사회사연구회논문집』3, 1986.

申載洪,「日帝治下에서의 韓國少年運動考」,『사학연구』33, 1981.

양정필,「근현대 지역사 연구의 현황과 전망」,『역사문제연구』17, 2007.

양지선·강인숙,「문헌자료를 통해 본 진주기생의 활동양상」,『대한무용학회논문집』71, 2013.

오미일,「1920년대 진주지역 농민운동」,『진주농민운동의 역사적 조명』, 역사비평사, 2003.

오미일,「1920년대 말~1930년대 부산·경남지역 당재건 및 혁명적 노동운동의 전개와 파업 투쟁」,『한국근현대지역운동사』Ⅰ·영남편, 여강, 1993.

유영렬,「대한협회 지회 연구」,『국사관 논총』67, 1996.

이금도,「일제강점기 건설청부업체의 담합에 관한 연구」,『건축역사연구』15, 2006.

이경복,「晉州妓와 論介의 후예들」,『전통문화연구』2, 1984.

이기훈,「1920년대 '어린이'의 형성과 동화」,『역사문제연구』8, 2002.

이기훈,「일제하 청년담론 연구」, 서울대대학원 국사학과 박사학위논문, 2005.

이동근,「1910년대 '기생'의 존재양상과 3·1운동」,『한국민족운동사연구』74, 2013.

이상진,「일제하 진주지역의 역사와 박경리의 〈토지〉」,『현대문학의 연구』27, 2005.

이상찬,「1906~1910년의 지방행정제도의 변화와 지방자치논의」,『한국학보』12, 1986.

이원균,「3·1운동 당시 영남지방 유림의 활동」,『부대사학』4, 1980.

이 욱,「18세기말~19세기 진주권의 상품유통과 성격」,『역사교육논집』41, 2008.

이정은, 「경남 합천의 3·1운동」, 『한국독립운동사연구』 3, 1989.

이정은, 「3·1운동의 지방확산 배경과 성격」, 『한국독립운동사연구』 5, 1991.

이정은, 「경상도지방 천도교인의 3·1운동」, 『신인간』 585, 1999.

이해준, 「朝鮮後期 晉州地方 儒戶의 實態」, 『震檀學報』 60, 1985.

임경석, 「강달영, 조선공산당 책임비서」, 『역사비평』 58, 2002.

장상환, 「해방직후 진주지역의 정치변동」, 『역사와 경계』 7, 1995.

장석흥, 「천도교 구파의 6·10만세운동」, 『북악사론』 4, 1997.

장유정, 「20세기 초 기생제도 연구」, 『한국고전여성문학연구』 8, 2004.

전성현, 「일제강점기 식민권력의 지방지배 '전략과 도청이전을 둘러싼 지역정치」, 『사회와 역사』 126, 2020.

전재관, 「한말 애국계몽단체 지회의 구성과 분포」, 『숭실사학』 10, 1998.

정연심, 「1920년대 진주노동공제회의 조직과 농민운동의 발전」, 『釜大史學』 21, 1997.

정연태, 「조선말 일제하 資産家型 有志의 成長 추구와 利害關係의 中層性-浦口商業都市 江景地域 사례-」, 『한국문화』 36, 2005.

張矢遠, 「日帝下 大地主의 存在形態에 관한 硏究」, 서울대 대학원 경제학과 박사학위논문, 1989.

조규태, 「천도교구파와 신간회」, 『한국근현대사연구』 7, 1997.

조규태, 「天道敎의 文化運動論의 定立과 그 패러다임」, 『한국민족운동사연구』 19, 1998.

조동걸, 「3·1운동의 지방사적 성격」, 『역사학보』 47, 1970.

趙燦錫, 「1920年代 慶尙南道地方의 靑年運動」, 『인천교대논문집』 19, 1985.

趙燦錫, 「1920年代 慶尙南道地方의 少年運動」, 『인천교대논문집』 20, 1986.

지수걸, 「日帝下 公州地域 有志集團 硏究-事例 1 : 徐悳淳(1892~1969)의 '有志 基盤'과 '有志 政治'」, 『역사와 역사교육』 창간호, 1996.

지수걸, 「일제하 지방통치 시스템과 군 단위 '관료-유지 지배체제'」, 『역사와 현실』 63, 2007.

지수걸, 「지방유지의 '식민지적' 삶」, 『역사비평』, 2010 봄.

최기영, 「구한말 『경남일보』에 관한 일고찰」, 『언론문화연구』 6, 서강대학교 언론문화연구소, 1988.

최규진, 「코민테른 6차대회와 조선 공산주의자들의 정치사상 연구」, 성균관대 대학원 사학과 박사학위논문, 1996.

최병택, 「1920년대 초~1930년대 전반기의 하천개수사업과 토목청부비리」, 『사학연구』 118, 2015.

최병택, 「일제강점기 하천개수사업의 전개와 그 문제점」, 『인문논총』 75-2, 2018.

하혜경, 「기록매체를 통해본 일제강점기 진주의 명소 특성」, 『지역과 역사』 47, 2020.

한명근, 「대한협회의 현실정치론」, 『숭실사학』 12, 1998.

한상구, 「일제시기 지역주민운동 연구-지역주민대회를 중심으로-」, 서울대 대학원 국사학과 박사학위논문, 2013.

허 수, 「1920년대 전반 이돈화의 개조사상 수용과 사람性주의」, 『동방학지』 125, 2004.

허 수, 「제1차 세계대전 종전 후 개조론의 확산과 한국 지식인」, 『한국근현대사연구』 50, 2009.

허수열, 「일제강점기 하천개수의 식민지적 성격-만경강 개수를 중심으로-」, 『학술원논문집(인문·사회과학 편)』 51, 2012.

허영란, 「일제시기 지역주민운동의 전개과정 분석」, 『역사문제연구』 21, 2009.

허영란, 「일제시기 읍·면 협의회와 지역정치」, 『역사문제연구』 31, 2014.

허 종, 「반민특위 경상남도 조사부의 조직과 활동」, 『한국근현대사연구』 25, 2003.

金森襄作, 「朝鮮勞動共濟會について」, 『朝鮮史叢』 3, 靑丘文庫, 1980.

金森襄作, 「朝鮮農民組合運動史: 一九二0年代の晉州·順天を中心にしつ」, 『朝鮮史叢』 5·6, 1982.

竝木眞人, 「植民地朝鮮人の政治參加について」, 『朝鮮史硏究會論文集』 31, 1993.

小林英夫, 「1920年代 前半期の朝鮮勞動運動」, 『朝鮮史硏究會論文集』 20, 1983.

水野直樹, 「新幹會運動に關するの若干問題」, 『朝鮮史硏究會論文集』 14, 1977.

樋口雄一, 「植民地下朝鮮における自然災害」, 『法學新報』 109, 2002.

김희주

저자 김희주는 동국대학교 국사학과를 졸업하고 동 대학원 사학과에서 석·박사 학위를 취득했다.

대한광복단기념관 자문위원과 한국동학학회 편집위원, 역사와교육학회 이사를 지냈다. 2009~2010년 동안 미국 Eastern Washington 주립대학 방문학자로 연구했으며, 현재 한국국제대학교 교양학부 교수로 재직하고 있다. 식민지시기 항일독립운동사로 박사학위를 받았고 지금은 지역 민족운동사와 사회사에 관심을 두고 공부하고 있다.

저서로는 『대한광복단의 민족운동 연구』(한국학술정보, 2006), 『한국근대사의 이해』(고려출판사, 2014), 『한국근현대인물강의』(국학자료원, 2007, 공저), 『진주 3·1운동과 근대 사회 발전』(2020, 북코리아, 공저), 『광복회, 독립전쟁을 이끌다』(대경연구원·독립운동정신계승사업회, 2021, 공저)가 있다. 이외 일제하 무장운동사와 지역사에 관한 다수의 논문이 있다.